DER EINZIGE WEG ZUM HEIL?

QUAESTIONES DISPUTATAE

Begründet von
KARL RAHNER UND HEINRICH SCHLIER

Herausgegeben von
HEINRICH FRIES UND RUDOLF SCHNACKENBURG

143

DER EINZIGE WEG ZUM HEIL?

DER EINZIGE WEG ZUM HEIL?

DIE HERAUSFORDERUNG DES CHRISTLICHEN ABSOLUTHEITSANSPRUCHS DURCH PLURALISTISCHE RELIGIONSTHEOLOGIEN

REINHOLD BERNHARDT
MICHAEL VON BRÜCK
JÜRGEN WERBICK
HANS ZIRKER

HERAUSGEGEBEN VON
MICHAEL VON BRÜCK UND JÜRGEN WERBICK

HERDER
FREIBURG · BASEL · WIEN

Die Deutsche Bibliothek – CIP-Einheitsaufnahme

Der **einzige Weg zum Heil?**: Die Herausforderung des christlichen Absolutheitsanspruchs durch pluralistische Religionstheologien / Reinhold Bernhardt ... Hrsg. von Michael von Brück und Jürgen Werbick. – Freiburg im Breisgau ; Basel ; Wien : Herder, 1993
(Quaestiones disputatae ; 143)
ISBN 3-451-02143-9
NE: Brück, Michael von [Hrsg.]; Bernhardt, Reinhold; GT

Herstellung: Freiburger Graphische Betriebe 1993
ISBN 3-451-02143-9

Inhalt

Vorwort

Die Debatte um die „pluralistische Theologie der Religionen“ ist – nachdem sie die evangelische Theologie in den Vereinigten Staaten und in Europa schon seit einigen Jahren in Atem hält – nun auch in der katholischen Theologie voll entbrannt. Die Pluralität der Religionen stellt sich in dieser Diskussion nicht nur als altes theologisches Problem im neuen Gewand dar, sondern als existentielles, politisches und wahrheits-hermeneutisches Problem par excellence, wobei die Art der Lösung Konsequenzen für die Plausibilität der Heilszusage in allen betroffenen Religionen hat. Der Diskussionsstand ist unübersichtlich; und dies schon deshalb, weil nicht immer klar ist, auf welcher Ebene und mit welchem theologischem Anspruch jeweils argumentiert wird. So kann es vielleicht zur Klärung beitragen, wenn etwa *Max Seckler* die Diskutanten energisch zur Ordnung ruft und sie davor warnt, an grundlegenden theologischen Zusammenhängen achtlos vorüberzugehen oder sich von schwierig gewordenen fundamentaltheologischen Themen wie dem der „alleinseligmachenden Kirche“, der „universellen Heilsbedeutsamkeit Christi“ und der „Absolutheit des Christentums“ allzu eilig zu verabschieden. Was aber – so wäre hier zurückzufragen – können solche traditionellen Begriffe und Metaphern, die einer ganz bestimmten Tradition und Denkgeschichte eigen sind, im Kontext der Pluralität von Sprachen, Modellen, Heilsangeboten usw. in der *einen* Welt bedeuten?

Eine besondere Rolle spielt in der Diskussion „die neue Einschätzung der nichtchristlichen Religionen im Hinblick auf die Heilsfrage“. Manche Diskussionsteilnehmer scheinen hier eine „generelle, apriorische Zuerkennung der Heils- bzw. Heilswegfunktion“ zumindest an die großen Weltreligionen zu befürworten.[1] Darf etwa die Frage nach der Wahrheit einer religiösen Tradition zurücktreten hinter der kaum überprüfbaren Bedeutung einer jeden Religion als Heilsweg für all jene, die diesen Weg ernsthaft beschreiten? Darf man sich auf diese Weise von dem so schwierigen, ja vielfach als ausweglos empfundenen Streit um die Wahrheit entlasten? Die Berufung auf einschlägige Aussagen des 2. Vatikanischen Konzils kann jedenfalls nicht davon entbinden, bei aller notwendigen Unterscheidung von Heils- und Wahrheitsfrage die präzise Zuordnung, vielleicht auch gegenseitige Durchdringung zu denken; sonst verkäme interreligiöser Dialog zum belanglosen Palaver. Was also ist Wahrheit? Kann es mehrere Wahrheiten geben, die relativ zueinander sind?

Secklers Ordnungsruf bezeugt, daß sich die Fundamentaltheologie diesen Fragen noch nicht ernsthaft genug gestellt hat. Aber sein Verdikt „Heilswegunfug“[2] sollte nicht dazu führen, daß man fundamentaltheologisch die Akten schließt, ehe man überhaupt wahrgenommen hat, wie die Herausforderung anderer Religionen und ihrer Heilserfahrungen für das Christentum und die christliche Theologie bedeutsam werden können.

Die hier vorgelegten, auf ein wissenschaftliches Kolloquium an der Universität – Gesamthochschule – Siegen zurückgehenden Beiträge versuchen, der Brisanz des Themas „Pluralismus der Heilswege und christlicher Heilsuniversalismus“ gerecht zu werden, ohne sie durch eilfertige Harmonisierungen zu entschärfen. Die Autoren wissen sich verbunden in dem Anliegen, Heils- und Wahrheitsfrage nicht gegeneinander ausspielen zu wollen. Sie wissen sich aber auch verbunden in der Entschlossenheit, der herkömmlichen Fundamentaltheologie Dialog-Kategorien „abzunötigen“, die über die theologische Ausgrenzung außerchristlicher Heilserfahrungen hinausführen können.

Den Anfang unseres Gesprächs in Siegen machte eine fundamentaltheologische Bestandsaufnahme jener Irritationen, denen die europäische wie die nordamerikanische Theologie durch die vielfältigen Ansätze einer „pluralistischen Theologie“ der Religionen und ihrer Heilswege ausgesetzt ist. Der Autor (Jürgen

[1] *M. Seckler,* Wohin triftet man in der Theologie der Religionen? Kritische Beobachtungen zu einer Dokumentation, in: Theologische Quartalschrift 172 (1992), 126–130, hier 127 f.

[2] Vgl. a. a. O. 128 f.

Werbick) versuchte, verschiedene Ebenen des Pluralismusarguments zu unterscheiden und theologisch zu bewerten. Die Beiträge von Michael von Brück und Hans Zirker gingen – zunächst in religionswissenschaftlicher Perspektive – der Frage nach, ob und inwiefern man, bezogen auf die religiösen Traditionen des Hinduismus bzw. des Buddhismus und des Islam, von „Heilswegen" sprechen kann, und stellten sich dann der Aufgabe, das religionswissenschaftlich Erarbeitete theologisch zu beurteilen. Reinhold Bernhardt unternahm eine kritische Würdigung verschiedener theologischer Versuche einer „Deabsolutierung der Christologie". Sein Beitrag machte zusammenfassend deutlich, weshalb christliche Theologie gerade *als christliche* – als Reflexion des in Jesus Christus zu unserem Heil Geschehenen – von einem exklusiven Heilsabsolutismus Abschied nehmen muß. Die spannende und ertragreiche Diskussion in Siegen hat uns freilich auch gezeigt, daß wir noch am Anfang eines vielleicht beispiellosen theologischen Lernprozesses stehen.

München/Siegen im Januar 1993 *Die Herausgeber*

I

Heil durch Jesus Christus allein?

Die „Pluralistische Theologie“ und ihr Plädoyer für einen Pluralismus der Heilswege

Von Jürgen Werbick

1. Pluralismus – Signatur der Moderne

Am Ende des zweiten Jahrtausends nach Christi Geburt scheint die Zeit eines eurozentrisch fixierten Christentums abgelaufen. Josef Schmitz sprach schon vor etlichen Jahren vom „Ende der Exportreligion“. Je exportorientierter die westlichen Volkswirtschaften werden, umso „importanfälliger“ stellt sich die religiöse Szene Europas und Nordamerikas dar. Wiederum gegenläufig zum ungebrochenen, ja noch an Aggressivität zunehmenden westlichen Wirtschaftsimperialismus wächst das Bewußtsein all der prekären religiösen und kulturellen Folgen, die ein oft rücksichtsloser „missionarischer“ Imperialismus etwa in Lateinamerika oder Afrika zu verantworten hat. Und darüber hinaus scheint es ausgemacht, daß die globale ökologische Krise von einer christlich „imprägnierten“ Weltanschauung und Naturverachtung wesentlich mitverursacht ist, so daß man sich auf andere religiöse und weltanschauliche Traditionen beziehen müßte, um diese heillosen Folgen „christlicher“ Weltbemächtigung aufzufangen.

Die Situation ist merkwürdig widersprüchlich: Immer mehr Weltregionen versprechen sich das Heil von westlicher Ökonomie und wollen an den Segnungen dieser Art des Wirtschaftens teilhaben. Der augenscheinliche Erfolg dieses ökonomischen Paradigmas verdrängt jedoch nur notdürftig das schlechte Gewissen angesichts der schlechthin untragbaren ökologischen und sozialen Folgekosten dieses Erfolgs. Und im religiösen Bereich schlägt dieses schlechte Gewissen voll durch: Auch hartgesottene Ökonomen werden nachdenklich und geben sich aufgeklärt, wenn sie – etwa auf ihrer Urlaubreise – mit dem konfrontiert werden, was sie als Resultate des christlichen Expansionsdrangs wahrnehmen. Die „geistigen Grundlagen" der westlichen Kultur, für die sich das Christentum seit fast zwei Jahrtausenden verantwortlich zeichnet, sie scheinen zerfallen – und wirken offenkundig doch noch in höchst bedenklichen geistig-moralischen Einstellungen nach, in Einstellungen, die endlich überwunden werden müßten. Ein Glück, daß sich das ökonomische System nun selbst stabilisiert und auf solche „geistigen Grundlagen" nicht länger angewiesen ist. Für die allenfalls noch übrig gebliebenen religiösen Bedürfnisse wird man sich auf dem religiösen Markt freilich nach anderen, weniger diskreditierten Sinnlieferanten umschauen.

Es ist – wie gesagt – eine paradoxe, aber gerade wegen ihrer Paradoxie irgendwie beruhigende „weltanschauliche Großwetterlage": Mit zunehmender Intoleranz verspricht man sich – nicht nur im Bereich des Ökonomischen – *das Heil vom Markt allein.* Im Gegensatz dazu beurteilt man den Anspruch der christlichen Tradition, allein in Jesus Christus sei das Heil erschlossen, als naiv-unverfrorene Anmaßung gegenüber den reichen Traditionen des Ostens, die uns gerade die weltanschauliche Toleranz vorleben. Im Bereich der „harten Rationalität" lassen wir uns nichts sagen; hier müssen die anderen endlich von uns lernen, wenn sie den endgültigen Ruin noch im letzten Augenblick abwenden wollen. Im Bereich der „weichen Emotionalität" (und der Religiosität) dagegen lassen wir uns viel sagen, gehen viele Zeitgenossen geradezu selbstverständlich davon aus, daß die christlich-abendländischen Traditionen „abgewirtschaftet" haben, daß die östlichen Traditionen nun einfach mehr zu bieten haben. Der religiöse Markt ist gut beschickt; und im Unterschied zur Weltwirtschaft und ihrem Weltmarkt haben die Länder und Kulturen des Ostens hier gute Chancen, Abnehmer für ihre Angebote zu finden – seit das Religions- und Heilsmonopol des Christentums im Westen zerfallen ist. Pluralismus ist ja die Wahrheit des Marktes, eine verheißungsvolle Perspektive überall da, wo marktbeherrschende Monopole zurückgedrängt werden können.

So kommt es nicht von ungefähr, daß sich das Christentum mit der Verheißung des Pluralismus auseinandersetzen muß, daß es sich im Horizont einer offenbar unwiderruflich pluralistischen

Welt, eines Weltmarktes der Weltanschauungen und Religionen neu verstehen lernen muß – und sich schwer damit tut, seinen Anspruch aufrecht zu erhalten, das Heil sei allein in Jesus Christus erschlossen. Die „pluralistische Theologie der Religionen" will sich der Herausforderung des religiösen Pluralismus stellen. Und sie stellt sich ihr so, daß sie das von den Ereignissen offenkundig „überholte" Heilsmonopol des Christentums auch theologisch kritisiert; daß sie den christlichen Anspruch auf ein Heilsmonopol als unnötig, ja als ethisch wie theologisch unverantwortlich überholt.

2. Die „pluralistische Theologie" und der Heilspluralismus

Man kann kaum die Augen davor verschließen, daß im Überlieferungsraum des Christlichen unendlich viel Unheil geschah und geschieht. Muß man nicht auch einräumen, daß Heil keineswegs nur im Überlieferungsraum des Christlichen geschah (und geschieht), daß andere religiöse Wege nicht weniger heilbringend waren und sind? Wenn aber erst einmal „anerkannt ist, daß Heil tatsächlich nicht nur innerhalb der christlichen, sondern auch innerhalb der anderen großen Traditionen sich ereignet, dann erscheint es willkürlich und unrealistisch, weiterhin darauf zu beharren, daß das Christusereignis die einzige und exklusive Quelle menschlichen Heiles ist" – so John Hick, der Protagonist einer christlich-pluralistischen Religionstheologie.[1] Es gilt – so Hick –, angesichts der nicht zu bestreitenden Heilserfahrungen innerhalb anderer religiöser Traditionen radikal zu brechen mit dem christlichen Exklusivitätsanspruch des „extra ecclesiam nulla salus". Es gilt auch theologisch ernstzunehmen und zu reflektieren, „daß Erlösung nicht auf das Christentum begrenzt ist."[2]

Es gibt – so machen „pluralistische Theologen" geltend – eine Pluralität von Heilsangeboten und Heilswegen, von denen sich

---

[1] In: *J. Hick/P. Knitter* (Hg.), The Myth of Christian Uniqueness, New York 1987, 22.

[2] *J. Hick,* Religiöser Pluralismus und Erlösung, dt. in: Jahrbuch für Interreligiöse Begegnung 1 (1990/91), Hamburg 1991, 25–40. Bedauerlicherweise liegt dieser wichtige Aufsatz nur in einer theologisch wie sprachlich völlig unzureichenden deutschen Übersetzung vor.

das Christentum nicht gleichsam a priori als den unvergleichlichen Heilszugang und die universal gültige Heilsvermittlung absetzen dürfe. Vielmehr komme es gerade darauf an, diese Heilsangebote – das christliche eingeschlossen – miteinander zu vergleichen und an ihrem Anspruch – vielleicht sogar an ihrem gemeinsamen Anspruch – zu messen, einen Weg zu heilem Menschsein zu eröffnen. Wenn man sich auf diesen Vergleich ernsthaft einließe, so entginge man dem religiösen Relativismus, für den alle (oder viele) Religionen irgendwo Recht und ebenso irgendwo auch Unrecht haben.

Diese These, wie sie etwa von John Hick vertreten wird, setzt freilich voraus, daß es in den verschiedenen religiösen Traditionen in vergleichbarer Weise um das Heil der Menschen geht. Das Gemeinsame (jedenfalls Vergleichbare) der wichtigsten religiösen Wege sieht Hick darin, daß sie dem, der ihnen ernsthaft zu folgen bereit ist, Erlösung versprechen „im Sinne der Transformation menschlicher Existenz von der Ich-Zentriertheit zur Wirklichkeitszentriertheit", zur Hinordnung auf jene Wirklichkeit, die für Mensch und Welt jeweils als im Letzten bestimmend angesehen wird.[3] Jede Tradition begreife je in ihrer Weise „die Verkehrtheit der gewöhnlichen menschlichen Existenz als einen Status des Gefallenseins von paradiesischer Tugend oder Glückseligkeit oder als einen Zustand von moralischer Schwäche und Entfremdung von Gott", als Selbstabtrennung vom unbegrenzt allumfassend Einen, als verblendete und den Weltzusammenhang „vergiftende" Egozentrik. Und jede religiöse Tradition proklamiere oder verheiße je auf ihre Weise die heilvolle Alternative zu diesem Status des Unheils: „die Freude, das eigene Leben mit Gottes Gesetz in Übereinstimmung zu bringen, sich selbst Gott in Christus hinzugeben, so daß ‚nicht mehr ich es bin, der lebt, sondern Christus, der in mir lebt' (Gal 2, 20)"; die beglückende Erfahrung, ein erfülltes – „heiles" – Leben in Gottes Gegenwart zu führen. Das kann dann auch sein „die vollkommene Ergebung (islam) in Gott, von daher Frieden mit Gott, der zur Wonne des Paradieses hinführt. Das Ich wird transzendiert, und es realisiert Einheit mit der grenzenlosen Bewußtseinswonne (sat-chit-ananda) des Brahman. Die ich-zentrierte Perspektive wird

[3] Ebd. 25.

überwunden, und es ereignet sich das Eingehen in die heitere Selbstlosigkeit des Nirwana." Hick nimmt an, „daß diese unterschiedlichen Verstehensweisen der Erlösung Spezifikationen dessen sind", was er „die Transformation menschlicher Existenz von der Ich-Zentriertheit zu einer neuen Orientierung", zur Zentrierung „in der göttlichen Realität" genannt hat.[4]

Wenn es „in jeder Weltreligion" um die Umwandlung der menschlichen Existenz von der „sündigen" Selbstzentriertheit hin zur Realitätszentriertheit (um die „transformation of human existence from self-centredness to Reality-centredness") geht, so lassen sich die wichtigsten religiösen Traditionen als „alternative soteriologische ‚Räume' ‹verstehen›, innerhalb derer" – oder auch als „Wege", auf denen – „Männer und Frauen Erlösung/Befreiung/letzte Erfüllung finden können."[5]

3. Soteriozentrismus

John Hicks Initiative läuft auf einen „Soteriozentrismus" der Religionstheologie und des interreligiösen Gesprächs hinaus. Er wird darin etwa von Paul F. Knitter entschieden unterstützt. Knitter, der selbst zunächst ein theozentrisches Dialogkonzept vertrat,[6] sieht in jüngeren Veröffentlichungen das gemeinsame – interkulturelle – Verlangen nach Befreiung als tragfähige Basis gegenseitigen interreligiösen Verstehens und gegenseitiger religiöser Herausforderung an: „Wenn das Verlangen nach Befreiung etwas ist, was von Gläubigen über alle Kulturen hinweg empfunden werden kann, d. h. unabhängig von ihrer Kultur oder ihrer Religion, dann vermag meiner Meinung nach ein soteriozentrischer oder um Befreiung zentrierter (›liberation-centered‹) Zugang zu einem interreligiösen Verstehen die Grundlage zu bieten".[7] Wenn Religionen sich in diesen Prozeß interreligiöser

[4] Ebd. 26f.; Übersetzung korrigiert.

[5] *J. Hick,* Gotteserkenntnis in der Vielfalt der Religionen, dt. in: R. Bernhardt (Hg.), Horizontüberschreitung. Die Pluralistische Theologie der Religionen, Gütersloh 1991, 60–80, hier 62f.

[6] Vgl. sein Buch: Ein Gott – Viele Religionen. Gegen den Absolutheitsanspruch des Christentums, dt. Fassung München 1988, 67–152.

[7] *P. F. Knitter,* Religion und Befreiung. Soteriozentrismus als Antwort an die Kritiker, in: R. Bernhardt (Hg.), Horizontüberschreitung, 203–219, hier 210.

Verständigung hineinbegeben, so verstehen und akzeptieren sie sich selbst wie auch alle anderen Dialogpartner als „Formen des Widerstands“ gegen alle möglichen Formen der Versklavung durch „self-centredness“ und deren (gerade auch gesellschaftliche) Auswirkungen, als „Visionen der Befreiung“ von solcher Sklaverei. Im Dialog entdecken sich die Religionen selbst und gegenseitig als Antriebskräfte, die „unsere eingefahrenen Vorstellungen und verkümmernden Energien frei‹setzen›“, als wirksame Herausforderungen, die die Menschen dazu motivieren, „von ungeahnten Möglichkeiten menschlicher Freiheit und einer humanen Gesellschaft zu träumen und darauf hinzuarbeiten.“ [8]

Pluralistische Religionstheologie ist soteriozentrisch, weil sie mit der Frage nach „Heil“ und Befreiung bei ihrem eigentlichen Thema ist – bei der „Sache“, die alle Religionen als ihr Grundthema entdecken und in der sie gegenseitige Verständigung suchen können. Pluralistische Religionstheologie will aber auch vor allen deshalb soteriozentrisch sein, weil sie die Religionen im Dialog zu ihrem ureigenen Auftrag zurückrufen und zur Bewährung herausfordern will. Bewähren können sich die Religionen ja nur so, daß sie Zeugnis ablegen von dem Befreiungs- und Umwandlungsimpuls, dem sie sich verdanken. Knitters Plädoyer für eine soteriozentrisch-pluralistische Religionstheologie ist – das macht er selbst geltend – befreiungstheologisch motiviert. Soteriozentrik bedeutet dann: Konzentration auf jenen soteriologischen „Kern“, der die Religionen geschichtlich wirksame, gegen Unterdrückung jeder Art engagierte *Befreiungsbewegungen* sein läßt.

Wie wird in einem soteriozentrischen Dialog die – in der Tradition des christlichen Heilsglaubens ja „exklusive“ – Heilsvermittlung durch den Erlöser Jesus Christus zum Thema werden können? Wird angesichts der Dialoglage zwischen den verschiedenen religiösen Befreiungsbewegungen, die sich im Dialog freilich erst so verstehen lernen müßten, noch von einer Absolutheit des Christentums die Rede sein können – oder eben nur von einer unaufhebbaren, geradezu notwendigen Pluralität von religiösen Befreiungstraditionen, deren kulturspezifische theolo-

[8] Ebd., 215 mit Bezugnahme auf *J. Hick* (s.o.) und *D. Tracy*, Plurality and Ambiguity: Hermeneutics, Religion, Hope, New York 1987, 84.

gisch-soteriologische Ausprägung zurücktreten dürfte hinter der allen Befreiungstraditionen gemeinsamen Herausforderung?

4. Christozentrismus und/oder Soteriozentrismus

Hick stützt seine soteriozentrisch-pluralistische Position auf eine religiös-erkenntnistheoretische Grundannahme, mit der er sich in der Tradition der von Kant vollzogenen „kopernikanischen Wende" vom Objekt zum Subjekt, der erkenntniskritischen Unterscheidung der Phaenomena vom Noumenon (dem Ding an sich) sieht. Der alte (scholastische) Satz, wonach alles, was menschliche Vernunft wahrnimmt und in sich aufnimmt, nach der konkreten Weise ihres Wahrnehmens in sie aufgenommen wird[9], muß mit Kant und über Kant hinaus radikalisiert werden: Die konkrete Weise der Wahrnehmung ist durch und durch kulturell geprägt; und diese kulturelle Prägung ist nicht noch einmal „hintergehbar" oder hinterfragbar auf eine „göttliche Wirklichkeit an sich" hin, die dann ja hinter (und vor) aller kulturell-relativen Formierung *als sie selbst* gegeben sein müßte. „Das göttliche Noumenon, ‚das Ding an sich', erfahren wir durch verschiedene menschliche Empfänglichkeiten als eine Reihe göttlicher Phänomene in der Formierung", die der jeweilige kulturelle Kontext definiert und in lehrhaften Konzepten verarbeitet.[10] Die menschlichen Entwürfe erreichen das göttliche Noumenon nicht, können es nicht erreichen. Deshalb dürfen doktrinelle Widersprüche weithin auf die kulturell bedingte und festgelegte Wahrnehmungsfähigkeit der religiösen Lehrtraditionen zurückgeführt werden; sie sagen nichts (bzw. müssen nichts sagen) über einen grundlegenden Dissens in der religiösen Ausrichtung auf die letztgültige Wirklichkeit. Und sie relativieren sich, wenn man nicht länger die Augen verschließt vor der „erlösenden Authentizität" der verschiedenen „großen Weltreligionen", jedenfalls der Weltreligionen, die nach der von Hick mit K. Jaspers so genannten „Achsenzeit" (ca. 500 vor Chr.) entstanden sind.[11]

---

[9] Vgl. Thomas von Aquin, Summa theologiae II/II, q.1, a.1, wo davon die Rede ist, „quod cognita sunt in cognoscente secundum modum cognoscentis".
[10] *H. Hick,* Religiöser Pluralismus und Erlösung (s. Anm. 2), 32.
[11] Vgl. ebd. 40.

Hicks Argumentation ist durchaus differenziert und voraussetzungsreich; und man muß sich bei der Lektüre genau vor Augen halten, aus welcher Perspektive er argumentiert. Offenkundig will er die christliche Theologie herausfordern, ihre so selbstverständliche Christozentrik zu überwinden, indem er sie – gut angelsächsisch pragmatistisch – auf die soteriologische „Leistungsfähigkeit“ anderer religiöser Traditionen hinweist. Dieser Hinweis ist insofern durchschlagend, als es für die christliche Theologie keine Möglichkeit gibt, etwa gegenüber dem Buddhismus nachzuweisen, daß hier nicht Heil erfahren würde. Zurückziehen kann sich die christliche Theologie nur auf das Argument, im Bereich des Christlichen werde eben ein *anderes* Heil erfahren und geglaubt, ein der Befreiung des Buddhisten schlechthin unvergleichbares, von Gott in Jesus Christus gewirktes Heil. Hicks zunächst unabweisbare Gegenfrage: Wird Heil (oder Gott oder die letzte Wirklichkeit, von der her Heil geschieht oder in bezug zu der Heil zugänglich wird) im Christentum nicht nur *anders* erfahren und gesehen als in den anderen religiösen Traditionen? Und ist die Andersheit dieser Erfahrungsweise nicht vor allem (oder allein) darin begründet, daß Heil in einem anderen kulturellen Kontext (Horizont) auch anders wahrgenommen werden muß?

An diesem Punkt der Argumentation droht der Rückfall in den religiösen Relativismus. Wenn – mit Kant gesprochen – das religiöse Noumenon hinter den verschiedenen religiösen Phänomenen schlechterdings unzugänglich bleibt und damit als Kriterium der Unterscheidung und Wertung ausfällt, so scheint nur die Konsequenz zu bleiben, *alle* religiösen Phänomene – alle religiösen Heilswege – für prinzipiell gleichberechtigt und gleich gültig anzusehen. Hier führt Hick das pragmatistisch-soteriologische Argument ein. Zwar sind alle großen religiösen Traditionen mehr oder weniger authentische Antworten auf die Herausforderung, die von der letzten Wirklichkeit – dem „Ding an sich“ aller Religionen – ausgeht. Aber die Authentizität der jeweiligen Traditionen läßt sich eben nicht einfach dadurch messen, daß man ihre Antwort an der Herausforderung mißt, auf die sie Antwort sein will. Was von der letzten Wirklichkeit als Herausforderung ausgeht, das „hat“ der Mensch ja nie „an sich“, sondern immer nur in den verschiedenen Antworten der verschiedenen religiösen Phänomene, in den Antworten, die von den verschiedenen Religionen darauf gegeben werden. Ein Vergleich der Religionen auf ihre Authentizität hin ist – so Hick – nur möglich als Vergleich ihrer soteriologischen Leistungsfähigkeit.

Wenn man dieses Kriterium anlegt, so kommt man allerdings – Hick räumt das selbst ein – zu keinem differenzierten Ergebnis. Ihm drängt sich die Schlußfolgerung auf, „daß wir keinen guten Grund haben anzunehmen, irgendeine der großen religiösen Traditionen habe sich vor anderen darin hervorgetan, daß sie im Hinblick auf Liebe und Mitleid (im Vergleich zu den anderen; J.W.) produktiver gewesen wäre."[12] Aber sollte es im interreligiösen Dialog überhaupt darum gehen, solche „Qualitäts- oder Authentizitätsunterschiede" nachzuweisen? Hicks soteriologisches Effektivitätskriterium ist womöglich gleichzeitig „zu scharf" und „zu stumpf": In allen relevanten religiösen Traditionen deckt es Heilloses und zum Unheil Führendes auf; alle relevanten Traditionen bieten den Menschen aber auch einen hilfreichen Kontext zur Transformation von ichzentrierter zu realitätszentrierter Existenzweise an. Offenbar kommt es immer darauf an, zwischen dem „Wesen" und dem „Unwesen" der jeweiligen Tradition zu unterscheiden. Und Kriterium dafür ist das schon genannte: wo, inwiefern und wie sie es zur Erlösung kommen läßt bzw. wo und inwiefern sie den Weg zur Erlösung versperrt.

Diese Heils- (und Effektivitäts-)Zentriertheit ist gerade für die christlichen Traditionen durchaus problematisch. Sie können sich kaum davon abbringen lassen, daß über Wesen oder Unwesen einer Religion ihr jeweiliges Gott-Verstehen oder -Mißverstehen entscheidet. Glauben heißt für sie: sich auf Gott einlassen und zwar auf *den* Gott, der sich in Jesus Christus ausgesagt und ausgedrückt, sichtbar und erfahrbar, eben: *verstehbar* gemacht hat. Glauben bedeutet hier: *diesen* Gott letzte Wirklichkeit sein lassen, ihm das Entscheidende zutrauen und deshalb auch in ihm sich festmachen – auf ihn „zentriert" sein. Heil ist dann gewiß auch das erlöste Hingeordnetsein auf diese letzte Wirklichkeit, worin – nach christlicher Gottes-Metaphorik – Gott seine erlösende „Herrschaft" aufrichtet, aber eben ein spezifisches Hinge-

---

[12] Ebd. 30; Übersetzung korrigiert.

ordnetsein auf eine spezifisch verstandene letzte Wirklichkeit. Hick entscheidet sich dafür, das glaubende Gottverstehen zu relativieren: als bloß perspektivische und damit eo ipso relativ wahre Annäherung an das je größere, niemals adäquat verstehbare und aussagbare göttliche Noumenon. Was von diesem Göttlichen hinreichend treffend gesagt werden kann, ist allein dies: daß die Hinordnung auf es einen Kontext für Erlösung „konstituiert". Kann man als christlicher Theologe Hick darin folgen, in diesem Sinne den „Gottes-Begriff" – die Spezifität des Gottverstehens – relativ zu setzen zu dem die Welt des Religiösen hier konstituierenden Absolutum: der Heilswirksamkeit (Heils-„Effektivität") aller Religionen? Kann die Pluralität der Religionen und Heilswege gleichsam „festgemacht" werden an dem, was sie „leisten" sollen, ja – als Heilswege – ihrem Anspruch nach leisten müssen? Unproblematisch wäre das vielleicht nur, wenn – wie Hick unterstellt – selbstverständlich und unumstritten wäre, was man unter Heil und Heilswirksamkeit zu verstehen hat. Hick kann das unterstellen, weil er den Begriff „Erlösung" so weitgehend formalisiert, daß er nichts anderes ist als der kleinste gemeinsame Nenner verschiedenster, gewiß nicht aller religiöser (und mancher nicht-religiöser) Heilswege. Das Konzept „Gottes" (des „Allerrealsten") kann relativ gesetzt werden, da es im Letzten wenig ausmacht, welches der unterschiedlichen Gotteskonzepte den hilfreichen Kontext für das Erlösungsgeschehen konstituiert. Und wenn sich irgendwie zeigen sollte, daß auch „gott-lose" Transformierungskonzepte Menschen effizient von der Selbstzentrierung auf mehr Liebe und Mitleid hin verwandeln, so würde man – nach Hicks Ansatz – auch darüber reden müssen, ob denn religiös gesehen etwas dagegen spricht, sein Heil etwa in der Psychotherapie zu suchen.

Freilich: Wie sollte man hier überhaupt noch argumentieren können? Wie sollte sich einigermaßen zuverlässig bestimmen lassen, in welchem Ausmaß solche erlösende Transformation sich innerhalb eines bestimmten (religiösen oder nicht eigentlich religiösen) Kontextes tatsächlich ereignet? Hick ist hier wortreich ratlos. Kann man dann aber das Konzept einer „pluralistischen Theologie" wirklich noch auf die Heilseffektivität der verschiedenen Heilswege abstützen? Oder verhält sich der vergleichende „pluralistische Theologe" hier nicht doch eher wie ein mehr oder weniger kritischer Konsument, der die verschiedenen Angebote daraufhin zu vergleichen vorgibt, ob sie „etwas bringen", aber so genau auch wieder nicht wissen will, was sie denn wirklich „bringen" sollen – und wie sie es „bringen" können?

5. Lehragnostizismus?

Hicks pluralistisch-soteriozentrisches Konzept scheint in Gefahr, die Bedeutung der spezifischen dogmatischen Kontexte, in denen die Gläubigen ihre Erlösungshoffnungen und Befreiungserfahrungen artikulieren, allzu sehr zu relativieren und so einem Lehragnostizismus Vorschub zu leisten. Die spezifische theo-logische Prägung und Bestimmtheit der jeweiligen Erlösungskonzepte scheint bei ihm jedenfalls eine untergeordnete Rolle zu spielen. Legt man an die verschiedenen religiösen Wege einfachhin das Kriterium der Fruchtbarkeit an, so spricht gewiß vieles dafür, sich nicht auf die Streitigkeiten über den personalen oder eher apersonalen Charakter der Gottheit – der „letzten Wirklichkeit" –, über Auferstehung oder Wiedergeburt, über Erlösung durch stellvertretende Sühne oder durch Erleuchtung zu fixieren. Sie wirken sich ja offenkundig kaum auf die Fruchtbarkeit der verschiedenen Traditionen aus. John Hick läßt keinen Zweifel daran, daß er einem solchen pragmatisch orientierten „Lehragnostizismus" zuneigt. Es geht ja allein darum, daß Erlösung im Sinne einer Transformation des Lebens von Ich-Zentriertheit zu Gott-Zentriertheit tatsächlich geschieht. Sekundär darf sein, aufgrund welcher Glaubenslehren und Dogmen sie geschieht. Da Erlösung in den verschiedenen religiösen Traditionen erfahren wurde und erfahren wird, ohne daß sich ausmachen läßt, ob sich die zwischen ihnen vorhandenen Lehrunterschiede auf diese Erfahrung von Erlösung auswirken, darf man annehmen, „daß es für Erlösung nicht notwendig ist", eine der unterschiedlichen Lehrkonzepte „sich zu eigen zu machen". Wir würden also – so John Hick – „gut daran tun zu lernen, ungelöste und zur Zeit unlösbare Differenzen zu tolerieren, die diese letzten Geheimnisse betreffen." Im Klartext: Es wäre – für Hick – unangemessen „zu behaupten, daß die Erlösung daran hängt, daß man eine besondere Meinung oder ein bestimmtes Dogma akzeptiert." [13]

Wenn die Heilswirkung (bzw. der ethische Impuls, sich zu einer „heileren" Existenzweise hin zu transformieren) eines religiösen Weges allein entscheidet und die verschiedenen religiösen Wege unbestreitbar solche Impulse und Heilswirkungen hervorbringen, ohne daß man sagen könnte, wie ihre soteriologische Leistungsfähigkeit durch ihre soteriologisch-lehrhaften Konzepte vermittelt ist, so kann man offenkundig den „theoretischen" Wahrheitswert der einander ja oft genug widersprechenden Heils-*Lehren* dahingestellt sein lassen. Es kommt – nach dieser pluralistischen Sicht der Religionen – eher darauf an, das Heils- und Heilungspotential der jeweiligen religiösen Traditionen zu aktivieren, als sich in Lehrstreitigkeiten darüber zu verwickeln, in welchem lehrhaften Kontext sie jeweils sprachlich zu artikulieren, zu reflektieren und zu ritualisieren seien.

Hier drängt sich der Vergleich zur Konkurrenz der verschiedenen Psychotherapieschulen auf. Unter Psychotherapeuten neigt man ja gegenwärtig weithin dazu, den „dogmatischen" Theorieunterschieden keine „Wahrheitsrelevanz" und kaum noch therapeutische Relevanz beizumessen. Offenbar ist kaum nachweisbar und auch nicht besonders wichtig, ob eine Schule mehr Recht hat als die anderen, die psychischen Zusammenhänge richtiger erfaßt als alle anderen Schulen. Festzustellen ist nur, daß manche Therapieformen bei bestimmten Symptomen (und Charakterstrukturen) besser greifen als andere. Und so muß man eben nur herausfinden, welche Therapieform zum jeweiligen Syndrom und zum jeweiligen Patienten „paßt". Könnte man nicht auch sagen, jeder müsse herausfinden, welche Religion zu ihm paßt und ihm wirklich hilft, ein erlöster Mensch zu werden? Und könnte man – wie in der Therapieszene – nicht weitgehend darauf verzichten, die verschiedenen Lehrkonzepte nach der Alternative „wahr – (weniger wahr) – unzutreffend" zu beurteilen?

Mir scheint, diese Parallele zur Therapieszene gibt schon einen entscheidenden Hinweis auf die Problematik eines so zugespitzten pluralistischen Konzepts. Der therapeutische Lehragnostizismus ist tragbar, solange man – pragmatisch – ungefähr

---

[13] Ebd. 38 bzw. 36; Übersetzung korrigiert.

darin übereinstimmt, was mit den verschiedenen Therapieformen ungeachtet der „dogmatischen“ Theoriedifferenzen erreicht werden soll. Ob das tatsächlich so ist, ob also der Lehragnostizismus für die Therapieszene tatsächlich tragbar ist, das sei dahingestellt. Im religiös-theologischen Feld scheint er mir untragbar. Hier kann nicht vorausgesetzt werden, daß die Realisierung „wahren, heilen Menschseins“, zu der der Grundimpuls einer religiösen Tradition herausfordert, zu der ihr „Geist“ inspiriert und den Weg finden läßt, in allen Religionen *im Wesentlichen* das Gleiche meint. Hier kann der Vergleich verschiedener Wege nicht davon ausgehen, daß man das Ziel des Weges schon einigermaßen zu bestimmen vermag, so daß man die unterschiedliche Geeignetheit der verschiedenen Wege im jeweiligen „Fall“ von diesem Ziel her einschätzen könnte.

Vielleicht gerät man auch nur in diese Sackgasse, wenn man sich überhaupt aufs Vergleichen einläßt, wenn man durch einen doch irgendwie wertenden Vergleich – also auf dem komparativen Weg – dem Relativismus einer pluralistischen Betrachtungsweise der Religionen zu entgehen versucht. Hicks Konzept läßt sich – wenn ich recht sehe – nicht auf eine in diesem Sinne komparative Sichtweise festlegen, auch wenn es die Zwiespältigkeit dieser Sichtweise vielleicht nicht deutlich genug reflektiert und dem Relativismusproblem wohl in *theologisch* unzureichender Weise zu begegnen versucht. Vielleicht hat Hicks Konzept (aus der zweiten Hälfte der achtziger Jahre) aber doch den Vorzug, daß es die Probleme einer „pluralistischen Theologie der Religionen“, die es weiter zu diskutieren gilt, unübersehbar deutlich ins Blickfeld rückt. So soll es nun darum gehen, diese Probleme noch deutlicher zu markieren und im Gespräch mit weiteren „pluralistischen Theologen“ nach Klärung zu suchen.

6. Soteriozentrik und der Primat der Orthopraxie

Eine zentrale Frage im Gespräch mit den Vertretern der pluralistischen Religionstheologie scheint mir zu sein: Wie weit soll der theoretische Anspruch der Pluralismusthese reichen? Oder auf die diskutierten Alternativen hin formuliert: Soll die Pluralismusthese eine These sein, die den Dialog zwischen verschiedenen religiösen Wahrheitsansprüchen sinnvoll, ja unerläßlich erscheinen und ehrlich führen läßt? Oder soll sie eine These sein, die gegen den Absolutheitsanspruch des christlichen Heilswegs gerichtet ist? Und wenn es ihr tatsächlich um die Kritik des christlichen Absolutheitsanspruchs gehen sollte: Muß sie dann nicht zu dem theoretisch-theologischen Eingeständnis führen, daß die Wahrheitsfrage im Dialog der Religionen gar nicht sinnvoll diskutiert werden kann, daß Wahrheitsansprüche also von vornherein gleichsam „regional" begrenzt werden müßten? Es liegt auf der Hand, daß die Pluralismusthese theologisch umso anfechtbarer wird, je prinzipieller sie argumentiert, je entschiedener man sich dagegen wehrt, ihre Reichweite einzugrenzen.

Paul F. Knitter, der sich als „eingeschworener, aber geläuterter Pluralist" vorstellt und eine entschieden soteriozentrische Pluralismusthese vertritt, scheint, im Unterschied etwa zu John Hick, die Reichweite des Arguments nicht ins Prinzipielle hinein erweitern zu wollen. Soteriozentrik ermöglicht und erfordert nach ihm das Gespräch der Religionen; ein Gespräch, das eben nicht von der einen, allen Religionen gemeinsamen, in allen aber nur gebrochen und relativ erscheinenden Wahrheit ausgehen und damit von vornherein die *prinzipielle* Relativität aller religiösen Wahrheitsansprüche unterstellen muß, sondern sich auf ein für sie alle gleich dringliches und zentrales „Problem" beziehen kann: „Wenn es keine gemeinsame substantiale Grundlagen der Religionen gibt, kann es doch einen gemeinsamen Ausgangspunkt ihres Gesprächs geben. Wenn es nichts *innerhalb* der einzelnen Traditionen gibt, das allen gemeinsam wäre, könnte es etwas *außerhalb* geben, mit dem sie alle konfrontiert sind. Falls (das ist zu unterstreichen!) die Anhänger verschiedener Religionen in ihrer gemeinsamen Verantwortung übereinstimmen könnten, den interkulturellen und interreligiösen Krisen unseres Zeitalters zu begegnen, falls sie Gemeinsamkeit in einer ‚präferentiellen Option' für die leidende Menschheit und die leidende Erde entdecken würden, hätten sie einen gemeinsamen Ausgangspunkt oder Kontext als Basis, auf der sie möglicherweise gemeinsam eine immer zerbrechlich bleibende Grundlage für gegenwärtiges Verstehen und Zusammenarbeit aufbauen können. In solch einem soteriozentrischen (statt theozentrischen) Modell des Diskurses können Normen für die Unterscheidung der

Wahrheit und Werte aus dem gemeinsamen aber immer nur relativ erfaßten Ideal des *Wohl-Seins* der Menschheit und der Erde abgeleitet werden." [14]

Diese *dialogpragmatische Pluralismusthese* ist auf den ersten Blick theoretisch zurückhaltend. Sie behauptet zunächst nur, daß die Religionen in einen ernsthaften Dialog miteinander treten können, wenn sie sich – gewiß jede in ihrer Weise – zu einer „präferentiellen Option" für die leidende Menschheit und die leidende Erde bekennen und den Beitrag der jeweils anderen Religionen zur Überwindung dieses Leidens anerkennen würden. Diese These führt nur dann über den Horizont etwa der Pastoralkonstitution „Gaudium et spes" des Zweiten Vatikanischen Konzils hinaus, wenn sie die Behauptung mit einschließt, daß die Anerkennung eines solchen Beitrags anderer Religionen gleichbedeutend ist mit der Anerkennung ihres Anspruchs, eine – gewiß partielle – *Heilswahrheit* zu verkünden. Das Pluralismusproblem stellt sich erst mit Schärfe, wenn es nicht mehr nur um einen Pluralismus der hilfreichen Beiträge, sondern um einen Pluralismus der Wahrheitsansprüche geht. Es ist ja noch relativ leicht einzusehen, daß hilfreiche Beiträge einander ergänzen können; es ist aber nicht so leicht einzusehen, wie verschiedene Wahrheitsansprüche einander nicht nur relativieren, sondern auch hilfreich ergänzen könnten.

Bei genauerem Zusehen impliziert die dialogpragmatische Pluralismusthese doch die theoretisch anspruchsvollere theologische Behauptung, die Heilswahrheit einer Religion zeige (oder gar: beweise) sich in ihrem Beitrag für die Überwindung des Leidens der Menschheit und der Erde. In dieser Behauptung wäre ein pragmatischer Wahrheitsbegriff vorausgesetzt bzw. mitbehauptet, im Feld der Orthopraxis träfen die verschiedenen religiösen Wahrheitsansprüche aufeinander, so daß hier das Pluralismusproblem aufzunehmen und zu klären sei. Knitter ist genau dieser Überzeugung. Mit der lateinamerikanischen *Theologie der Befreiung* besteht er darauf, „daß die Praxis sowohl der *Entstehungsort* als auch das *Bewährungsfeld* einer Theorie oder *Lehre* ist." Und er fährt fort: „Alle christlichen Überzeugungen und

---

[14] *P. F. Knitter,* Suche nach Einheit in Unterschiedenheit. Jüngste Ansichten zum Religiösen Pluralismus, in: Dialog der Religionen 1 (1991), 230–237, hier 237.

Wahrheitsansprüche müssen sich aus der Praxis bzw. der gelebten Erfahrung mit Wahrheiten heraus entwickeln, und hier haben sie sich auch zu bewähren." [15]

Wenn dieser Primat der Bewährung von religiöser (bzw. Heils-) Wahrheit in der Praxis und durch Praxis prinzipiell genommen würde, so bedeutete er eine Infragstellung des eigenen Rechts theoretisch-argumentativer Bewährung von Wahrheitsansprüchen. Aber so weit scheint Knitter nicht gehen zu wollen. Ihm liegt offenkundig eher an einem *pragmatischen* Vorrang der Orthopraxie gegenüber der Orthodoxie, nicht an einer prinzipiellen Unterordnung der Orthodoxie unter die Orthopraxie. In diesem Sinne ist doch wohl die folgende Textpassage zu verstehen: Die vorrangige Sorge einer Religionstheologie „sollte nicht dem ‚richtigen Glauben' an die Einzigartigkeit Christi gelten, sondern der ‚richtigen Praxis' im Umgang mit anderen Religionen sowie der gemeinsamen Förderung des Gottesreiches und seiner *soteria.* Darüber hinaus *benötigen* die Christen keine orthodoxe Klarheit darüber, ob Jesus nun die ‚einzige' oder die ‚letztgültige' oder die ‚universale' Norm ist, um die befreiende Wahrheit seiner Botschaft zu erfahren und sich voll für die befreiende Wahrheit seiner Botschaft zu engagieren." [16] Wenn es den Christen zuerst darum geht, das Reich Gottes und seine Gerechtigkeit zu suchen (Mt 6,33), so sind auch für die christliche Theologie „orthodoxe Unterscheidungen bezüglich einer Einzigartigkeit oder Endgültigkeit ... vielleicht weniger wichtig". [17]

Pragmatisch gesehen vielleicht nicht vordringlich wichtig, aber theologisch doch nicht irrelevant oder erläßlich. Vielleicht ist es deshalb hilfreich, die Rede vom (befreiungstheologischen) Primat der Praxis (der Orthopraxie) und damit auch die Soteriozentrismusthese zu differenzieren. Im Feld gemeinsamer Anstrengungen für mehr Gerechtigkeit und Menschlichkeit und für das Überleben der Menschheit hat sich auch das Christentum und seine Theologie konkret zu bewähren, hat sich die Wahrheit des Christlichen zu bewähren. Aber die Bewährung dieser Wahrheit hat eben auch ihre theoretische Dimension; darin hat sie

---

[15] *Ders.,* Katholische Religionstheologie am Scheideweg, in: Concilium 22 (1986), 63–69, hier 68.
[16] Ebd.
[17] Ebd.

sich zu vollziehen im Medium nachvollziehbarer Argumentation, in der Überprüfung ihrer Konsistenz, ihrer Beziehbarkeit auf sonstige begründete Wahrheitsansprüche. Diese *diskursive Bewährung* ist nicht ableitbar aus der Bewährung auf dem Feld befreiender oder rettender Praxis. So kann man vielleicht sagen, in allen Religionen begründe die Praxis die Theorie – wenn man damit herausstellen will, daß die Praxis der Theorie zugrunde liegt und daß „das Tun der Wahrheit... notwendig ‹ist›, um sie zu kennen.“ [18] Aber das heißt nicht, daß die Praxis die in der Theorie aufzuweisenden Begründungs- und Vermittlungszusammenhänge als solche konstituiert.

In der Theorie geschieht durchaus Praxisrelevantes (ebenso wie in der Praxis Theorierelevantes geschieht): In ihr steht nämlich zur Debatte, wie der Gottesgedanke der christlichen Traditionen, verschiedene Deutungen der Botschaft von der zuerst zu suchenden Gottesherrschaft und verschiedene Befreiungskonzepte untereinander vermittelt sind und sich gegenseitig bedingen. Diese Vermittlungszusammenhänge machen nicht nur die Spezifität des Beitrags aus, den das Christentum zum gemeinsamen Kampf um Humanisierung und Gerechtigkeit leisten kann. Sie betreffen auch die Voraussetzungen, von denen her das Heil der Gottesherrschaft und die Befreiungspraxis in spezifischer Weise einander zugeordnet sind. Und diese Voraussetzungen sind für Christen in Gottesgedanken und Gotteserfahrung Israels, Jesu Christi und der Christen zentriert.

Wenn man verantwortlich ergründen will, in welchem Sinne christliche Theologie von einem „Primat der Orthopraxie“ und von „Soteriozentrik“, in welchem Sinne sie von Ausrichtung christlichen Lebens, Handelns und Denkens auf das Heil sprechen kann, so muß der *theo-logische* Kontext christlich verstandener Orthopraxie und Soteriozentrik zum Thema werden. Man kann diesen Kontext aus pragmatischen Gründen abblenden. Aber man kann von ihm theologisch nicht absehen. Ähnliches mag – was christliche Theologie nicht definitiv entscheiden kann – auch für andere religiöse Traditionen gelten. Und so wird man damit rechnen müssen, daß sich bei der Rekonstruktion dieser verschiedenen Kontexte das Unvereinbarkeitsproblem stellt,

---

[18] *Ders.*, Religion und Befreiung (s. Anm. 7), 211.

daß sich das Pluralismusproblem in seiner Schärfe erst hier stellt. Wenn diese Folgerung zutrifft, so müßte man sich eingestehen: Die pragmatische Zuspitzung der Pluralismusthese auf Soteriozentrismus und Orthopraxie nimmt dem Pluralismusproblem seine theoretische und religiöse Schärfe; aber sie verkürzt es damit auch entscheidend.

Die pluralistischen Religionstheologen nehmen diese pragmatische Zuspitzung deshalb in der Regel auch nicht prinzipiell, sondern eben pragmatisch; und das heißt: sie stellen sich dem Pluralismusproblem auch auf der Ebene der theologisch-religiösen Begründungszusammenhänge befreiender Orthopraxie. Auf dieser Ebene scheint aber allein ein religiös-erkenntnistheoretischer Kritizismus, wie John Hick ihn in Anlehnung an Immanuel Kant formuliert hat, Lösungsmöglichkeiten zu eröffnen.

7. Das je größere Göttliche

Mit John Hick beruft sich auch Paul F. Knitter auf Kants allgemein-erkenntnistheoretische Unterscheidung der Phaenomena vom Noumenon. Mit ihr läßt sich offenkundig auch eine in den verschiedenen Strömungen der Mystik immer wieder zur Geltung gebrachte Erfahrung für den interreligiösen Dialog fruchtbar machen: Wer ernsthaft und authentisch von Gott zu sprechen versucht, der wird dessen gewahr, daß man eigentlich nicht über Gott sprechen kann, sondern nur zu Gott und „aus Gott" [19] – in der Sprache der von Gott Ergriffenen und zu ihm Hingezogenen, in der Sprache des Liebenden, der den Geliebten eben nicht „begreifen" und festlegen, sondern seine Freude am Geliebten und seine Faszination über das Ereignis dieser Liebe ausdrücken will. Die Sprache der von Gott (vom Göttlichen) Ergriffenen wäre dann nicht eigentlich „Gegenstandssprache", der es darum ginge, das „An-sich" (das „Wesen") einer Sache zu definieren, sondern eben eine ganz und gar *subjektive* und gerade deshalb (die Liebe des Liebenden) genau „treffende", weil in Betroffenheit von dem die Menschen am tiefsten Betreffenden ge-

[19] Das macht schon *Rudolf Bultmann* in seinem berühmten Aufsatz: Welchen Sinn hat es, von Gott zu reden? (Glauben und Verstehen, Bd. 1, Tübingen ^{6}1966) geltend.

sprochene Sprache. Daß die Betroffenen ihre Betroffenheit vom Göttlichen in verschiedensten Sprachen artikulieren, relativiert deshalb gerade nicht ihre Erfahrung des sie ergreifenden Göttlichen, sondern unterstreicht nur, daß der Gott, der sie ergriffen und getroffen hat, größer ist als alle „Namen", mit denen die Menschen ihn aussprechen; daß die Menschen gar nicht anders können, als den sie Ergreifenden zusammen mit ihrem tiefsten Ergriffensein zur Sprache zu bringen. So hätte es gerade im Bereich des religiösen Sprechens „wenig Sinn zu behaupten, eine Sprache sei vollkommener als eine andere, denn in der eigenen Sprache läßt sich (wie in der eigenen Religion) alles ausdrücken, was man ausdrücken will."[20] So wenig sich die verschiedenen Sprachen gegenseitig ihre Wahrheitsfähigkeit streitig machen, so wenig sollten sich – folgt man Raimon Panikkar – die unterschiedlichen religiösen Sprachsysteme gegenseitig ihre Authentizität streitig machen; und dies umso weniger, je ausdrücklicher sie sich ihrer Verwurzelung im sprachlos-schweigenden Erfahren des Göttlichen – in der *Mystik* – bewußt bleiben.

Der mystischen Erfahrung entspricht ja eine eher „negative Theologie", die das zur Sprache Gebrachte nicht festlegend und deshalb auch offen für andere „Versprachlichungen" aussprechen bzw. ansprechen will. „Unsagbar ist das Göttliche und unbegreiflich", sagt Johannes von Damaskus.[21] Unsagbar, wenn auch benennbar mit Namen, die eben nicht begreifen, sondern ansprechen, loben und rühmen wollen; so hat schon Ps. Dionysius Areopagita den sprachlichen Status der „Theo-Logie" bestimmt.[22] Und noch Thomas von Aquin gibt zu bedenken, daß wir von Gott nicht wissen können, was er ist, sondern was er *nicht* ist.[23] Kann es dann in der Theologie überhaupt darum gehen, *abgrenzend* zu reden und eine Gestalt des Redens von (zu) Gott gegenüber anderen absolut zu setzen? Wäre das Geheimnis des Göttlichen nicht gerade so zu wahren, daß man, wie John Hick, offenläßt, ob das in letzter Instanz „Reale" eine personale oder eine nicht-personale Wirklichkeit ist, in welchem Sinne es

[20] Vgl. hierzu *R. Panikkar*, Der neue religiöse Weg. Im Dialog der Religionen leben, dt. München 1990, 44.
[21] De Fide Orth. I/1.
[22] Vgl. Myst. Theol. III bzw. V.
[23] Vgl. Summa theologiae I q. 3 introd.

„schöpferisch" oder „transzendent" oder „ewig" oder „mächtig" genannt werden kann? Wenn dieses „Reale" „hinter der Reichweite unserer menschlichen Entwürfe liegt"[24] und die Menschen es immer nur nach Maßgabe ihrer geschichtlich-kulturell-sprachlichen Entwürfe zur Sprache bringen, sind dann nicht alle sprachlichen Annäherungen an das Geheimnis gleich unzureichend und gleich gültig? Ja, muß man sie nicht nebeneinander kennenlernen, um in möglichst vielen religiösen Versprachlichungen des Göttlichen den Beziehungsreichtum dieses Geheimnisses kennenzulernen? Muß man nicht auch im interreligiösen Dialog die „konstitutive Bindung der Wahrheit an die Sprache" anerkennen und damit auch die „unhintergehbare Pluralität" der religiösen *Wahrheiten*?[25]

Wer die mystischen Traditionen einer theologia negativa in diesem Sinne für das Konzept einer „pluralistischen Theologie" der Religionen in Anspruch nehmen will, der hätte genau darauf zu achten, warum zumindest die christliche Mystik aus dem je neuen Scheitern menschlichen Sprechens „von" Gott – aus der Tatsache, daß menschliches Sprechen im Letzten incapax infiniti ist (in seiner Endlichkeit dem Unendlichen nicht wirklich entsprechen kann) – keinerlei relativistische Konsequenzen zieht. Es ist ihr keineswegs gleich-gültig, wie der glaubende Mensch Gott anspricht und ent-spricht, wie er sich bis in seine Sprache hinein von Gott ergreifen, ihm sich „zuformen" läßt (Ps. Dionysius Areopagita). Dies freilich ist der Mystik das nicht zu überholende Erste: daß Gott den Menschen ergreift, sich ihm gibt, sich ihm zu *verstehen* gibt – in seiner alles Verstehen transzendierenden Unbegreiflichkeit, in der Unbegreiflichkeit seiner Güte. Daß das Gottverstehen unendlich weit hinter dem zu Verstehenden zurückbleibt, daß sein sprachlicher Ausdruck dem Göttlichen nur ganz unvollkommen entspricht und keine sprachliche Ausdrucksform sich selbst absolut setzen darf – das also ist das Erste. Daß aber – nach christlicher Glaubensüberzeugung – Gott sich selbst in bestimmter, eindeutiger und zugleich unendlich beziehungsreicher Weise und Gestalt zu verstehen gibt, daß er sich selbst, sein „Herz", sein „Wollen", seine „Leidenschaft" den

[24] Vgl. *J. Hick,* Religiöser Pluralismus und Erlösung (siehe Anm. 2), 33.
[25] Vgl. *R. Bernhardt,* Einleitung zu: Horizontüberschreitung, 9–29, hier 14.

Menschen entdeckt, damit sie ihn „zuinnerst" verstehen, mit ihm „einverstanden" sind und davon ihr Leben bestimmen lassen – das ist theologisch ebenso entschieden zur Geltung zu bringen. Gottes „Selbstgabe" ist nicht vieldeutig, sondern durchaus eindeutig, denn mit ihr will er *Verstehen* wecken; sein Logos (seine „Wesens-Mitteilung", sein Wesenswort) will die *entschiedene* Antwort der Menschen hervor-rufen, ihr Zeugnis, mit dem sie dem Logos in ihrem Leben und Sprechen entsprechen, gewiß in unendlich vielfältiger Weise entsprechen.

P.F. Knitters Feststellung, „daß es unter menschlichen Bedingungen kein letztes Wort über die Wahrheit und auch nicht nur *einen* Weg geben kann, sie zu erfahren", wie auch L. Gilkeys These: „Kein kultureller Logos ist letztgültig und damit universal"[26], sind entweder trivial oder theologisch mißverständlich. Keine kulturelle Sprachgestalt bringt Gottes Wesenswort, seine verheißungsvolle Herausforderung (den „Logos") endgültig und unüberholbar zur Sprache; keine kulturelle Sprachgestalt *ist* der Logos. Der Logos ist vielmehr das gottgegebene Kriterium dessen, was in den kulturell so vielfältigen Zeugnisgestalten zur Sprache kommen soll, das Kriterium des Gott Entsprechenden. Dieses Kriterium ist nicht definitiv – mit Absolutheits- und Endgültigkeitsanspruch – formulierbar. Aber es ist gegeben, um in den vielfältigen kulturellen Sprachgestalten und geschichtlichen Situationen das Gott Entsprechende je neu identifizierbar zu machen. So reicht es wohl doch nicht hin, mit John Hick die Einheit und „Eindeutigkeit" des Göttlichen zum streng geschichts- und wahrnehmungsjenseitigen „Ding an sich" zu erklären, im phänomenalen Bereich der Religionsgeschichte die pluralen kulturellen logoi aber als Letztgegebenheit anzusehen. Der Logos ist die Letzt-Gegebenheit. Und das bedeutet für den interreligiösen Dialog, in welchem sich die verschiedenen religiösen Sprachwelten füreinander öffnen wollen, daß die daran Beteiligten gefordert sind, dem Logos, der allen zugesprochen ist, zu entsprechen, indem sie in ihrer Situation und im gemeinsamen Fragen und Suchen das Gott-Entsprechende zu identifizieren versuchen. Das

---

[26] Vgl. *P. F. Knitter,* Nochmals die Absolutheitsfrage, in: Evangelische Theologie 49 (1989), 505–516, hier 508 bzw. *L. Gilkey,* Plurality and Its Theological Implications, in: J. Hick/P. Knitter (Hg.), The Myth of Christian Uniqueness (siehe Anm. 1), 38.

Aufregende des interreligiösen Gesprächs ist doch, daß die verschiedenen religiösen Sprachwelten gerade nicht für sich bestehende, autarke religiöse Sinnsysteme sind, daß es in ihnen um das Gleiche gehen kann, darum, daß dem *einen* göttlichen Logos in Lebenspraxis und Sprache entsprochen werde. So kann es im interreligiösen Gespräch eben auch darum gehen, wo und warum dem Logos mehr oder weniger zutreffend entsprochen, wo und warum ihm widersprochen wird. An der Identifizierung dessen, was Gott als sein „Innerstes", als sein „Herz", als seinen „Willen" den Menschen zu verstehen gab, scheiden sich die Geister, müssen sie sich scheiden. Hier kann man nicht *davon ausgehen*, daß die verschiedensten Identifikationsversuche „gleich wahr" sind. Vielmehr muß es im interreligiösen Dialog darum gehen, nach der „Angemessenheit" der jeweiligen Zeugnisgestalten zu fragen – und so dem einen Logos auf der Spur zu bleiben, den man dabei als Kriterium in Anspruch nimmt, ohne über ihn verfügen zu können.

8. Perspektivität aller, auch der religiösen Wahrheit?

Seit Kant und noch herausfordernder seit Nietzsche ist die Perspektivität, ja Interessegebundenheit aller Wahrheitsansprüche ins erkenntnistheoretische Blickfeld getreten. Diese Einsichten des 18. und 19. Jahrhunderts finden in der These von der Kultur- und Sprachgebundenheit aller Wahrheitsartikulationen ihre aktuelle Zuspitzung. Muß man dann nicht deutlich aussprechen, daß Wahrheit – auch religiöse – eben nur kultur- und sprachspezifisch und damit unaufhebbar *im Plural* vorkommt? Daß es gar nicht darum gehen kann, die Pluralität der Kultur- und Sprachperspektiven in eine Einheitsperspektive aufzuheben?

Hier stellt sich das Relativismusproblem mit neuer Dringlichkeit. Vielleicht stellt es sich hier erst in angemessener Weise. Relativismus wäre das bloße Konstatieren und Hinnehmen religiöser „Multiperspektivität", religiöser „Vielsprachigkeit" und damit gerade der Verzicht auf interreligiösen Dialog als auf Verstehen und *Verständigung* angelegte Dialogbemühung. Wenn das von den anderen Erkannte und Erfahrene für uns irgendeine Bedeutung haben soll, so muß es eben auch in unserer „Perspektive" – in unserem „Wahrheitshorizont" – vorkommen und verstanden werden können. Dialog setzt also die Transzendierbarkeit der jeweiligen Wahrheitshorizonte gerade voraus. Jeder Dialogpartner versucht, das vom anderen Mitgebrachte und Geltendgemachte dem zuzuordnen, was er selbst mitbringt und erfahren (erkannt) hat. Jeder holt den anderen in seinen Horizont herein. Das macht die Fruchtbarkeit und die Dramatik des Dialogs aus. Denn dieses „Hereinholen" ist ja unendlich zwiespältig: Der Hereinholende muß hereinholen, wenn er verstehen und das ihm Mitgeteilte ernstnehmen will. Der „Hereingeholte" wird sich immer wieder gegen sein Hereingeholtwerden wehren, weil er sich *vereinnahmt*, in einen fremden Kontext gestellt und damit gerade nicht verstanden, nicht ernstgenommen fühlt. Diese Dialogdramatik ist Kennzeichen eines ernsthaften Wahrheitsdialogs, eines Dialogs, in dem dem anderen Wahrheit zugetraut und darum gerungen wird, wie die verschiedenen Wahrheitsansprüche zueinander „passen"; eines Dialogs, in dem jeder Beteiligte darum ringt, zu verstehen („integrieren" zu können) und verstanden (nicht vereinnahmt) zu werden; eines Dialogs, in dem jeder Beteiligte riskieren muß, daß die eigenen Überzeugungen von der Wahrheit des anderen nicht unberührt bleiben. Das Verstehenwollen akzeptiert die Multiperspektivität und Vielsprachigkeit der Wahrheit gerade nicht als letzte Instanz; es setzt auf *Übersetzung*, auf immer noch bessere Übersetzung, weil ja offensichtlich ist, wie wenig Übersetzung im konkreten Fall gelingt, wie sehr sie dem Übersetzten immer noch Gewalt antut, es immer noch verfälscht.

Die Pluralismusthese griffe also zu weit, wenn sie in einem pluralistischen Wahrheits- oder Gottesbegriff ihre Begründung suchte. So sollte „pluralistische Theologie" auch nicht versuchen, das menschlich-allzumenschliche (bürgerliche?) Konzept des Pluralismus in Gott selbst hineinzuprojizieren. Kants Kritizismus sollte doch zumindest davor bewahren, die nur auf Phänomene beziehbare Kategorie „Pluralität" dem Noumenon „Gott" selbst beizulegen. Es führt meines Erachtens in die Irre, wenn man die Pluralismusthese in diesem Sinn prinzipiell *theologisch* nimmt, wenn man etwa – wie Knitter – den „tiefere(n) Gehalt der christlichen Erfahrung, wie sie in der Trinitätslehre ihren Ausdruck findet", so formuliert: „Die Gottheit ist nicht nur eine, sondern viele. Gott ist plural." [27] Und die Intention der christlichen Trinitätslehre wird vollends verfälscht, wenn Tom Driver sie so ausdeutet: „Infolge der mannigfaltigen Verwobenheit Gottes mit der großen Vielfalt menschlicher Gemeinschaften gibt es... in der Gottheit selbst echte und ursprüngliche Unterschiede." [28] Christliche Trinitätstheologie wollte gerade nicht ein plurales Wesen Gottes, eine plurale „Gottheit" lehren, sondern das eine und eindeutige Wesen Gottes, der die Liebe ist und sich uns als die Liebe, die sein Wesen ausmacht, in seinem Sohn durch den ihnen gemeinsamen und uns geschenkten göttlichen Geist mitteilt. Die Trinitätslehre meint eben nicht eine „plurale" Mannigfaltigkeit des Göttlichen, aufgrund derer Gott „vieles" wäre. Und schon gar nicht kann man sagen, daß es in der Gottheit selbst „ursprüngliche" Unterschiede gäbe aufgrund seiner vielfachen Bezogenheit auf verschiedene menschliche Gemeinschaften. Diese Behauptung kann ernsthaft nur verfochten werden, wenn das wissenschaftliche Konsistenzpostulat zugunsten einer wie immer verstandenen pluralistischen Logik aufgegeben wurde: Entweder ist Gott *ursprünglich* – und das hieße: aus sich selbst – „vielfältig"; oder er ist es *aufgrund* seiner Bezogenheit auf eine Vielfalt von Adressaten.

Die christliche Trinitätslehre denkt hier differenzierter und konsistenter: Gott ist aufgrund seines Wesens – des *einen* göttlichen Wesens – Beziehungswirklichkeit: der sich selbst Mitteilende, das Ereignis der Selbstmitteilung des Vaters an den Sohn im Geist; und er ist aufgrund dieses seines Wesens ursprünglich Dreiheit, ursprünglich der Beziehungsmächtige und Beziehungswillige, der diesen seinen Wesenswillen im sich Beziehen auf die Menschen, auf die große „Vielfalt menschlicher Gemeinschaften" geschehen läßt. Nach christlich-trinitarischem Glaubensverständnis hat Gott (der Vater) sich durch den Heiligen Geist in Jesus Christus (seinem Sohn) unüberholbar treffend und durchaus eindeutig ausgesprochen. Der Sohn *ist* der Logos, er sagt ihn

---

[27] *P.F. Knitter,* Nochmals die Absolutheitsfrage (s. Anm. 26) 510. Vgl. auch *R. Panikkar,* The Jordan, the Tiber, and the Ganges, in: J. Hick/P. F. Knitter (Hg.), The Myth of Christian Uniqueness (siehe Anm. 1), 110: „The Mystery of the Trinity is the ultimate foundation for pluralism."

[28] *T.F. Driver,* The Case of Pluralism, in: J. Hick/P. Knitter (Hg.), The Myth of Christian Uniqueness, 212.

nicht nur in kulturell-sprachlicher Relativität. Er ist in dem, was sein Leben, sein Lehren und sein Geschick „sagen“, Gottes Selbstausdruck, Gottes Verstehbarwerden für die Menschen und damit selbst Gottes – des *einen* Gottes – Wirklichkeit: kein „anderer“, kein „zweiter“ Gott. Er ist der, in dem Gott sich gültig mitteilt – kommuniziert –, wie sehr auch sein Leben, sein Geschick und sein Lehren dem altbekannten „Wesen“ Gottes zu widersprechen schienen. Jesus Christus identifiziert, er „lebt“ Gott befremdlich und provozierend anders; er bringt mit Gott anderes zusammen – eben sich selbst –, als man mehr oder weniger selbstverständlich mit Gott zusammenbrachte. Und wegen dieses sich Unterscheidens, wegen dieser provozierenden Bestimmtheit seiner Botschaft mußte (und muß) sich entscheiden, wer Gott ist: der, den er lebte und in Anspruch nahm oder der, den man gegen ihn in Anspruch nahm.

Christliche Trinitätslehre ist die Zumutung, von Gott befremdlich bestimmt zu reden, ernst zu nehmen, daß Gott sich in Jesus Christus und von ihm her identifizieren läßt, daß er so ist, wie Jesus Christus ihn bis in sein Sterben hinein gelebt hat; daß Gott so ist wie die Geist-Leidenschaft, die ihn beseelte und die Glaubenden beseelen will. Diese Bestimmtheit und *Identifizierbarkeit Gottes* ist für Christen nicht relativierbar. Aber die Versuche, ihr zu entsprechen, werden unendlich vielfältig sein. Und die Christen werden nicht definitiv darüber entscheiden können, wo und wie dieser bestimmte Logos authentisch vernommen und bezeugt wird; sie werden nicht einmal ausschließen können, daß er mitunter außerhalb der christlichen Kirchen authentischer vernommen, daß ihm außerhalb der „christlichen Welt“ authentischer entsprochen, daß er außerhalb christlicher Gemeinden authentischer bezeugt wird. So werden sie auch nicht ausschließen können, daß die Antwort auf den Logos, den sie im Blick auf Jesus Christus zu identifizieren und zu verstehen, auf den sie im Geist Jesu Christi zu antworten versuchen, auch ohne Bezugnahme auf ihren Herrn Jesus Christus und die an ihn sich anschließende Tradition mehr oder weniger authentisch gelebt werden kann.

Diese Überlegungen scheinen nun doch wieder ganz in die christliche Binnenperspektive zurückzuführen, sich einfach auf einen christlichen „Standpunkt“ zu stellen und „die anderen“

von dort aus beurteilen und allenfalls – wo es „geht“ – vereinnahmen zu wollen. Macht es nicht den entscheidenden Schritt aus, den die „pluralistische Theologie“ wagt, daß sie die „beschränkte“ christliche Binnenperspektive hinter sich läßt und „vorurteilslos“ auf die anderen schaut, ihren Wahrheitsanspruch ebenso ernstnimmt wie den christlichen? Muß man nicht doch endlich realisieren, daß der Wahrheitsanspruch des Christlichen eben nur in der christlichen Binnenperspektive absolut gilt, in einer Perspektive, die die anderen religiösen Wahrheitsansprüche wirklich als solche ernstnimmt, aber als relativ – als *relative Absolutheit* – erscheinen muß? Das scheint die eigentlich Grundthese der „pluralistischen Theologie“ zu sein. Und in dieser Formulierung scheint sie doch prinzipiell gemeint zu sein: als These von der „unhintergebaren“ Pluralität religiöser Wahrheitsansprüche. Läßt sich *dieser* Pluralismus noch gegen den Relativismus abgrenzen? Und zieht er nicht letztlich doch die Entschiedenheit der religiösen Hingabe (in der jeweiligen „Binnenperspektive“) in Mitleidenschaft?

9. Der „Standort“ der pluralistischen Theologie

Der Vorwurf der pluralistischen Theologie an die in ihrer Binnenperspektive „befangenen“ christlichen Theologie lautet, sie vereinnahme nicht nur „die anderen“, sondern auch noch das unauslotbare Geheimnis des Göttlichen, das Geheimnis des schlechthin „Anderen“; sie beanspruche Wahrheit für sich im Sinne einer „Wahrheitsidee, die auf dem Besitzprinzip beruht“.[29] Demgegenüber wahre die Relativierung der partikularen Religionen die Absolutheit des Göttlichen. So sieht es etwa P.F. Knitter mit S.J. Samartha: „Der Andere relativiert alles übrige. Die Bereitschaft, eine solche Relativierung zu akzeptieren, ist in der Tat wahrscheinlich die einzige Garantie dafür, daß man dem Anderen als Letztwirklichkeit begegnet ist.“ Diese Begegnung erfordert nämlich – so wird hier geltend gemacht –, daß man „Gott allein als Absolutum anerkennt und ... jede Religion als relativ

[29] Vgl. *R. Panikkar,* Der neue religiöse Weg (siehe Anm. 20) 58.

betrachtet."[30] Die pluralistische Theologie sucht diese Relativierung der religiösen Wege durch das Göttliche selbst, durch das schlechthin Andere zu jedem religiösen Zugriff, zu einem religiösem Wahrheits- und Besitzanspruch gegenüber religiösen und theologischen Absolutheitsansprüchen zur Geltung zu bringen.

Nun vollzieht jede authentische religiöse Tradition selbst die Relativierung ihres Sich-Beziehens auf das Göttliche durch das unumgreifbare Geheimnis des Göttlichen schon ihrer Binnenperspektive: Man weiß Gott als den je größeren, als den schlechthin Anderen, vom glaubenden Verstehen nicht Ausschöpfbaren oder „Begreifbaren". Und in diesem Sinne weiß man auch um die Relativität der eigenen religiösen „Theorie und Praxis", weiß man darum, daß Gott den Menschen auch noch andere Wege zu sich eröffnen kann. Dieses Wissen mag immer wieder von Dogmatismus und Doktrinalismus verschüttet sein, es kommt immer wieder auch an die Oberfläche – im katholischen Bereich etwa mit dem Zweiten Vatikanischen Konzil.[31] Die Selbstrelativierung in der Binnenperspektive geht aber nicht so weit, die jeweils eigene religiöse Theorie und Praxis in eine Reihe mit den verschiedensten anderen religiösen Wegen einzuordnen und von einer *prinzipiellen Gleichberechtigung* aller Wege zu sprechen. So ging auch das Christentum bisher nicht so weit, sich einfachhin als „eine unter *mehreren begrenzten* Religionen der Welt" zu verstehen.[32]

Über diese Selbstrelativierung des Christentums in der Binnenperspektive hinaus vollziehen manche Vertreter der „pluralistischen Theologie" die Relativierung des Christlichen gleichsam in der *Außenperspektive* – mit dem „neutralen" Blick der vergleichenden Religionswissenschaften, für die jede Religion Vorzüge und Nachteile hat, Originalität und Abhängigkeiten erkennen läßt, authentisch-heilsame und heillose Realisierungen findet und eben deshalb keine prinzipielle Überlegenheit über die anderen beanspruchen darf. Dieser relativierende Blick aus

---

30 *S.J. Samartha,* Courage for Dialogue. Ecumenical Issues in Inter-Religious Relationships, New York 1982, 151 f. bzw. The Lordship of Jesus Christ and Religious Pluralism, in: H. Anderson/Th.F. Stransky (Hg.), Christ's Lordship and Religious Pluralism, New York 1981, 36; beides zitiert nach: *P.F. Knitter,* Ein Gott – Viele Religionen (s. Anm. 6) 87.

31 Vgl. etwa das Missionsdekret Ad gentes 7.

32 Vgl. *P.F. Knitter,* Nochmals die Absolutheitsfrage (s. Anm. 26) 508.

der Außenperspektive erbringt zweifellos ein Kontrastbild zur Selbstthematisierung des Christlichen in der christlichen (dogmatischen Theologie). Kann man in *einer* theologischen Reflexion zugleich die Binnen- und die Außerperspektive „einschalten"? Die christliche Theologie tut sich schwer damit; ihr Nachdenken ist ja ursprünglich und bleibend reflexive Vergewisserung der vom Göttlichen in einem konkreten Traditionskontext Ergriffenen auf das (bzw. auf den) hin, von dem sie ergriffen wurden, Bedenken dessen, was ursprünglich in der „Sprache der Liebenden" (P.F. Knitter) ausgesprochen ist.

Aber hat die Theologie ihre Wissenschaftlichkeit nicht gerade darin, daß sie über die Binnenperspektive der Selbstthematisierung und Selbstverständigung hinausgreift, daß sie die Binnenperspektive mit dem „allgemeinen Wahrheitsbewußtsein" – eben mit der Außenperspektive – vermittelt und so etwa auch die Sprache der glaubend Ergriffenen *als solche* begreift, relativiert? Der Fundamentaltheologie kommt im Fächerkanon der katholischen (aber zunehmend auch der evangelischen) Fakultäten diese Vermittlungsaufgabe vorrangig zu. Die Vermittlung der Binnen- mit der Außenperspektive kann aber in verschiedener „Richtung" versucht werden: von der Binnenperspektive auf die Außenperspektive, das „allgemeine Wahrheitsbewußtsein" hin, das ja in Wahrheit nichts anderes als das Ensemble vieler vielfältig sich durchdringender Perspektiven ist; aber auch von der Außen- auf die Binnenperspektive hin.

Wenn ich es recht sehe, so versucht die Fundamentaltheologie eine Vermittlung von der Binnenperspektive auf die Außenperspektive hin, während die „pluralistische Theologie" sich eher die Außenperspektive zu eigen macht und von dort aus den verschiedenen Traditionen – ihren Erfahrungen in der Innenperspektive – gerecht zu werden versucht, wobei hier eben für die meisten „pluralistischen Theologen" das Christentum primärer Erfahrungshintergrund und Herkunftshorizont ist. Wer von der Binnen- auf die Außenperspektive hindenkt, der versucht, das Erfahrene zu anderen Erfahrungen, die mehr oder weniger direkt und authentisch zugänglich sind, in Beziehung zu setzen und so in seiner allgemeinen Relevanz zu klären, ohne es in seiner Bedeutung *für mich* relativierend einzuschränken. Wer sich von der Außen- auf die Binnenperspektive zubewegt, wird entweder *komparativ* denken, also eine (etwa die christliche) Tradition als die vergleichsweise „höchststehende“ und deshalb vorzuziehende herausarbeiten[33]; dieses Verfahren steht in der Gefahr, zu schnell und unreflektiert der eigenen Tradition entnommene Parameter in den Vergleich einzubringen. Oder aber man stellt die Beziehung zur Binnenperspektive – wie manche „pluralistische Theologen“ – eher dezisionistisch her: Der pluralistische Theologe will in den Traditionsraum eingebunden bleiben, dem er entstammt, weil es ihm ansonsten schwerfiele, authentische religiöse Erfahrung in den interreligiösen Dialog einzubringen. Er will die Sprache der Ergriffenen und der Liebenden weiter sprechen; er will weiter von dem – für ihn, den Ergriffenen – einzigen Sohn sprechen, gibt aber zugleich zu verstehen, daß er anderen zugesteht, von einem anderen „Einzigen“ zu sprechen, in dem – für sie – das Heil erschlossen sei.

Knitters Vergleich mit der Sprache der Liebenden, die ja auch Binnen- und Außenperspektive zugleich oder hintereinander „einschalten“ könnten, scheint zunächst überzeugend.[34] Aber er wird problematisch, wenn man die verglichenen Situationen genauer analysiert. Der Liebende wird die Geliebte eben doch in anderem Sinne „einzig“ nennen als der Glaubende seinen Erlöser „einzig“ nennt. Für den Liebenden ist klar, daß die Geliebte nur für ihn „die einzige“ ist – und sein soll, auch wenn er selbstverständlich davon überzeugt ist, daß auch „objektive Vorzüge“ sie auszeichnen. Der Liebende stört sich wenig daran, daß es Außenperspektiven auf seine Beziehung zur Geliebten gibt, daß seine Geliebte in solchen Außenperspektiven eben nicht „die einzige“ ist, sondern allenfalls gewisse Vorzüge aufweist oder als „attraktiv“ erscheint. Er kann anderen ihre (Außen-)Perspektive, die gerade nicht die seine sein darf, risikolos zugestehen, denn

---

33 Dieses Verfahren kann man etwa bei *Ernst Troeltsch* in seiner Schrift: Die Absolutheit des Christentums und die Religionsgeschichte (Neuausgabe München-Hamburg 1969) beobachten (wobei anzumerken ist, daß Troeltsch die Position dieser Schrift später revidiert hat). Der über die bloße Binnenperspektive des Frommen hinausgelangte Christ wird – so Troeltsch – „nicht bedürfen, daß er allein die Wahrheit hat und sonst niemand, und ebensowenig wird er bedürfen, daß er die vollendete und fertige Wahrheit hat. Ihm genügt, daß er das Tiefste und Beste habe, was es gibt, und über das hinaus Höheres zu suchen zwecklos ist, da es nirgend existiert und er es selbst sich nicht erfinden kann“ (S. 95).

34 Ein Gott – Viele Religionen (s. Anm. 6) 123 f.

diese Frau soll ja *sein* Glück bedeuten – und eben nicht, jedenfalls nicht in gleichem Sinne, das Glück anderer. Im Unterschied dazu nennt der Glaubende „seinen“ Erlöser den „einzigen“, weil er die von ihm her erfahrene (oder die in ihm erhoffte) Erlösung als prinzipiell unvergleichlich und unüberbietbar und damit auch für alle anderen als das Heil behauptet, über das hinaus kein „anderes“ Heil zu erhoffen ist. Für den Glaubenden ist die Außenperspektive nicht ebenso problemlos „zuschaltbar“ wie für den Liebenden. Den Liebenden stellt die Außenperspektive nicht notwendigerweise in Frage; sie stellt ihn nur in Frage, wenn der andere die Geliebte oder ihre Liebe oder die Liebe des Liebenden offen geringschätzt. Ansonsten ist die Liebe gleichsam offen pluralistisch: Jede(r) soll zu seinem (ihrem) Liebesglück mit seinem (ihrem) Partner finden. Eine extrem pluralistische religionstheologische Position in dem Sinne, daß jedem zugestanden sei, nach seiner Facon selig zu werden, schaltet eine Außenperspektive ein, die sich schwer vereinbaren läßt mit der Notwendigkeit *für mich*, auf diesem und keinem anderen Weg mein Heil zu suchen. Oder kann man – gleichsam von oben, über den Dingen stehend – proklamieren: Jeder braucht *seinen* Heilsweg, von dem *er* überzeugt ist; und es ist im Grunde gleichgültig, welchen er wählt, Hauptsache, er wählt ihn überzeugt und vom Göttlichen wirklich ergriffen?

Die Liebe ist nun gewiß nicht in diesem relativistischen Sinne „pluralistisch“. In jeder Liebesbeziehung geht es – wenn sie wirklich ernst gemeint ist – um die *Wahrheit* der Liebe. Und insofern sind die Liebenden einem Absoluten verpflichtet, dem sie in der Konkretion je ihrer Beziehung auf der Spur bleiben wollen. Und sie sind gewiß auch bereit, von den Erfahrungen anderer Liebender zu lernen, sich von ihnen herausfordern zu lassen, das Wahrwerden der Liebe in je ihrer Beziehung konsequent zu wollen. Ist dies nicht doch ein gutes Modell für ein nichtrelativistisches Pluralismuskonzept im Feld des interreligiösen Dialogs?

Hier ist wohl doch eine bedeutsame Einschränkung anzubringen: Den Liebenden geht es in je ihrer Beziehung um die Wahrheit *ihrer* Liebe, darum also, daß die Liebe in ihrer Beziehung möglichst rein und vollkommen sich ereigne. „Pluralistisch“ ist die Liebe darin, daß jede(r) Liebende dieser Wahrheit der Liebe in Beziehung mit einem anderen Partner auf der Spur bleibt und daß die Vielzahl der Liebesbeziehungen unter Menschen die „Absolutheit“ jeder einzelnen Liebesbeziehung – ihren Wahrheitsbezug – nicht relativiert oder in Frage stellt. Wer den Geliebten „meinen Einzigen“ nennt, der erhebt einen Wahrheitsanspruch, er folgt einer Wahrheitsverheißung. Aber es stellt ihn nicht in Frage, daß andere dieser Wahrheitsverheißung in der Beziehung zu einem anderen Partner folgen. Das ist in der religiösen Beziehung zum „einzigen Erlöser“ offenkundig nicht so. Hier ist der Wahrheitsanspruch bzw. die Wahrheitsverheißung, der der Religiöse folgt, ein seinem Wesen nach universeller auch in dem Sinne, daß der Erlöser als für alle Menschen schlechthin erlösende Wirklichkeit behauptet wird. Jedenfalls ist dies im Bereich der christlichen Traditionen immer so gesehen worden. Hier ist es offenkundig doch so, daß die Erfahrung des von „meinem“ Heiland nicht Ergriffenen (die Außenperspektive) die Erfahrung des Ergriffenen und ihr Ergriffensein miteinander Teilenden (die Binnenperspektive oder vielleicht weniger mißverständlich: die Perspektive der Selbstverständigung) nachhaltig in Frage stellt; hierin liegt der tiefgreifende Unterschied zur Erfahrung einer mitmenschlich-interpersonalen Liebesbeziehung. Im religiösen Verhältnis kann man beide Perspektiven nicht gleichzeitig einnehmen; der „Spagat“ zwischen Binnen- und Außenperspektive, zwischen „drinnen“ und „drüber“ führt an die Grenzen des religiös Vollziehbaren.

Es spricht für die intellektuelle Redlichkeit und Differenziertheit der „pluralistischen Theologen“, daß sie sich dieses Dilemma nicht verhehlen. Knitter stellt ausdrücklich fest, die jeweils eigene Heilsperspektive sei „in einem paradoxen aber doch realen Sinn absolut *und* relativ. Der Christ ist der Vision des Evangeliums von der Gerechtigkeit und dem Reich Gottes verpflichtet, und zwar mit ganzer Kraft und Hingabe, die notfalls auch ein Martyrium einschließen würde. Und doch ist dem Christen gleichzeitig auch die Relativität jeglicher Sichtweise des Königreiches und der Erlösung bewußt.“ [35] Der Christ will Christus „mit voller, aber offener Hingabe“ dienen; seine Hingabe muß sich – so Knitter – aber nicht in abgrenzenden, absolutsetzenden

[35] *P. F. Knitter,* Religion und Befreiung (s. Anm. 7) 217.

Behauptungen über den aussprechen, dem er sich „absolut verpflichtet" weiß.[36]

Das ist in gewisser Hinsicht das eigentliche Problem der Pluralismusthese für einen *christlichen Theologen*: Kann die Offenheit für andere, den eigenen Wahrheitsanspruch relativierende, ihm eben auch *widersprechende* Wahrheitsansprüche zusammenbestehen mit der verpflichtenden Bindung an eine Tradition der Gott-Rede und Gotteserfahrung, die in Jesus Christus, dem fleischgewordenen Logos, ihr nicht relativierbares Kriterium hat? Das Gespräch mit den „pluralistischen Theologen" müßte im wesentlichen dies klären: ob es ein *theologisches* Argumentationsverfahren gibt, das diesem Problem gerecht wird und es nicht auf einen der beiden Problemaspekte reduziert.

Es liegt auf der Hand, daß man in der Tradition des Christentums die Glaubensentschiedenheit für *diesen* Heilsweg in *exklusiven* Soteriologien ausgelegt und nachgezeichnet hat. In ihr erschien es undenkbar und unvollziehbar, der Behauptung, neben dem Logos Jesus Christus gebe es „gleichberechtigte" andere Logoi, eine relative Berechtigung einzuräumen. Ja, es scheint von ihr her für Christen undenkbar und unvollziehbar, die „Unbetroffenheit" der Nichtchristen vom Anspruch und vom Zuspruch des in Jesus Christus „Fleisch" gewordenen Logos, ihr Nichteinverstandensein mit diesem Logos, für irgendwie legitim zu halten. Christen werden ihr „Ja" zu diesem Logos zu leben und zu bezeugen versuchen in der Hoffnung, zu überzeugen; in der Hoffnung, sich im „Ja" zu diesem Logos mit anderen zu treffen.

Muß man den Christen – der christlichen Theologie – um eines substantiellen und ernsthaften interreligiösen Dialogs willen abverlangen, die Relativität „ihres" Gott-Logos theoretisch-theologisch zu begründen, also gleichsam den „Spagat" theologisch abzusichern zwischen der Binnenperspektive des schlechthinnigen Betroffenseins und der Außenperspektive, in der sich die verschiedenen Logoi als gleichermaßen gültige, wenn auch mehr oder weniger authentische Modi religiösen Ergriffenseins darstellen? Mir scheint, diese Forderung wäre unrealistisch und auch der „Sachlogik" des Religiösen widersprechend. Der inter-

[36] Vgl. ebd. 217f.

religiöse Dialog setzt voraus, daß ich bereit bin, mich vom Dialogpartner, seinen Erfahrungen und religiösen Traditionen berühren und gegebenenfalls überzeugen zu lassen, sie nicht von vornherein ins Unrecht zu setzen; er setzt voraus, daß ich andere Traditionen für *prinzipiell wahrheitsfähig* halte. Aber er setzt eben nicht voraus, daß sie mir hic et nunc als ebenso wahr erscheinen. Die Gleichberechtigung der Dialogpartner bezieht sich auf ihr gleiches Recht, die Wahrheit ihrer Tradition geltend zu machen, nicht darauf, daß jeder Beteiligte bereit sein müßte, die Relativierung der eigenen Tradition durch andere gleichsam a priori zuzugestehen. Das religiöse Gottverstehen und Selbstverständnis des anderen für prinzipiell wahrheitsfähig zu halten, heißt eben nicht, ihm – wie auch dem eigenen Gottverstehen und Selbstverständnis – von vornherein relative Wahrheit zuzubilligen. So wird sich der interreligiöse Dialog – solange ich selbst von dem mir zugesprochenen Logos ergriffen und in Anspruch genommen bin – im Fragen danach realisieren, ob und wo die „Wahrheit der anderen" meiner Erfahrung und „meiner" Überlieferung entspricht, sie in neuem Licht erscheinen läßt, neue Dimensionen erschließt und hilfreiche Korrekturen zumutet; freilich auch im Fragen danach, ob und wo ich ihr um der Wahrheit des mir zugesprochenen Logos willen widersprechen muß. Dieses fragende Sich-Herantasten an das Verbindende und an das möglicherweise Trennende wird im konkreten Vollzug die Frage, ob die vom Dialogpartner geltend gemachte Wahrheit dem Logos Jesus Christus in letzter Instanz entspricht oder widerspricht, häufig offen lassen und weiterer Prüfung überlassen können. Mein „Ja" zum Logos Jesus Christus erzwingt dann hier und jetzt (noch) nicht das „Nein" zu anderen religiösen Wahrheitsansprüchen. Wir dürfen einander weiterhin in Frage stellen mit unserer gegenwärtig noch nicht überwundenen Unfähigkeit, die Wahrheit des anderen auch für uns selbst unverkürzt gelten zu lassen; wir wissen uns auf einem Weg, der möglicherweise auch das Verstehen „unseres eigenen" Logos tiefreichend verändern und die Wahrheit des anderen überraschend neu aufleuchten lassen wird. Wir wissen uns *gemeinsam* unterwegs zum je größeren Gott, den jeder in *seiner* Tradition authentisch zu vernehmen meint. Mir scheint, auch P. F. Knitter hat ein Argumentationsverfahren im Blick, das in diesem Sinne die Entschiedenheit des

„Ja" koexistieren lassen könnte mit einer vielfach möglichen „Epoché" (einer vorläufigen Unentschiedenheit) beim Blick auf das gegenwärtig in seiner Vereinbarkeit mit dem von mir entschiedenen Bejahten noch nicht Beurteilbaren.[37]

10. Entschiedenheit und Offenheit des christlichen Erlösungsglaubens

Die Binnen- oder Selbstverständigungsperspektive des Glaubens ist bestimmt von jener Entschiedenheit des „Ja", in der der Glaubende sich von dem ihm zugesprochenen Logos ergreifen und herausfordern läßt. Die Neutralität des vergleichenden Beobachters verträgt sich nicht leicht mit dieser Entschiedenheit: Man kann nicht zugleich der Herausforderung des Gott-Logos zu entsprechen versuchen und sie zugleich in ihrer Verbindlichkeit relativieren. Aber man kann sich durchaus von dieser Herausforderung auf die Spur Jesu Christi setzen und zugleich im interreligiösen Gespräch herausfordern lassen, danach zu fragen, ob man mit den Glaubenden anderer religiöser Traditionen zum gleichen Ziel hin unterwegs ist. Die Entschiedenheit des „Ja" verlangt mein „Nein" zu anderen Optionen, wenn feststeht, daß diese Optionen mit meiner Glaubensentscheidung *unvereinbar* sind, wenn sie ihr *widersprechen* – wenn sie dem Logos, dem ich in meinem Leben entsprechen will, widersprechen. In diesem Fall ist mein „Nein" um der Bestimmtheit und Entschiedenheit meines „Ja" willen notwendig: Mein „Ja" wäre „nichtssagend", wenn es entgegengesetzte Optionen nicht ausschlösse, wenn es allen anderen auch noch irgendwie Recht gäbe, ganz gleich, wie sie sich zueinander und zu dem „Logos" verhalten, dem ich zu antworten versuche.

Es ist freilich gar nicht so leicht festzustellen, wozu der vom menschgewordenen Logos Ergriffene um seines „Ja" zu diesem Logos willen „nein" sagen muß – welche Optionen mit seiner Glaubensentscheidung unvereinbar sind. Naheliegend wäre es,

---

[37] Vgl. sein Buch: Ein Gott – Viele Religionen (s. Anm. 6) 171–177; vgl. auch *Th. Sundermeier,* Evangelisation und die „Wahrheit der Religionen", in: R. Bernhardt (Hg.) Horizontüberschreitung, 175–190, hierzu 186f.

all jene Optionen auszuschließen, die sich der Anerkennung Jesu Christi als des menschgewordenen Logos – der allein maßgebenden Selbstmitteilung Gottes – entziehen. Muß das „Nein“ zur Gottessohnschaft Jesu denn nicht vom Glauben an diesen Gottessohn zurückgewiesen werden? Hier liegt gewiß eine entscheidende und von (bzw. mit) den „pluralistischen Theologen“ unter den Titeln „Christozentrismus“, „Zentralität Jesu“ [38], universelle Bedeutsamkeit Jesu, „Normativität, Finalität und Definitivität des Christusereignisses“ [39] diskutiertes Grundproblem einer pluralistischen Theologie der Religionen. Man kommt ihm näher, wenn man sich fragt, wozu der Glaubende *in intentione directa* (in unmittelbarer Zuwendung) und wozu er gleichsam *in obliquo* (in Abhängigkeit und Hinordnung dazu) „Ja“ sagt. Die Glaubenszustimmung gilt zuerst und entscheidend dem, *was der Logos sagt,* was er an Lebensmöglichkeit eröffnet, wozu er herausfordert, was er zusagt und so auch für den, der ihm zu entsprechen sucht, Wirklichkeit werden läßt. In obliquo gilt dieses „Ja“ all jenen Bekenntnisformeln, die die Göttlichkeit des menschgewordenen Logos und des Geistes, in dem er die Glaubenden ergreift, gegen jede Bestreitung klarstellen wollen. Das Einverstandensein mit dem, was der Logos sagt, zusagt und „zumutet“, ist zweifellos von anderer Glaubens-Qualität als das „Ja“ zu den Bekenntnisformeln, die im Traditionsraum des Christlichen sicherstellen wollen, daß die Gültigkeit dieses Logos nicht in Zweifel gezogen wird – und deshalb das christologische Dogma festschreiben.

Das „Ja“ zu den Bekenntnisformeln ist zugleich ein „Nein“ zu den von ihnen ausgeschlossenen Optionen. Das „Ja“ zu dem, was das in Jesus Christus „Fleisch“ gewordene, für die Christen in ihm verstehbar gewordene Wesenswort Gottes sagt und zusagt, ist das „Ja“ derer, die sich von diesem Logos auf die Spur Jesu Christi gesetzt wissen und auf dieser Spur ihren Weg immer wieder neu ermitteln, die Herausforderung des Logos immer wieder neu identifizieren, „Ausgeschlossenes“ immer wieder neu ausschließen, Irrwege immer wieder neu als solche ansprechen

[38] Vgl. *P. F. Knitter,* Religion und Befreiung (s. Anm. 7) 216f.
[39] Vgl. dazu *K.-J. Kuschel,* Christologie und interreligiöser Dialog, in: Stimmen der Zeit 116 (1991), 387–402, hier 401.

und vermeiden müssen. Das in intentione directa gesprochene „Ja“ – das Einverstandensein mit dem, was der Logos sagt und zusagt – bedarf der Vergewisserung beim Gehen des Weges, zu dem er herausfordert. Dabei werden frühere Erfahrungen der Weggemeinschaft Kirche gewiß von großer Bedeutung sein. Aber man wird den Weg in den Fußspuren Jesu Christi nicht allein dadurch finden können, daß man zu solchen Entscheidungen immer wieder nur „Ja und Amen“, zu dem von ihnen Ausgeschlossenen und Abgelehnten immer wieder nur „nein“ sagt – Bekenntnisformeln nachsagt. Neue Wegstrecken stellen vor neue Entscheidungen und vor die Notwendigkeit, immer wieder neu aus dem in der Bibel bezeugten Logos und aus den Erfahrungen der Glaubensgemeinschaft Kirche herauszuhören, wohin die nächsten Schritte des Weges in den Fußspuren Jesu Christi uns führen wollen, wohin der Logos uns heraus-fordert und welchen Verführungen er hier und jetzt widersprechen will.

Bei der Identifikation dessen, *was* uns der Logos sagt und zusagt, werden auch die anderen Stimmen im interreligiösen Dialog ihr gewichtiges Wort mitsprechen. Es ist eben nicht von vornherein ausgeschlossen, daß Gottes Geist auch und gerade in ihnen den Logos besonders aufschlußreich zur Sprache bringt, daß er gerade in ihnen unsere oft genug „beschränkte“ Binnenperspektive aufbricht und auf einen neuen Horizont hin öffnet. Die „anderen“, die den Logos nicht aus der Botschaft des Lebens und des Geschicks Jesu Christi heraushören, haben gleichwohl etwas zur „inhaltlichen“ Identifizierung des Logos zu sagen – zur Identifizierung des „Wortes“, auf das der Mensch Antwort sein und so sein „Leben“ finden kann. Und damit stellen sie die Christen vor die Frage, ob sie es ihnen mitverdanken, wenn ihnen der Logos hier und heute neu zur Verheißung und zur Herausforderung wird. Umgekehrt wird in dieser „Inhaltsdimension“ gewiß auch die Frage akut, wo diese Stimmen – aber auch Stimmen im „Innenraum der Kirche“ – dem Gott-Logos widersprechen, wo sie mit dem in Jesus Christus zugesagten Logos Unvereinbares sagen, wo um des „Ja“ zum Logos willen das entschiedene und abgrenzende „Nein“ notwendig wird. So ist der interreligiöse Dialog zuerst und wesentlich das Gespräch und der Streit über das Gott – seiner Selbstmitteilung, seiner verheißungsvollen Herausforderung – Entsprechende und das ihm Widersprechende;

das Gespräch darüber, wie die Herausforderung, die Gott für die Menschen bedeutet, hier und jetzt von den Glaubenden „angenommen" und gelebt werden kann.

Es sollte ein Gespräch unter „Ergriffenen" und „Erfahrenen" sein, die sich gegenseitig mit ihrem Zeugnis und mit ihrem Fragen helfen wollen, Gottes Wort zu hören und Gottes Herausforderung anzunehmen. Es wird gewiß auch ein Gespräch sein, in der uns das, was die anderen Stimmen uns sagen, mitunter so befremdlich vorkommen wird, daß wir geneigt sind, es als im Widerspruch zum Logos stehend abzulehnen oder aber es als für unseren Versuch, Gottes Logos zu verstehen, nicht hilfreich – vielleicht auch unverstanden – „stehen zu lassen". Und es wird ein Gespräch sein, in dem wir oft noch nicht wissen, *ob* das, was die anderen sagen, und *wie* es vielleicht zu dem „paßt", was uns der Logos sagt, so daß wir ihre Wortmeldungen zunächst einmal gelten lassen dürfen. Unser „Stehenlassen" und „Geltenlassen" ist hier kein entschiedenes „Nein". Und die Unentschiedenheit im Neinsagen widerspricht hier nicht der Entschiedenheit des „Ja", mit der wir uns der Herausforderung des Logos zu stellen versuchen, so wie sie im Traditionsraum des Christlichen weitergegeben und bezeugt wurde. Die Entschiedenheit dieses „Ja" muß – wie eben dargestellt – nicht einmal ausschließen, daß außerchristliche Glaubenszeugnisse die Herausforderung des göttlichen Logos authentischer bezeugen als viele innerkirchliche. Sie verlangt aber je neu Rechenschaft darüber, was man *nicht* sagen und leben kann, wenn man dem Logos in Leben und Sprechen entsprechen will.

Der interreligiöse Dialog ist – gerade für die ihr Christsein recht verstehenden Christen – ein offener Dialog, in dem jeder die Gesprächsbeiträge der anderen für prinzipiell *wahrheitsfähig* hält, in dem kein Teilnehmer die (Heils-)Wahrheit für sich monopolisiert und den anderen nur noch darüber Bescheid gibt, was sie um ihres Heiles willen anzunehmen hätten. In diesem Dialog muß keiner vom anderen die Zustimmung zu Bekenntnisformeln verlangen, mit denen eine religiöse Tradition die unverkürzte Überlieferung der göttlichen Botschaft, der sie zu entsprechen sucht, in ihrem Traditionsraum sicherzustellen versuchte. Das „Ja" zu solchen Bekenntnisformeln (und -inhalten) markiert die Grenze der jeweiligen religiösen Selbstverständigungsperspektive, deren Relativierung für ein substantielles interreligiöses Gespräch darüber, wie die Menschen Gott entsprechen können und entsprechen sollen, nicht notwendig und auch nicht sinnvoll wäre. Ich bin als Christ nicht gefordert, den Traditionszusammenhang, in welchem sich mir Gottes heilvolle Wahrheit erschließt, als für andere möglicherweise heilsirrelevant anzusehen; ich bin nur gefordert, ihnen Rechenschaft zu geben darüber, was es mir bedeutet, Jesus Christus als den menschgewordenen Logos, als meinen Erlöser, zu glauben. Und ich bin gefordert, mir sagen zu lassen, was es für die anderen bedeutet, wenn sie das Gott Entsprechende und Widersprechende in anderen Traditionszusammenhängen zu identifizieren versuchen.

Das „Ja“ zu christlichen Bekenntnisformeln (und -inhalten) wird sich gegen deren Bestreitung wenden, wie sie in anderen religiösen Traditionsräumen artikuliert worden sind (und werden). Das christliche „Nein“ zum „Nein“ der anderen ist dann um der Konkretheit und Bestimmtheit der religiösen Erfahrung willen notwendig, die dem Menschen eben nicht in der Konfrontation mit dem Logos „an sich“, sondern nur in der religiösen Selbstverständigungsperspektive einer Überlieferungs- und Zeugnisgemeinschaft widerfahren kann. Dieses „Nein“, mit dem Glaubende sich der Zumutung widersetzen, andere religiöse Traditionsräume mit ihren Festlegungen auch dort, wo sie den eigenen widersprechen, einfachhin als berechtigt anzuerkennen, ist aber durchaus vereinbar mit der gemeinsamen Suche danach, wie die in jeweils verschiedenen religiösen Traditionsräumen Glaubenden Gott entsprechen können und wo (bzw. wem) sie um dieses Entsprechens willen widersprechen müssen. Wer in diesem interreligiösen Dialog „mitsucht“, muß den anderen Mitsuchern nicht immer und in allem von vornherein Recht geben. Aber er wird sich mit ihnen immer wieder neu auf den Weg machen in der gespannt-gelassenen Zuversicht, daß das Miteinandersuchen der Heils-Wahrheit des Logos eher auf die Spur kommen läßt als das „Gegeneinander-Behaupten“.

11. Der Weg und die Wege – Abschied von der Absolutheit des Christentums?

Dialoge können nicht geführt werden über Absolutheits- und Exklusivitätsansprüche. Hier steht immer nur Anspruch gegen Anspruch, Behauptung gegen Behauptung. Aber ist damit die Rede von der Absolutheit des Christentums schon als in jeder Hinsicht illegitim erwiesen? Kann die christliche Theologie noch in einem verantwortbaren Sinn von der Absolutheit der in Jesus Christus erschlossenen Heilswahrheit, von der Absolutheit des in ihm eröffneten Heilsweges sprechen? Für Christen bedeutet diese Absolutheits-„Behauptung": Der Weg Jesu Christi, der Weg, der er in Person ist, ist ihnen Wahrheit und Leben (Joh 14, 6). Sie können nur auf *diese* Wahrheit setzen und *Seinen* Weg zu gehen versuchen. Er ist ihnen der „Ort", an dem und von dem her sie sich den Logos zusprechen und Erlösung eröffnen lassen. Die Frage, ob man die Heils-Wahrheit, die er ist – als der Weg, der in ihm eröffnet ist – legitimerweise bestreiten oder relativieren kann, ist in der Selbstverständigungsperspektive der Christen nicht sinnvoll thematisierbar. Auch die christliche Theologie kann sie von ihren Voraussetzungen her kaum sinnvoll bearbeiten. Sie läßt sich von der Wahrheit, die Er ist, zu denken geben und versucht darzulegen, warum die Menschen wahrhaft leben, wenn sie in und mit dieser Wahrheit leben, wenn sie den Weg beschreiten, der Er ist.

Natürlich nimmt die Theologie zur Kenntnis, daß andere religiöse Traditionen den Namen Jesu nicht mit Wahrheit und Leben verbinden. Aber sie wird sich nicht genötigt sehen, der Ablehnung Jesu Christi, dem Widerspruch gegen sein Logos- und Erlösersein, Legitimität zuzusprechen. Darauf sind diese religiösen Traditionen ja auch gar nicht angewiesen. Und mit Widersprüchen dieser Art kann der interreligiöse Dialog durchaus leben; von ihnen lebt er geradezu.

Für den christlichen Theologen hat die von ihm behauptete „Absolutheit" der in Jesus Christus begegnenden Heilswahrheit zunächst einmal die Konsequenz, daß er diese Heilswahrheit als prinzipiell allen Menschen vermittelbar und als für alle Menschen heilsbedeutsam ansieht. Damit weiß er sich herausgefordert, im Gespräch mit allen erreichbaren Gesprächspartnern zu explizieren, wie die Wahrheit, die Er ist, für sie als Heilswahrheit bedeutsam werden kann. Und dieses Gespräch darf – *soll* – zum Dialog werden, zum Dialog darüber, welcher Verheißung und Herausforderung „wir" folgen, wenn wir zu Jesus Christus als unserem Erlöser „Ja und Amen" sagen, welcher Verheißung und Herausforderung die Gesprächspartner folgen, um in ihr Leben und Wahrheit zu finden; zu einem Dialog, in dem wir einander zutrauen, füreinander hilfreich zu sein bei der Identifizierung und beim Bezeugen des Logos, dem zu entsprechen die Erfüllung menschlichen Lebens ausmacht.

In diesem Dialog geht es also nicht um die Bekehrung der anderen zum Absolutheitsanspruch der christlichen Heilsbotschaft. In ihm geht es bei dem, was christliche Theologen zu *sagen* haben, zunächst darum, darüber Rechenschaft zu geben, warum die Christen in Jesus Christus – in der Botschaft seines Lebens, Sterbens, seiner Vollendung – den göttlichen Logos vernehmen und wie sie ihm auf ihrem Weg in den Spuren Jesu Christi meinen entsprechen zu können. Im interreligiösen Dialog geht es bei dem, was christliche Theologen sich *sagen lassen* müssen, dann eben auch darum, von den anderen zu erfahren, was sie daran hindert, der Wahrheit des Logos in der Christusnachfolge nachzuspüren, und was sie dazu veranlaßt, anderen Spuren zu folgen. Übereinstimmung kann in diesem Dialogfeld nicht das direkt intendierte Ziel sein. Jede religiöse Tradition wird den „Ort", an dem sich ihr der Logos in motivierender Bestimmtheit erschloß, in gewisser Weise absolut setzen, weil sie nur so der göttlichen „Vorgabe" ihres Lebens, Glaubens, Denkens, Handelns und Hoffens entsprechen kann. Aber keine religiöse Tradition sollte der anderen ihr Existenzrecht und ihre Wahrheitsfähigkeit bestreiten, denn nicht sich selbst kann sie absolut setzen, sondern immer nur den Logos, den sie an einem ganz bestimmten „Ort" vernimmt, und diesen Ort, insofern sie ihn dort und von dort her vernimmt. *Was* sie dort vernimmt und wie sie ihm entsprechen kann, das führt sie sogleich in den Dialog mit den anderen, in den Dialog darüber, was der Logos sagt und zusagt. „Absolutheit" des Christentums heißt deshalb: Absolutsetzung des Logos, der sich den Christen in Jesus Christus als der unüberholbare Gott-Logos erschließt und sie zum Glauben herausfordert; kann aber nicht heißen: Absolutsetzung der in den christlichen Traditionen und Kirchen unternommenen Versuche, diesem Logos zu entsprechen.

12. Pluralistische Theologie der Religionen als Relativierung aller Absolutheitsansprüche?

Aber relativieren sich nicht auch die verschiedenen „Orte" gegenseitig, an denen der schlechthin verbindliche, herausfordernde Logos mehr oder weniger authentisch vernommen wird? Muß man deshalb als Christ nicht auch damit rechnen, daß sich neben der Inkarnation des Logos in Jesus Christus noch andere Inkarnationen des Logos in der Geschichte ereignet haben, so daß eben auch für Christen nicht mehr Jesus Christus *allein* im Zentrum der Religionsgeschichte stehen könnte?[40] Führt das dann nicht doch unvermeidlich zum religiösen Relativismus, dazu, daß verschiedene „Inkarnationen" und verschiedene daraus abgeleitete religiöse Wahrheitsansprüche nebeneinander stehenblieben und die Entscheidung für einen von ihnen im letzten nur dezisionistisch zu treffen wäre? Gibt es also letztlich doch kein „Drittes" zwischen religiösem Relativismus und religiösem Absolutismus? Die pluralistische Theologie der Religionen müht sich in immer neuen Anläufen, dieser fatalen Alternative zu entgehen. Ihre Versuche, nicht mehr absolutistisch und exklusivistisch sein zu wollen, ohne relativistisch sein zu müssen, verdienen höchsten Respekt und kritischste Prüfung, eine Prüfung im Geist kritischer Sympathie, da man als Fundamentaltheologe ebenfalls darauf setzen muß, daß der „dritten Weg" begangen werden kann. Diese abschließende Überlegung soll noch einmal die Argumente und Versuche der pluralistischen Theologie unter der Rücksicht zusammenfassen und prüfen, inwiefern sie der Relativismus- wie der Absolutismusgefahr gleichermaßen zu begegnen helfen.

Man kann sich natürlich gleich zu Anfang fragen, warum der religiöse Relativismus theologisch untragbar ist und deshalb un-

[40] In diese Richtung denkt zweifellos R. Panikkar (vgl. Anm. 20); vgl. auch den Bericht von *R. Ficker,* Im Zentrum nicht und nicht allein. Von der Notwendigkeit einer Pluralistischen Religionstheologie, in: R. Bernhardt (Hg.), Horizontüberschreitung, 220–237.

bedingt zu vermeiden wäre. Darf man sich denn nicht zufriedengeben mit einem radikalen oder einfach nur skeptischen Perspektivenpluralismus, mit einem Relativismus, der ernstmacht mit der Autonomie der verschiedenen Kultur- und Sprachwelten der Religionen? Es ist wohl schon deutlich geworden, daß ein theoretisch und als prinzipiell legitimierter Perspektivenpluralismus weder das Verstehenwollen (und Verstehenkönnen) „der anderen“ noch den Widerspruch gegen bestimmte, religiös begründete Zumutungen in den eigenen wie in fremden religiösen Sprach- und Kulturwelten hinreichend begründen könnte. Perspektivenpluralismus hat die fatale Tendenz, sich zu multiplizieren und die Spielräume argumentativer Auseinandersetzung fortschreitend zu verengen. Das „Argument“, man dürfe aus Achtung vor der autonomen Geltung und Legitimation bestimmter Wahrheitsansprüche innerhalb eines bestimmten Traditionshorizonts die Geltung solcher Wahrheitsansprüche nicht an der Elle eigener („westlicher“) bzw. „universeller“ Rationalitätskriterien messen, kann dann zur Immunisierung fundamentalistischer Christentümer und ihrer immer wieder auch terroristischen Vorgeschichte ebenso herangezogen werden wie zur Begründung einer religiösen „Koexistenz“ mit fundamentalistischen Terroristen anderer religiöser Traditionen.[41]

Die theoretische Option eines offenen und entschiedenen Kultur- und Perspektivenpluralismus scheitert in einer Welt, in der die Kulturen und Traditionen wirklich aufeinandertreffen und sich faktisch auch durchdringen, schon daran, daß ein solcher Relativismus die Einigungsmöglichkeiten im Blick auf das *gemeinsam zu Bewältigende und zu Schützende* zersetzen müßte. Wer nur die Menschenrechte aus diesem Relativierungsprozeß heraushalten wollte, der müßte theoretisch schon sehr anspruchsvolle Voraussetzungen gegen die relativistische Resignation vor der puren Vielfalt zu begründen versuchen, sei es auf dem Weg einer transzendentalen Begründung universalistischer Normen, sei es auf dem Weg der religionstheologischen Sicherung des *faktisch* Gemeinsamen (wie etwa in dem von Hans Küng initiierten „Projekt Weltethos“). Insgesamt scheint man

---

[41] Vgl. zur Problematik aus Anlaß des „Falles“ Salman Rushdie: *U. Greiner,* Wider den Kulturrelativismus, in: DIE ZEIT Nr. 24 vom 5. Juni 1992, 57f.

hier zunächst am besten *pragmatisch* weiterzukommen: Wenig spricht ja dagegen, daß die wichtigsten religiösen Traditionen in vielem gemeinsame ethisch-universelle Grundorientierungen wie auch vergleichbare Heilsperspektiven entwerfen, so daß auf dieser Basis ein fruchtbarer Dialog in Gang kommen könnte und ein wesentlicher Beitrag zur Humanisierung der Gesellschaften und zur Rettung der Schöpfung erwartet werden dürfte. Wo die pluralistische Religionstheologie in diesem Sinne *pragmatisch* argumentiert, entgeht sie dem Relativismus und dem Absolutismus gleichermaßen und wird sie begründeten Widerspruch kaum auf sich ziehen.

Aber der religiös-pluralistische Pragmatismus ist – wie sich zeigte – nur eine Theorie mittlerer Reichweite, die ihre Reichweite argumentativ doch nicht begrenzen kann. Die Begründungs- und Vermittlungszusammenhänge, die beim Dialog über universelle Normen und Heilsperspektiven gerade thematisiert und argumentativ *geltend gemacht* werden müssen, sind dann aber mit religiösen Wahrheitsansprüchen verbunden, die man zwar um des kleinsten gemeinsamen Nenners willen ausblenden, aber nicht als solche eliminieren oder einfach nebeneinander stehenlassen kann. Spätestens auf dieser Ebene stellt sich das Problem einander ausschließender oder zumindest relativierender Wahrheitsansprüche doch, stellt sich die Frage, ob es mit Wahrheit vereinbar ist, daß sie im Plural vorkommt und unter den Bedingungen des Pluralismus auch nur im Plural vorkommen kann; die Frage, ob Wahrheit denkbar ist, ohne die Einheit der Wahrheit zu unterstellen.

Man kann sich diesem Problem entziehen – und Hick scheint das zu versuchen –, indem man die *eine* Wahrheit zum für Erkenntnis unerreichbaren, erkenntnisjenseitigen „Ding an sich" erklärt und die geschichtliche Realität von einer pluralen Vielfalt von Antworten auf diese „noumenale" religiöse Letztwirklichkeit bestimmt sieht. Knitter äußert zu Recht sein Unbehagen an diesem „Dualismus von menschlicher religiöser Antwort und dem Wirklichen", da er es nicht erlaubt, die Angemessenheit der Antworten irgendwie von dem Wort her zu überprüfen, auf das sie Antwort sein wollen.[42] Radikalisiert man Hicks Position, in-

[42] Vgl. Knitters Besprechung des Buches von *John Hick,* An Interpretation of Religion.

dem man theoretisch zu einer Pluralität von Logoi übergeht, auf die es dann eben nur plurale religiöse Antworten geben kann, so ist man bei einem religiösen Relativismus angekommen, bei dem es – von pragmatischen Konsensbildungen abgesehen – keine Möglichkeit mehr gibt, im Dialog der Religionen die Frage nach der *einen* Wahrheit des Menschseins zu stellen. Bleibt man bei Hicks Dualismus stehen, so müßte man zeigen, ob es unter Voraussetzung dieses Dualismus noch die theoretisch begründbare Möglichkeit gibt, nach *Authentizität* zu fragen. Ich sehe diese Möglichkeit nicht.

Bleibt hier nur übrig, die Frage der Authentizität innerhalb der eigenen Selbstverständigungsperspektive zu behandeln und diese faktisch absolut zu setzen, weil sich anders von Authentizität gar nicht reden ließe? Mit dieser Option wäre man beim dezisionistischen Absolutismus (oder Fundamentalismus) angekommen, der ja nur die Kehrseite des Relativismus bzw. eine Abwehrstrategie gegen ihn ist. Wie wäre der dritte Weg zu finden, den die pluralistischen Theologen darstellen wollen, den dritten Weg der „relativen Absolutheit" oder – wie man vielleicht etwas weniger mißverständlich sagen könnte – den der „offenen Absolutheit"? Oder bezeichnen diese Formeln in ihrer Widersprüchlichkeit doch nur Vermittlungsversuche, wo es nichts zu vermitteln gibt?

An diesem Punkt kommt man wohl nur weiter, wenn man die vieldeutigen Vokabeln „Absolutheit" und „Absolutheitsanspruch" differenziert gebraucht. Das ist deutlich herausgearbeitet[43], aber in der Diskussion nicht immer hinreichend berücksichtigt worden. Einige häufig vernachlässigte Aspekte seien hier notiert.

In den Diskussionen des Deutschen Idealismus, die für unsere Problematik einschlägig sind, bedeutet „Absolutheit" im streng definierten Sinn „Nichtrelativierbarkeit". Das Absolute ist absolut darin, daß es nicht in Beziehungen vorkommt, die nicht seine eigenen, von ihm selbst definierten und konstituierten Beziehun-

---

Human Responses to the Transcendent, New Haven: Yale University Press 1989, in: Dialog der Religionen 1 (1991), 225–227, hier 227.

[43] Vgl. die vorbildliche Arbeit von *R. Bernhardt,* Der Absolutheitsanspruch des Christentums. Von der Aufklärung bis zur Pluralistischen Religionstheologie, Gütersloh 1990.

gen wären; es *bezieht sich* auf alles und es bezieht sich so auf es, daß alles definiert ist durch seinen Bezug auf dieses Absolute, durch seine Relativität auf es hin. Das heißt: alle Beziehungen des Absoluten sind Beziehungen, in denen sich das Absolute auf Relatives bezieht und es so in seinem „Sinn" konstituiert, letztlich also Selbstbeziehungen (Innenbeziehungen) des Absoluten. Absolut ist das Absolute darin, daß es nichts „außerhalb" seiner selbst hat, auf das hin es selbst relativ wäre. Das Wissen, das alle Beziehungen als Selbstbeziehung des Absoluten begreift, heißt bei Hegel „absolutes Wissen". Es ist für ihn das Wissen, das alles Äußere (alle scheinbaren bloßen Außenbeziehungen des Absoluten) als das Innere (als seine Selbstbeziehung) begreift und es so in seinem im Absoluten verbürgten Sinn begreift.[44] Das Absolute ist in diesem Sinn schlechthin mit sich selbst identisch; in Hegels nur beim ersten Hinhören verwirrender Sprache: „Die Identität des Absoluten ist somit dadurch die absolute, daß jeder seiner Teile selbst das Ganze oder jede Bestimmtheit die Totalität ist, d. h. daß die Bestimmtheit überhaupt ein schlechthin durchsichtiger Schein, ein in seinem Gesetztsein verschwundener Unterschied geworden ist."[45] Was vom Absoluten unterschieden, nicht von ihm her und „in ihm" definiert *schien*, das erweist sich in seiner Relativität auf das Absolute, sobald es begriffen ist.

Das scheint nun gerade das übliche begriffsimperialistische Verständnis des Absoluten zu sein, wie es der Parole von der Absolutheit des Christentums zugrundelag und von den pluralistischen Religionstheologen bekämpft wird: der Absolutheitsanspruch des Christentums als Anspruch, alles von sich her zu begreifen und zu definieren, das „Äußere" (Andere) nicht als anderes zuzulassen, sondern in seinem Eigen-Sinn von sich selbst her zu definieren; als Anspruch auf ein absolutes religiöses „Wissen", für das die anderen religiösen Traditionen allenfalls überholte „Momente" wären. Dieser Begriffsimperialismus ist unausweichlich, wenn nicht nur an der Einheit, sondern auch an der Einholbarkeit der Wahrheit festgehalten und unter-

---

[44] Vgl. dazu etwa *Hegels* Wissenschaft der Logik, Theorie Werkausgabe Bd. 6, Frankfurt a.M. 1969, 188 zur Dialektik des Innen und des Außen.
[45] Ebd.

stellt wird, die Wahrheit könne in dem Sinne *gewußt* werden, daß man sie begreifend in Besitz nimmt. Und so grenzen sich die pluralistischen Theologen zumeist entschieden gegen die Einheit der Wahrheit für den Menschen (die Wahrheit gibt es nur im Plural) und gegen die Zugänglichkeit oder Verfügbarkeit der alles umfassenden Wahrheit ab (die absolute Wahrheit ist das Noumenon, das zum Wissen jenseitige „Ding an sich"; zu ihr kann man sich nicht wie zu einem verfügbaren Besitz verhalten).

Innerhalb dieser Abgrenzungen wären nun die m.E. entscheidenden Differenzierungen anzubringen, die dann auch erlaubten, das Anliegen der pluralistischen Theologen umfassend zu würdigen. Der idealistisch geprägte Begriff des Absoluten ist m.E. unverzichtbar als Inbegriff einer Dynamik des Verstehens, die – ihrer Tendenz nach – nichts „draußen" lassen, nichts unverstanden stehen lassen kann, die nicht darin ihr Genüge finden kann, das ihr zu verstehen Aufgegebene in unverstandenen Beziehungen bloß *nebeneinander* stehen zu lassen. Verstehen stiftet signifikante – sinngebende – Beziehungen bzw. es „rekonstruiert" sie; Verstehen ist unterwegs zu jener Absolutheit, für die gelten würde, was Hegel ihr zuschrieb: daß sie nichts unverstanden „draußen" läßt. Aber es ist *unterwegs* zu diesem Absoluten, kann sich eben nicht mit ihm identifizieren und als absolutes Wissen ausgeben. Das heißt einerseits, das Absolute ist nicht bloß jenseitig (kein „Ding an sich", das beziehungslos wäre zu allen Versuchen, sich auf es zu beziehen, wie Hegel gegen Kant einwendet); das Absolute ist – in Hegels religionsphilosophischer Terminologie – Fleisch geworden, menschlich geworden, so daß die Menschen sich erkennend und handelnd auf es beziehen können. Andererseits aber ist ebenso entschieden geltend zu machen: das Absolute entzieht sich – als das Absolute, Unverfügbare – allen Versuchen, es zum „habbaren" und verfügbaren (in diesem Sinn „wißbaren") Attribut und damit zum Relativen eines anderen Absoluten – des über es verfügenden Wissenden – zu machen. Der Mensch ist also in seinem Wissen wie in seiner Praxis einem Absoluten verpflichtet und von ihm ergriffen, das er nicht selbst ergreifen und umgreifen kann. Und so könnte man vielleicht mit P. F. Knitter sagen: „Wir vermögen... keine absoluten Behauptungen über das aufzustellen ‹statt in der Übersetzung: anzustellen›, dem wir absolut verpflichtet sind.“ [46]

Wir sind dem Absoluten – der Einheit der Wahrheit – verpflichtet; aber wir können ihrer nicht habhaft werden, und wir dürfen ihrer nicht habhaft werden wollen. Das zeigt sich – wie schon skizziert – in der *Dramatik des Verstehens*, darin also, daß das Verstehen das andere einlassen und „hereinholen“ muß, ohne es vereinnahmen zu dürfen, daß es also darauf verpflichtet ist, dem anderen wirklich verstehend gerecht zu werden und daß es diese Verpflichtung doch immer wieder ad absurdum führt, indem es das andere vereinnahmt, ihm Gewalt antut. Die Verpflichtung zu verstehendem Gerechtwerden ist ebenso unerläßlich wie uneinlösbar; und das heißt: das Absolute, worin allem der wahre Ort zukäme, worin alles in den Beziehungen stünde und erkannt wäre, in denen ihm Gerechtigkeit widerführe, dieses Absolute ist nicht erreichbar und so auch *nicht beanspruchbar*. Der Terminus *Absolutheitsanspruch* ist deshalb geradezu blasphemisch. Das Absolute, das man für sich beanspruchen könnte, ist das falsche, vereinnahmende und vereinnahmte, ja terroristische Absolute der Fanatiker, die sich das andere in seinem Anderssein gewaltsam vom Leib halten müssen. Das Absolute ist nicht beanspruchbar, es ist gegenwärtig in dem Anspruch, der mich beansprucht, aber nicht *mein* Anspruch werden kann. Der Anspruch geht vom Absoluten aus; und er fordert die Wissen- und recht Handeln-Wollenden heraus, aufs Äußerste heraus. Der Herausgeforderte und Beanspruchte kann aber, wie gesagt, nie Subjekt dieses Anspruchs sein. Das ist das Eine. Aber dieser Anspruch und diese Herausforderung begegnen konkret; sie wollen konkret wahrgenommen, ihnen muß konkret entsprochen werden, indem man die Vielfalt des Wirklichen (des Wißbaren und Wählbaren) in konkret bestimmter Weise mit Gott „zusammenbringt“, so mit ihm – dem Absoluten – und in ihm zusammenbringt, wie er sie mit sich zusammengebracht hat und zusammenbringen will, so wie das Absolute sich auf sie bezieht oder beziehen will. Ohne diese Konkretheit bliebe der Anspruch des Absoluten, bliebe die absolute Herausforderung unbestimmt, *leer*.

---

[46] *P. F. Knitter,* Religion und Befreiung (s. Anm. 7) 218.

Die Versuche, diese Konkretheit inhaltlich zu bestimmen und ihr zu entsprechen, widersprechen einander; zumindest ist es oft nicht zu sehen, wie sie einander „ergänzen“ und miteinander vereinbar sein könnten. Das ist das Pluralismusproblem im Bereich des Religiösen. Man muß diesen Pluralismus hinnehmen, ohne ihn einfach auf sich beruhen lassen zu können; sonst würde man sich der Herausforderung des Absoluten entziehen, indem man sie ins Unbestimmte hinein „relativierte“. Wie kann man den Pluralismus hinnehmen und doch nicht einfach auf sich beruhen lassen? Offenkundig nur so, daß man sich an „*einem* Ort“, in *einer* bestimmten Konkretheit der verheißungsvollen Herausforderung des Absoluten stellt (dem Logos, wie er hier vernommen wird, zu entsprechen versucht) und es je neu darauf ankommen läßt, auch in der Begegnung mit anderen religiösen Traditionen auf diese Herausforderung zu stoßen, ja gerade in der Begegnung mit ihnen neu und auch irritierend anders zu vernehmen, wozu der Logos herausfordert.

Absolutheit des Christlichen? Absolutheit des Christentums? Das könnte nur meinen: Christen versuchen, sich an diesem einen „Ort“ auf den absoluten Anspruch des Logos einzulassen – im Angesprochensein durch Gottes Wesenswort, wie es in Jesus Christus zum menschlichen Wort, zu der die Menschen unendlich herausfordernden Verheißung wurde. Der Konkretheit dieses Angesprochenseins verpflichten sie sich; aber sie verpflichten sich darin dem nicht vereinnahmbaren Absoluten, dessen verheißungsvolle Herausforderung sie hier vernehmen. Dieses schwierige Verhältnis von Konkretheit und Absolutheit hat die christliche Theologie in der Inkarnations- und Zwei-Naturen-Christologie zu reflektieren versucht. Deren Grundüberzeugung lautet: Das Absolute ist in diesem Konkreten; es ist authentisch vernehmbar in der Konkretion des Menschenlebens Jesu Christi, der Botschaft dieses Lebens. Und so ist dieses Konkrete nicht eines unter vielen „Beispielen“ für das Absolute. Dieses Konkrete – das in Christi Leben zu menschlichem Wort Gewordene – ist freilich das Konkrete *des Absoluten*, Gottes Selbstmitteilung. Das Absolute – Gottes Selbstmitteilung, die Mitteilung seiner *absoluten Wahrheit* – wird in Konkreten aber nur insoweit als solche verstanden, als sich vom Konkreten her ein Zugang finden läßt zu allen anderen Konkretionen, in denen Menschen den Anspruch des Absoluten vernehmen. Die absolute Wahrheit begegnet im Konkreten – in der Geschichte Jesu Christi – als Herausforderung an die ihr Entsprechenwollenden, jene gerechtwerdenden Beziehungen zu den anderen Konkretionen und Wegen zu entdecken, die diese anderen Konkretionen als in Beziehung zur absoluten Wahrheit stehend erscheinen ließen. Wahrheit bewährt sich in denen, die ihr zu entsprechen versuchen, gerade dadurch, daß sie zum Auffinden dieser gerechtwerdenden Beziehungen anstiftet, dadurch, daß sie Beziehung stiftet.[47] Dem Absoluten im Konkreten bleibt auf der Spur, wer von seiner eigenen Wahrnehmung der absolut verheißungsvollen und herausfordernden Wahrheit her verstehende und Gemeinschaft stiftende Zugänge findet zu anderen religiösen Traditionen und sie mitsprechen lassen kann, wenn er Rechenschaft gibt darüber, von welchem Wort er sich zur Antwort herausgefordert und inspiriert erfährt.

Bedeutet das nun, daß man – als Christ – viele Inkarnationen des Absoluten annehmen und die Inkarnation des Logos in Jesus Christus als eine nur relativ-normative annehmen könnte? Inkarnation scheint mir nicht multiplizierbar. In der Inkarnationsvorstellung spricht sich die Glaubensreflexion des Vermitteltseins von Absolutheit und Konkretheit in einer glaubens- und theologiegeschichtlichen Konkretheit aus, die man anderen religiösen Traditionen nicht überstülpen sollte. Vielmehr sollte man als Christ zu verstehen suchen, wie *sie* diesen Vermittlungszusammenhang bestimmen (und reflektieren). Wenn aber etwa *Swami Vivekananda* (1862–1902) diesen Vermittlungszusammenhang im Traditionszusammenhang des Hinduismus und im Gespräch mit dem Christentum mithilfe des Inkarnationsgedankens plausibel zu machen versucht, so wäre zu fragen, ob er die Spezifität des christlichen Inkarnationsgedankens noch im Blick hat. Inkarnation ist für ihn die advaitische Gott-Mensch-Einheit, der „Status", den alle Menschen als ihren Vollendungszustand vor sich sehen dürfen (und sollen): „Jesus hatte unsere Natur; er wurde Christus; so können und müssen wir werden. Christus und Buddha waren die Namen von einem Zustand (‚state'), den

---

[47] Darauf hat wiederum in einleuchtender Weise *P. F. Knitter* hingewiesen: Ein Gott – Viele Religionen (s. Anm. 6) 173ff.

wir erreichen müssen. Jesus und Buddha sind die Personen, um diesen Zustand zu offenbaren." [48] Inkarnation in diesem Sinn multipliziert ist offenkundig nicht vergleichbar mit dem, was Inkarnation im christlichen Traditionszusammenhang bedeutete. Wenn man hier multipliziert, verändert man den Begriff, setzt man eine andere Struktur der oben angesprochenen Vermittlungszusammenhänge voraus. Zumindest darüber sollte man sich Rechenschaft geben.

Aber vermittelt nicht gerade die christlich gefaßte Inkarnationsvorstellung jenen christologischen Absolutismus und Exklusivismus, der anderen religiösen Traditionen von vornherein bestreitet, Räume authentischen Antwortens auf den Logos zu sein? Ist nicht wegen ihr – und zu ihrer Überwindung – eine „Deabsolutierung" der Christologie zu fordern? Wenn man Inkarnationschristologie nicht isoliert von einer Christologie des Weges Jesu Christi, so läßt sich gerade von der Christologie her sagen, in welchem Sinne die „Deabsolutierung" der Christologie *theologisch* gefordert ist. [49] In Jesus Christus ist das Absolute – die heilsame Wahrheit Gottes selbst – in der Gestalt des Dieners begegnet, als „dienstbare Wahrheit". Die Glaubens- und Theologiegeschichte hat gezeigt, daß diese „Dienstbarkeit" es so manchen Herrn ermöglicht hat, sich zu Herren dieser Wahrheit zu machen, sie *sich* selbst dienstbar zu machen und in ihrem Namen Absolutheitsansprüche zu erheben. Aber sie wollte nicht irgendwelchen Herren dienstbar sein, sondern denen, die sie als rettende Wahrheit ergreifen wollten, den Leidenden und Hoffnungslosen. So wurde sie vernehmbar und zur Herausforderung in der Selbsthingabe dessen, in dem sie sich inkarnierte. In dieser Konkretheit will sie verheißungsvolle Herausforderung sein, will *sie* für die Menschen „das Letzte", nicht mehr Relativierbare sein; in dieser Konkretheit relativiert *sie* alles andere im doppelten Sinn: Sie läßt es nicht „das Letzte" sein, und sie stiftet gerechtwerdende Beziehungen zu allen „Wahrheiten", die den notleidenden und nach ihrem Heil sich ausstreckenden Men-

[48] The Complete Works of Swami Vivekananda, Almora [3]1931, VII, 20 bzw. 27; vgl. dazu *G. Robinson*, Christusrezeption im Hinduismus, in: Ökumenische Rundschau 40 (1991), 129–142, hierzu 137f.
[49] Vgl. den Beitrag von *R. Bernhardt* in diesem Band. Ich versuche hier, eine seiner Anregungen aufzugreifen.

schen dienstbar sein können. In dieser Konkretheit begegnet Gottes Wahrheit als dienstbare Wahrheit, die den Menschen um Gottes willen und Gott um der Menschen willen zu dienen herausfordert. Als dienstbare Wahrheit ist sie keine Herrenwahrheit, keine absolutistische Fanatikerwahrheit und keine *abwertende* Wahrheit, sondern eine Wahrheit, die ans Licht bringt und im rechten Licht erscheinen läßt, was ins vielstimmige Gespräch der religiösen Traditionen an authentischen Bezeugungen des Logos eingebracht wird.

II

Heil und Heilswege im Hinduismus und Buddhismus – eine Herausforderung für christliches Erlösungsverständnis

Von Michael von Brück

A. Heil und Heilswege im Hinduismus und Buddhismus

1. Vorbemerkung

Hinduismus und Buddhismus sind historisch eng miteinander verwandt. Nicht nur, weil der Buddhismus auf religiöse Entwicklungen zurückgeführt werden muß, die in der Trennung von der vedisch-brahmanischen Religion gipfelten, sondern auch weil das, was wir „Hinduismus" nennen, eine Bündelung religiöser Strömungen ist, die teilweise und zuzeiten so stark vom Buddhismus beeinflußt waren, daß der Buddhismus als konstitutiv für viele klassische hinduistische Erscheinungen in Kult, Philosophie und Kunst erscheint.

In bezug auf die Heilsfrage wird das deutlich. Allerdings kann der Buddhismus als spirituelle, intellektuelle und soziale Reformbewegung innerhalb der indischen Religionswelt begriffen werden, und es sind ganz entscheidende Unterschiede in der Philosophie wie in der sozialen Praxis beider Religionen zu beachten, weshalb ich sie getrennt behandeln werde. Wir können ganz allgemein sagen, daß sich der Unterschied formal zunächst daran beschreiben läßt, daß der Buddhismus zwei Wesenselemente des Hinduismus nicht anerkennt:

a) die Autorität der Vedas als Offenbarung und Quelle der Erkenntnis über das, was wir Heil und Heilswege nennen können;

b) das Kastensystem als göttliche Ordnung, wonach auf Grund karmischer Ursachen die Menschen sozial und kultisch, mithin in bezug auf ihre „Heilsfähigkeit", nicht gleich sind.

Begriffe wie „Heil“ und Heilswege“ sind hellenistisch-christlich geprägt, wenngleich sie in der hebräischen Bibel und ihrer Geschichts-Offenbarung gründen und in der abendländischen Christentumsgeschichte weit differierende Prägungen erfahren haben. Ein Blick auf den unterschiedlichen Bedeutungsgehalt von hebräisch *schalom* und griechisch *soteria* läßt diese Spannung deutlich werden, ohne daß wir dies hier entfalten könnten. Indem man nun aber versucht, Äquivalente für das Gemeinte in der indischen Religionswelt zu finden, zeigt sich bereits die ganze hermeneutische Problematik des Religionsvergleichs und erst recht jeder Theologie der Religionen: Jeder Begriff hat seine spezifische Bedeutung in einem bestimmten und unaustauschbaren Kontext, so daß davon abstrahierende Verallgemeinerungen das Besondere – und somit Interessante, also auch Kommunikations- und Dialogwürdige – leicht verfehlen können. Der christliche Begriff „Heil“ ist eng verknüpft mit den Vorstellungen von Heil als Heilsgeschichte, Heilung als Gottes Überwindung der Sünde des Menschen durch sein geschichtliches Handeln usw. Für diese vor jeder Konzeptualisierung liegende grundlegende mythische Ebene, die alles daraus abgeleitete philosophisch-theologische Denken in-formiert, gibt es natürlich keine indischen Äquivalente. Wir müssen die ganze Kosmo-Theologie der hinduistischen wie buddhistischen Schulen betrachten, um vergleichbare Strukturen im Sinne homöomorpher Äquivalente (R. Panikkar) aufzeigen zu können.

Hier sei allgemein vorausgeschickt: Nach hinduistischem wie buddhistischem Verständnis lebt der Mensch im leidvollen samsara *, dem Kreislauf der Wiedergeburten, der letztlich durch die Unwissenheit (avidya) des Menschen auf Grund des karmischen Ursache-Wirkung-Prinzips immer weiter in Bewegung gehalten wird. Die Unwissenheit zu überwinden ist Inbegriff der hinduistischen wie buddhistischen „Heilswege“. Inbegriff dieser Überwindung ist moksa oder mukti, die Befreiung aus den Fesseln, die sich der Mensch durch eben diese Unwissenheit angelegt hatte. Worin genau die Unwissenheit im einzelnen besteht und wie die Befreiung aus den karmischen Verstrickungen erlangt

---

* Die diakritischen Zeichen bei Sanskrit-Begriffen können aus technischen Gründen im Druck nicht erscheinen.

werden kann, wird in den einzelnen hinduistischen und buddhistischen Schulen durchaus verschieden interpretiert.

2. Heil und Heilswege im hinduistischen Denken

Der Hinduismus ist nicht eine durch Dogmen oder Institutionen abgrenzbare Religion, sondern eine Vielfalt von unterschiedlichen Religionstypen, die alle im Veda (und nicht-indogermanischen Substraten) gründen und mehr oder minder stark die kosmisch-soziale Ordnung der Kastenschichtung als Grundgesetz der Lebensgestaltung legitimieren und interpretieren. Weltanschaulich-philosophisch ist die Vielfalt und Toleranz so groß, daß neben monistischen, nichtdualistischen und empirizistischen Systemen auch atheistische Strömungen einen Platz haben. Was den Hinduismus als religionsgeschichtlich kohärente Größe zusammenhält, ist eher das religiös-soziale System von Werten und Normen, wie sie mit der aus dem Kastensystem abgeleiteten Lehre von den je spezifischen Pflichten und Rechten der Kasten (svadharma) gegeben sind. Drei Merkmale scheinen mir darüber hinaus für fast alle hinduistischen Religionsformen charakteristisch zu sein:

(a) das Gespür für die Einheit aller Phänomene der Wirklichkeit bzw. die Erkenntnis, daß Gott in allem und alles in Gott ist;

(b) die Gewißheit, daß höchste Seligkeit und das Ziel des Lebens in der Vereinigung mit Gott oder dem Absoluten Wesen zu finden ist,

(c) die alle Gegensätze integrierende spirituelle Erfahrung, die durch Übung und/oder Gnade des Höchsten heranreifen muß, damit eben jene Seligkeit der Vereinigung konkret schon hier und jetzt erfahren werden kann.

In den einzelnen mythischen Traditionen und philosophischen Systemen kehren diese Merkmale je unterschiedlich angeschaut und reflektiert wieder.

Die Vielfalt der Mythen und damit verbundenen Heilswege im Hinduismus ist immens und widersprüchlich. Ich muß mich beschränken und möchte an nur einem Beispiel Grundzüge der hinduistischen Welt- und Heils-Erfahrung vorstellen, und zwar im Mythos wie in der darauf aufbauenden philosophischen Reflexion: am Beispiel des Gottes Siva.

Von einem Siegel der Induskultur, die im 3./2. vorchristlichen Jahrtausend wohl weite Teile der nordindischen Tiefebenen überzogen hat, kennen wir eine menschliche, ithyphallische Figur in *padmasana*, dem späteren Meditationssitz aller Yogis, angetan mit einem gehörnten Kopfschmuck und umgeben von Tieren. Dieser Gott ist Vorläufer des *Siva*, des Gnädigen, einer der zwei wichtigsten Götter – neben *Visnu* – des Hinduismus.[1]

In der Gestalt des Siva vereinigen sich größt Spannungen, und in dieser Komplexität spiegelt sich eine coincidentia oppositorum als Antwort auf die Heilsfrage im hinduistischen Denken wider: Er ist zugleich Archetyp des asketischen Yogi, der auf dem Berg Kailasa in meditativer Versenkung sitzt, und auch der Liebhaber, aus dessen geschlechtlicher Verbindung mit der Großen Göttin, die als seine Kraft (*Sakti*) erscheint, die Welt hervorgeht, so wie auch der ekstatische Tänzer (*Nataraja*), der den kosmischen Tanz der Schöpfung und Zerstörung des Geschaffenen tanzt, dabei Ordnung erzeugt und das Chaos bezwingt. Als Tänzer ist Siva das schöpferisch-zerstörende Mysterium, das dem manifesten Universum zugrunde liegt, denn Tanz ist die kreative Kraft, die Einheit des Rhythmus in der zeitlich definierten Bewegung, in der die Ordnung, nach der sie abläuft, im Geschehen des Tanzes von Augenblick zu Augenblick neu geschaffen wird. Er ist also weder Schöpfer, der an eine vorherige Ordnung gebunden ist, noch steht er der Welt gegenüber, sondern er ist in seiner Bewegung alles in allem. Und zwar so, daß von vornherein eine Polarität in ihm erkennbar wird, *siva* und *sakti*, das Männliche und das Weibliche, das Statische und das Dynamische. Er, das letzte Prinzip der Welt, ist nicht ein Wesen hinter diesen Gegensätzen, sondern er *ist* diese Polarität, d. h. die Welt ist ein sich selbst erzeugender dynamischer Prozeß, der ständig neue Formen hervorbringt und in sich zurücknimmt. So wird verständlich, daß seine drei Merkmale, die zunächst als Gegensätze erscheinen wollen, nämlich Geschlechtlichkeit, Medita-

[1] *J. Gonda,* Visnuism and Sivaism, London 1970; *A. K. Ramanujan,* Speaking of Siva, Harmondsworth 1973; *S. Kramrisch,* The Presence of Siva, Princeton 1981; *W. D. O'Flaherty,* Siva: The Erotic Ascetic, London 1981; vgl. auch *A. Danielou,* Shiva and Dionysus. The Omnipresent Gods of Transcendence and Ecstasy, New York 1984.

tion und tanzende ekstatische Bewegung, gerade in ihrer Spannung ganz und gar die Einheit der Welt im ewigen Rhythmus des Lebens überhaupt veranschaulichen.

Die sivaitische Mythologie ist immens, und sehr unterschiedliche Mythologeme sind in der Gestalt des Siva – regional nochmals höchst differenziert – integriert worden. Dieser Assimilationsprozeß selbst ist charakteristisch für den Hinduismus, was wiederum seine Auswirkungen auf das Heilsverständnis hat: Es gibt diesbezüglich sehr unterschiedliche Konzeptionen und Deutungsmuster, die allgemein nur formal zusammenzufassen sind unter dem Satz: Heil ist die Vereinigung der Getrennten (bzw. die Überwindung des Trennung vortäuschenden falschen Bewußtseins) oder in moderner Terminologie ausgedrückt – der Integrationsprozeß auf Ganzheit hin.

Ich will mich nun den philosophischen Interpretationen zuwenden, in denen diese Grundvision des Ganzen verdichtet worden ist. Es gibt verschiedene sivaitische Systeme, und ich werde mich hier nur mit dem Kashmir Saivismus befassen.[2]

Der Kashmir Saivismus gründet in den Siva Sutras und anderen Schriften, die als Offenbarung des Gottes Siva gelten. Er wurde von *Somananda* (ca. 900–950 n.Chr.) erstmals und durch *Abhinavagupta* (um 1000 n.Chr.) umfassend systematisiert.[3] Abhinavagupta denkt die gesamte Wirklichkeit als ein System, in dem alles mit allem zusammenhängt, so daß der Makro-Mikrokosmos ein Netz gegenseitiger Abhängigkeiten darstellt:[4] Alle

---

[2] Um den Rahmen dieser Darstellung nicht zu sprengen, kann ich nicht auf die historischen und philosophischen Hintergründe dieses immer noch zu wenig beachteten indischen Systems eingehen, sondern verweise auf einige allgemeinere Einführungen: *B. N. Pandit,* Aspects of Kashmir Saivism, Srinagar 1977; P. E. *Muller-Ortega,* The Triadic Heart of Siva. Kaula Tantricism of Abhinavagupta in the Non-Dual Shaivism of Kashmir, Albany 1979; *N. Rastogi,* The Karma Tantricism of Kashmir Vol I, Delhi 1979; *K. Mishra,* Significance of the Tantric Tradition, Varanasi 1981; *P. E.Murphy,* Triadic Mysticism. The Mystical Theology of the Saivism of Kashmir, Delhi 1986; *M. S.G. Dyczkowski,* The Doctrine of Vibration. An Analysis of the Doctrines and Practices of Kashmir Shaivism, Albany 1987.

[3] Abhinavagupta, Tantraloka (ins Italienische übers. v. *R. Gnoli*), Turin 1972; Abhinavagupta, Tantrasara (ins Italienische übers. v. *R. Gnoli*), Turin 1979; Abhinavagupta, Paratrisika-Vivarna (übers. v.J. Singh; hrsg. v. *B. Bäumer*), Delhi 1988; K. C.Pandey, Abhinavagupta, Varanasi 1963; B. Bäumer, Abhinavagupta. Wege ins Licht. Texte des tantrischen Sivaismus aus Kaschmir, Zürich 1992.

[4] Das Kashmir-Tal war bis zum 13./14. Jh. ein vibrierend kreatives Sammelbecken unterschiedlicher Kulturen und eine Arena philosophischer Dispute. Buddhistische und hinduistische Schulen standen in engem Kontakt, und besonders in den tantrischen Sy-

Phänomene sind letztlich Aspekte des einen universalen Gottes, d. h. die gesamte Wirklichkeit wird nicht-dualistisch zu dem Einen gedeutet, was die absolute Einheit der Wirklichkeit, die sich in relationaler Entfaltung zeitigt, konstituiert. Die kultische Unterscheidung von „rein“ und „unrein“ bzw. deren philosophische Form, die Differenz von „wirklich“ (*sat*) und „unwirklich“ (*asat*), hat keinen Halt in der Realität, sondern ist Projektion eines ungeläuterten Bewußtseins. Alle Kräfte in der Welt und im Menschen können für die Transformation des Geistes in das Gottesbewußtsein genutzt werden, denn alles ist göttliche Potentialität. Diese Anschauung möchte ich als Pan-Sakramentalismus bezeichnen.[5]

Dem Mythos Sivas wie auch den begrifflichen Konstrukten, die ihn zu erläutern suchen, liegt mithin eine Denkform zugrunde, die wir als prinzipiellen Holismus charakterisieren können: Ob man nach außen oder nach innen schaut, das Resultat wird dasselbe sein, denn alles ist die *sakti* Gottes. Das umschließt das Objekt möglichen Schauens, das Subjekt aller Erkenntnis und den Erkenntnisvorgang selbst. Jede mögliche Perspektive des Erkennens ist somit in dieser Nicht-Dualität von Subjekt und Objekt vermittelt.

Die Wirklichkeit im Kashmir Saivismus ist reines Bewußtsein. Das Wesen dieses reinen Bewußtseins ist seine Einheit, die sich in der Vereinigung ihrer in sich differenzierten Momente ständig selbst erzeugt und vollzieht. Die Einheit ist die Bewegung, ein Hin- und Her-Oszillieren zwischen zwei Polen, und dies nennt die Tradition *spanda*, die oszillierende Bewegung. Abhinavagupta macht die interessante Bemerkung, daß *spanda* nicht einfach ein spekulativer Begriff sei, sondern experimentell erfahren werden könne, indem man der Pause zwischen zwei Gedanken gewahr wird. Die Gedanken sind eine Manifestation des feineren energetischen Prozesses, der noch hinter dem Denken liegt, und dieser Prozeß ist *spanda*. Durch Yogapraxis kann die Pause zwischen zwei Gedanken verlängert werden, aber nicht so, daß man die Gedanken unterdrücken würde. Abhinavagupta spricht

---

stemen beider Religionen ist die Verwurzelung in gemeinsamem geistigem Boden bzw. die gegenseitige Beeinflussung offenkundig.

[5] Vgl. *M.v.Brück*, Holistic Vision in Eastern Religions. Reality as Consciousness, in: Indian Theological Studies 22/1 (March), Bangalore 1985, 28–61.

sich im Einklang mit der klassischen Yoga-Tradition nach Patanjali gegen eine solche „gewaltsame Askese“ aus, weil hier durch das Opfer des partikularen Momentes bzw. der konkreten Erscheinung neue Spannungen und Einseitigkeiten verursacht würden. Vielmehr sollen die Gedanken in ihrer Schwingung, in ihrer Einheit im Prozeß, erfahren werden, wobei die Aufmerksamkeit auf *spanda* weniger jenseits als vielmehr im Prozeß der konkreten geistigen Manifestationen ruht und verankert wird. Was dann erfahren werden kann, ist nicht bewegungslose Identität oder ein ungefülltes Nichts, sondern eben diese Oszillation des Einen in sich selbst, aus dem alle Bewegung, alles Werden, die Evolution der Erscheinungswelt, hervorgeht. Denn was für den Prozeß der Bewußtseinserfahrung gilt, hat ebenso Gültigkeit für den Prozeß der kosmischen Evolution.

In der Begrifflichkeit des kashmir-saivitischen Trika-Systems[6] heißt dies: Der Höchste Siva (*Paramsiva*) ist die Eine Wirklichkeit. Er hat in sich selbst zwei Aspekte: In dem einen ist er ewig, unwandelbar, grenzenlos und reines Bewußtsein,[7] und dies entspricht der reinen Erkenntnis (*jnana*) jenseits aller Relativität; in dem anderen Aspekt ist er dynamisch, personal wirkende Gottheit, durch die er die unendliche Vielfalt der Welt des Werdens aus sich heraussetzt,[8] und dies entspricht der Energie (*kriya*) jenseits aller Relativität. Der statische Aspekt ist *Siva* (männlich), der dynamische *Sakti* (weiblich). Um klarzustellen, daß es sich nicht um eine aufeinander bezogene Dualität von zwei Wesen handelt, stellt man diese Eine Wirklichkeit in Indien ikonographisch gern als *ardhanarisvara* dar, eine Figur, die halb männlich, halb weiblich ist und somit Androgynie repräsentiert. Beide Aspekte sind ursprünglich, also ewig gleich real und untrennbar, wobei der Begriff „ewig“ hier aber in die Irre führen könnte, weil diese Einheit ein zeitewiges Kontinuum meint, den Zusammen-

---

[6] Trika bedeutet Dreiheit, und der Begriff ist verschieden gedeutet worden. Er kann die drei Triaden der Grundkräfte der Wirklichkeit auf verschiedenen Subtilitätsebenen bezeichnen, nämlich para (Siva, seine Energie, ihre Einheit), apara (Siva, seine Energie, der Mensch) und parapara (alle Kräfte zusammen); ferner die drei Möglichkeiten der Beziehung zwischen dem Absoluten und dem Relativen, nämlich Identität (abheda), Identität in Differenz (bhedabheda) und Dualität (bheda); außerdem die Triade monistischer Agamas usw. (vgl. *Pandey,* s. Anm. 3, 294f.).

[7] Somananda, Sivadrsti 7,20f.

[8] Somananda, Sivadrsti 7,12–14.

fall von Vergangenem, Gegenwärtigen und Zukünftigen im ewigen Jetzt der oszillierenden Bewegung (*spanda*). Die Einheit beider Aspekte selbst kann nicht begrifflich erfaßt werden, denn es handelt sich um vollkommene Nicht-Dualität, die auch den Subjekt-Objekt-Gegensatz in sich vereint und deshalb einfach *anuttara*, letzte Realität, genannt wird,[9] mit dem Zusatz allerdings, daß es sich um das Äquilibrium von *jnana* und *kriya*, Bewußtheit und Wirkung durch die Energie der Bewußtheit, wie wir vielleicht sagen könnten, handelt. Den Bewußtheitsaspekt des Einen nennt man auch Licht (*prakasa*), denn er strahlt aus sich selbst und ist selbstevident. Der Energieaspekt heißt auch Selbstbewußtheit (*vimarsa*), die nach freiem Willen zielgerichtete Energie des Erkennens. Die ausgewogene Balance (*samarasya*) zwischen beiden ist das, was man Bewußtsein nennt.[10] Bewußtsein also ist seiner Natur nach Vibration in seinem eigenen energetischen Feld, eben *spanda*,[11] eine gleichzeitig nach innen und außen gehende Bewegung,[12] die durch die Pole Siva und Sakti gekennzeichnet ist.

Die gesamte Mannigfaltigkeit der Welt existiert schon in Siva, bevor er sie manifestiert hat, so wie eine Pflanze bereits im Samen und in seiner Struktur vorhanden ist.[13] Dennoch verändert die Bewegung der Manifestation sein inneres Wesen nicht, denn er *ist* diese Bewegung, die die Vielheit der Formen (einschließlich der Reflexionsgestalten von Form in Philosophien und Religionen) erzeugt. Wenn auch die Welt ganz und gar in ihm ist, so ist er doch gleichzeitig auch immer transzendent, er geht nicht in den Erscheinungsformen auf. Demzufolge vertritt der Kashmir-Saivismus keinen Pantheismus.

Um nun Befreiung, also Heil zu erlangen, kommt alles darauf an, die Unwissenheit (*avidya*) bezüglich dieser Einheit, das heißt die dualistische Einstellung und die fragmentierten Verhaltensweisen des Menschen, zu überwinden. Dies geschieht durch Wie-

---

[9] Abhinavagupta, Tantraloka, 2,24–28.

[10] Vgl. Somananda, Sivadrsti 1,24. Daß hier Anleihen bei der buddhistischen Psychologie, vor allem der Yogacara-Schule, vorgenommen worden sind, ist offensichtlich; vgl. dazu *R.u.M. Brück*, Ein Universum voller Gnade. Die Geisteswelt des tibetischen Buddhismus, Freiburg 1987, 42ff.

[11] Spanda Karika (ed. by Jaideva Singh), Delhi/Varanasi 1980.

[12] Abhinavagupta, Tantraloka, 4,182f.

[13] Utpala, Isvarapratyabhijna, 1,5–10.

dererkennen der Einheit mit dem Einen Bewußtsein (*pratyabhijna*). Dazu bedarf es der Yogapraxis, und im Kashmir Saivismus gibt es dafür mehrere Übungssysteme, die wir hier nicht im einzelnen darstellen können.

Allgemein kann man den Heilsweg so beschreiben: Der Yogi geht durch geistige Konzentration (*bhavana*) und mit der Hilfe der Kraftübertragung, die gnadenhaft von Gott kommt (*saktipata*) – oft vermittelt durch den menschlichen Guru – in eine Erfahrung des Zusammenfließens mit dem Grund (*samavesa*) ein. Dabei verschwindet aber das empirische Bewußtsein und die individuelle Differenzierung *nicht*, das heißt das individuelle Bewußtsein wird nicht in einen Ozean des Geistes aufgesogen, sondern bleibt ein Aspekt an der oszillierenden Selbstbewegung des Einen Siva, in dem ja das Einzelne, Besondere enthalten ist. In dieser höchsten Vision koinzidieren empirisches Erkennen und vollkommen transzendente Einheitsschau.[14]

Die Erkenntnis der wahren Natur der Wirklichkeit wird mit vier verschiedenen Mitteln (*upaya*) oder in vier Schritten vollzogen: *Anava Upaya* (individuelles Mittel), *Sakta Upaya* (Mittel der Energie), *Sambhava Upaya* (das göttliche oder höchste Mittel) und *Anupaya* (das „Null"-Mittel).[15]

Der erste Schritt ist *Anava Upaya* oder *Kriya-yoga*, den diejenigen üben müssen, deren Bewußtsein noch von Dualität beherrscht ist. Es ist der Weg des Handelns, und man benützt äußere Mittel wie Mantras, Rituale, Atemübungen oder Verehrung eines Gottesbildes. Der Zweck dieser Übungen ist, zwischen dem meditierenden Bewußtsein und diesen äußeren Manifestationen der Vibration des göttlichen Geistes (*spanda*) Identifikation herzustellen.

Der zweite Schritt ist *Sakta Upaya* oder *Jnana-Yoga*, also die intuitive Erkenntnis, die auf dem Kriya-Yoga aufbaut, nun aber zu der Einsicht vordringt, daß letztlich außer diesem auf der ersten Stufe gewonnenen Einheitsbewußtsein nichts existiert. Die Übung besteht aus meditativen Praktiken auf der psychologischen Ebene. Das ganze Universum wird als Ausdehnung des ei-

---

[14] Vgl. *A. Padoux*, Art. Pratyabhijna, in: Encyclopedia of Religion (ed. by M. Eliade), Bd. 13, 17f.

[15] Vgl. dazu *Swami Tejomayananda*, Introduction to Kashmir Shaivism, Ganeshpuri 1979, 52f.

genen Bewußtseins meditiert, und allmählich verschmilzt das Bewußtsein mit der Einen Wirklichkeit.

Der dritte Schritt ist *Sambhava Upaya* oder *Iccha-Yoga*, also die Übung des Willens, der konstant auf das Eine Bewußtsein gerichtet ist, ohne in Eigenaktivität die vollkommene Ruhe zu gefährden. Der Zustand des Bewußtseins ist hier eine passive Aufmerksamkeit, gelöste Bewußtheit ohne ein bestimmtes Objekt. Bisher war eine vom Willen zielgerichtete Bewußtseinsaktivität nötig und ein Streben war vorausgesetzt. Hier schwindet nun die bewußte Willensanstrengung und alles kann sich spontan ereignen, weil die hindernden Vorstellungen verschwunden sind. Man hat nichts mehr zu tun, sondern alles ereignet sich für das geöffnete Bewußtsein aus reiner Gnade im Bewußtseinsspiel (*citsakti*) Sivas.

Die vierte Stufe nennt man *Anupaya* oder *Ananda-yoga*, weil hier in *spontaner Bewußtheit der Einheit* reine Seligkeit erlebt und somit die wahre Natur des Bewußtseins erfahren wird. Der Mensch erlebt die Nicht-Dualität seines eigenen Wesens und des Wesens Sivas.[16]

Das ist die Erfahrung des Heils, der es nichts hinzuzufügen gibt, weil der Mensch in seiner besonderen Bewußtseinserfahrung vollkommen mit dem göttlichen Grund geeint ist.

Dies war nur ein Beispiel für das Thema „Heil und Heilsweg im Hinduismus". Ich habe es gewählt, weil der Kashmir-Saivismus weniger bekannt ist und in seiner Philosophie das Grundthema der Nicht-Dualität im ontologischen wie epistemologischen Sinn besonders deutlich wird. In anderen Systemen wie etwa der Philosophie des Advaita Vedanta wird die Frage nach dem Heil und Heilswegen aufgrund des strengen Nicht-Dualismus und anderer epistemologischer Voraussetzungen allerdings etwas anders beantwortet.[17] Wiederum anders, modifiziert sowohl in der weltanschaulichen Grundlage als auch in bezug auf die Mittel zur Erlangung von *moksa*, stellt sich Patanjalis Yogasutra dar.[18] Von einer ganz anderen epistemologischen und hermeneutischen Grundlage her argumentieren die ritualistischen

---

[16] Abhinavagupta, Tantrasara, 10.

[17] *M.v.Brück*, Einheit der Wirklichkeit, München 1987.

[18] *Patanjali*, Die Wurzeln des Yoga (übers.v.B. Bäumer), Weilheim 1976; *Hariharananda Aranya*, Yoga Philosophy of Patanjali, Albany 1983.

Schulen,[19] was wiederum die inhärente Pluralität hinduistischer Denk- und Anbetungsformen verdeutlicht.

In einer abschließenden Bemerkung zum Hinduismus möchte ich die vor allem in der Bhagavadgita verkündete und im späteren (auch heutigen) Hinduismus wichtige Unterscheidung der drei „Heilswege" als *karma marga, bhakti marga, jnana marga* erwähnen. Karma-Yoga ist die Heilsgewinnung zunächst durch das vedische Opfer, durch die rituelle Handlung also, durch die Harmonie und Ganzheit in der Welt wiederhergestellt werden. In der Gita allerdings wird dies umgedeutet in ein Verständnis, bei dem *karman* als Handeln entsprechend der eigenen Pflicht (*svadharma*) verstanden wird, um auf diese Weise dem Willen Gottes zu entsprechen. So heißt es:

> Deshalb tue ständig das, was zu tun ist,
> ohne daran anzuhaften.
> Wahrlich, wenn er nicht-anhaftend handelt,
> erreicht der Mensch das Höchste.
>
> Allein durch Handeln haben Könige wie Janaka
> Vollkommenheit erlangt.
> Indem du die Harmonie der Welt im Auge hast,
> sollst also auch du handeln.[20]

Dieses Handeln wird auch verstanden als Opferung aller Taten an den persönlich vorgestellten und verehrten Gott.

Die vollkommene Hingabe an Gott ist *bhakti.* Die *bhakti*-Strömungen haben etwa seit Beginn der christlichen Zeitrechnung viele hinduistische (und auch buddhistische) Religionstypen beeinflußt. Als *bhakti-yoga* hat dieser Heilspfad in weiten Teilen des Hinduismus, auch in der Gita, Dominanz erlangt, insofern er als der höchste gepriesen und gegangen wird.

> Die ihr Denken in mir verankert haben,
> die mich mit unablässig geeintem Bewußtsein anbeten
> und in höchstem Maße mit Glauben erfüllt sind,
> die gelten mir als die Besten im Yoga.

---

[19] Dazu neuerdings vor allem: *W. Halbfass,* Tradition and Reflection. Explorations in Indian Thought, Albany 1991.

[20] BG III, 19–20 (Übersetzung von mir, nach: Die Bhagavadgita [übers., komment. und eingeleitet v. M.v.Brück, mit einem spirituellen Kommentar v. Bede Griffiths], München 1993 [im Druck]).

Jene aber, die das zuvor Gesagte ehren,
diesen Unsterblichkeitstrank der Weltordnung,
die Glauben haben, für die ich der Höchste bin,
die sich mir liebend hingeben, sie sind mir ganz besonders lieb.[21]

Von den philosophischen Schulen des Vedanta, die in den Upanisaden gründen, vor allem von Sankara und den späteren Advaitins, wird der Weg der Erkenntnis (*jnana-marga*) in die Nicht-Dualität aller Erscheinungen als höchster und gar einziger Heilsweg beschrieben. Die Bhagavadgita beschreibt ihn in personalistischer Form so:

Wer den höchsten Herrn schaut als
gleichermaßen existierend in allen Wesen,
der nicht zugrunde geht, wenn sie zugrunde gehen,
der schaut richtig.

Denn wer denselben Herrn schaut,
der allem innewohnt,
der verletzt das Selbst nicht durch das Selbst.
Sodann gelangt er zum höchsten Ziel.[22]

Der Heilsweg der Erkenntnis (*jnana*) kann in der Form der Gita, wo er mit dem Glauben an einen persönlichen Gott verbunden ist, oder in der Form eines absoluten Transpersonalismus, wie er für den strengen Advaita Vedanta charakteristisch ist, auftreten. Hier geht es also um die Identität des kosmischen Absoluten (*brahman*) mit dem absoluten Wesensgrund in allen Lebewesen (*atman*), um die Selbstidentifikation jenseits der empirischen Person, die Überwindung aller Dualitäten und somit Heil bewirkt.

3. Heil und Heilswege im Buddhismus

Auch der Buddhismus ist in sich außerordentlich vielgestaltig, zumal er als missionierende Religion in Zentral- und Ostasien Elemente der vorbuddhistischen Religionen aufgenommen hat, die vom südasiatischen Ursprung durchaus verschieden, für die Traditionsbildung aber von herausragender Bedeutung gewesen sind. Vor allem zwischen dem südlichen Buddhismus, wie er im

---

[21] BG XII, 2 und 20.
[22] BG XIII, 27f.

Kanon des Theravada gründet, und dem Mahayana, das keinen abgeschlossen Kanon hat, sondern vielmehr Sutras, die jeweils schulspezifisch bevorzugt und interpretiert werden, gibt es in bezug auf unser Thema Unterschiede.

Grundsätzlich können wir sagen: In seiner ersten Predigt von Benares formuliert der Buddha die sogenannten Vier Edlen Wahrheiten, nämlich die Erkenntnis, daß alles leidvoll ist (*duhkha*), daß die Ursachen für das Leiden aufgedeckt werden können und müssen, daß das Leiden beendet werden kann und daß es einen Weg zur Überwindung des Leidens gibt, den achtfachen Pfad. Dieser Weg verdeutlicht die „psychologische Grundhaltung" (A. Govinda) des frühen Buddhismus als Achtfachen Heilspfad (*astangika marga*):

1. ganzheitliche Anschauung (*samyag-drsti*), bei der in vollkommen nicht-dualistischer Weise die Einheit von Motivation, Handlungen und Wirkungen als wahre Natur des Geistes angeschaut wird;
2. ungeteilter Entschluß (*samyak-samkalpa*), diese Einsicht zu vertiefen und im gesamten Leben anzuwenden;
3. untadelige Rede (*samyag-vak*), die keine ichbezogenen Werturteile auf die Wirklichkeit überträgt;
4. vollkommenes Handeln (*samyak-karmanta*), in dem der ungeteilte Entschluß und die untadelige Rede leiblich konkret werden;
5. gleichgewichtige Anstrengung (*samyag-vyayama*), die sich in nicht nachlassender Geduld übt und im Gleichmaß von Anspannung und Entspannung das Bewußtsein führt, um in der Meditation wie bei allen täglichen Verrichtungen ichfreie Gelassenheit und dadurch projektionsfreie Einsicht in die Wirklichkeit, wie sie ist, zu erreichen;
6. ganzheitliche Lebensführung (*samyag-ajiva*), in der nicht zwischen heilig und profan unterschieden wird, denn alles Handeln – gerade auch das ökonomische und politische- wird durch die geistige Einstellung des Handelnden geformt und somit „geheiligt" oder auch nicht;
7. unablässige Achtsamkeit (*samyak-smrti*), durch die alle physischen, psychischen und mentalen Vorgänge bewußt und kontrollierbar werden;
8. ganzheitliche Einswerdung (*samyak-samadhi*) aller Be-

wußtseinsprozesse im Geistgrund, aus der die unbeschreibliche Seligkeit der Einheit mit dem Ganzen erwächst.

Der Kreislauf von Geburt und Tod ist nicht leidvoll im trivialen Sinne des Schmerzes angesichts des Todes. Daß alles veränderlich ist (*anitya*), entspricht dem Grundgesetz der Welt. Das Problem und die Unheilssituation der Lebewesen gründet sich vielmehr darauf, daß der unwissende Mensch an etwas Permanentem anhaften möchte, um dem eingebildeten Ich Stabilität zu verleihen. Dies mißlingt, weil es nicht der Wirklichkeit entspricht, und dieses Mißlingen, die Frustration daran, daß das Ich nicht stabil sein kann, ist *duhkha*.

Die buddhistischen Texte unterscheiden drei Arten des Leidens. Das erste ist das Mißvergnügen an allen unerfreulichen Dingen, Ereignissen und Bewußtseinszuständen, die einem Menschen widerfahren können (*duhkhaduhkha*). Das zweite ist das Leiden an der Vergänglichkeit aller Dinge, auch und gerade der als erfreulich empfundenen, da sie sich in eine Quelle des Leidens verkehren, weil man daran anhaften möchte, was enttäuscht wird (*viparinamaduhkha*). Die dritte Art des Leidens ist die allgemeinste: Alle Dinge sind voneinander abhängig und im Kreislauf der Geburten an eine endlose Kette von Bedingungen gebunden, d. h. sie sind unfrei (*samskaraduhkha*). Karman und die sogenannten leidverursachenden Emotionen (*klesa*) sind die Ursache des Leidens, wobei das Karman aus eben diesen Emotionen, Haß, Gier und Unwissenheit, jeweils neu gewoben wird. Haß und Gier entstehen, wenn das Ich an etwas anhaften möchte (Gier) – wenn ihm der Erfolg versagt wird, reagiert es mit Haß. Das Anhaften ist wiederum bedingt durch die Unwissenheit bezüglich der wahren Natur des Ich – es ist nur eingebildet und entspricht nicht der wahren Natur der Wirklichkeit – *anatman*.

Um dies weiter zu erläutern, möchte ich einige spätere Entwicklungen in der Mahayana-Philosophie heranziehen: Der Kerngedanke – zumindest des Mahayana-Buddhismus – ist die Philosophie der Leere (*sunyata*). Sie bedeutet nicht die (metaphysische) Verneinung des Seins, sondern ist zunächst nichts anderes als die Therapie gegen jede metaphysische Begrifflichkeit, d. h. sie ist der intellektuelle Aspekt des buddhistischen Heilsweges: Der Mensch haftet nicht nur an seinem Ego an, sondern gerade auch an Konzeptualisierungen über das Nicht-Ich, das nirvana und andere Aussagen, die den buddhistischen Heilsweg beschreiben. In einer messerscharf geführten negativen Dialektik weist Nagarjuna (2./3.Jh.) die Unhaltbarkeit jedes metaphysischen Systems nach, um auf diese Weise das Bewußtsein von seinen eigenen Konstrukten zu befreien. Nirvana ist ein Bewußtseinszustand des vollkommenen Nicht-Anhaftens, wodurch alle Begriffe als „leer" in bezug auf ein ihnen inhärent zukommendes „Wesen" erscheinen. Insofern aber nun diese Leere mit der für den Buddhismus grundlegenden Kausalitäts-Theorie vom Entstehen in gegenseitiger Abhängigkeit (pratityasamutpada) kombiniert wird, ergibt sich in bezug auf die Seins-Elemente der Wirklichkeit (dharma) eine Relativierung der Unterscheidung von Sein und Nichts.

Vor allem auf Grund der philosophischen Entwicklung der chinesischen Hua-Yen-Schule (auf der Basis des Avatamsaka-Sutra) und dann im ganzen ostasiatischen Mahayana-Buddhismus kann gelten: Nicht einzelne in sich existierende Elemente, die in augenblicklichen Situationen Verbindungen eingehen und dadurch impermanent den Eindruck von stabilen Seienden erzeugen, sind die Wirklichkeit, sondern die gegenseitige Durchdringung aller Aspekte, die vielleicht als undefinierter Grund der Ganzheit gelten kann, der nicht ein „Etwas" ist, sondern die Bedingung, daß relative Prozesse hervortreten können, daß also Welt sein kann. Jede Benennung, jede Ab-grenzung, also Definition, ist eine Einseitigkeit oder ein Eingriff, der jeweils relative Gegenpositionen provoziert und somit schon das Ganze zerteilt hat.

Es handelt sich nicht bloß um die in der europäischen Philosophie vollzogene Unterscheidung des Seins vom Seienden, denn auch das Sein wäre hier noch als ein Wesen gegenüber der Bedrohung des Nichts gedacht. Die Leere ist vielmehr die absolute Leere, in der der Gegensatz jeder Bestimmung durch Verneinung von Affirmation wie Negation integriert ist. Diese Leere – und nur sie – kann deshalb vollkommene Fülle sein.

Was ist die heilswirksame Weisheit in diesem philosophischen Gedanken? Es ist die Erkenntnis, daß jede Benennung eine kognitive Aggression ist, die die benannte Wirklichkeit verfügbar machen will, das Anhaften des Ich fördert und damit der Täuschung des Substantialismus Vorschub leistet. Auf der begrifflichen Ebene aber kann sich das Denken selbst aufheben, indem es seine Aporien erkennt (Nagarjuna), weshalb im Buddhismus die logische Anstrengung im propädeutischen Sinn heilsrelevant ist. Aus diesem Grunde lehrt der Buddha, argumentiert, debattiert. Auf dieser (der relativen) Ebene des Erkennens sind unterscheidende sprachliche Konzepte vonnöten, und die gesamte Geschichte des Buddhismus verdeutlicht, daß von einem „Beliebigkeitspluralismus der Begriffe" keine Rede sein kann. Einzelne Lehrformen oder Argumente können in ihrer Widersprüchlichkeit vielmehr als *upaya* (geschicktes Mittel) nebeneinander stehenbleiben, wenn sie nur dem grundliegenden Heilsziel, der Befreiung von der Unwissenheit, d. h. der Anhaftungslosigkeit, dienen.

Das Schweigen des Buddha ist etwas anderes. Das, was das „Heil" ausmacht, entzieht sich empirischer Methodik, die in Begriffen vollzogen werden könnte. Sprache operiert in Dualitäten, die vermittelt werden durch die ich-projizierenden Anhaftungs-Strategien des Ich, das sich in existentieller wie kongnitiver Weise durch Attraktion oder Aversion zu Objekten verhält und damit Erkenntnis verdunkelt. Ein anhaftungsfreies „geeintes" Bewußtsein kann darum seinen eigenen Zustand nicht in Worte fassen, sondern nur eine negativ gefaßte Grenzaussage machen: *nir-vana*, das Verlöschen (der Ich-Anhaftung). *Nirvana* ist im Buddhismus niemals ein der Welt entrückter Ort, sondern eben dieser Bewußtseinszustand der Anhaftungslosigkeit mitten in jeder möglichen Örtlichkeit und Zeitlichkeit. Das Schweigen des Buddha hat aber noch eine andere Dimension: Es entspricht dem Staunen, dem *thaumàzein* Platos. Die Leere ist schöpferisch. Sie schafft aber nicht Substanzen und Hierarchien, die Eigenexistenz hätten, sondern ein Gewebe von Vernetzungen, die vollkommene Interrelationalität. Diese Grunderfahrung bleibt aber im Buddhismus wiederum nicht nebulös, sondern sie wirkt sich begriffsprägend aus im buddhistischen Kausalitätsverständnis, das als die „zentrale Philosophie" des Buddhismus bezeichnet werden kann.[23] Es geht dabei nicht um die eindimensionale Kausalität, bei der eine Ursache in der Vergangenheit eine Wirkung erzeugt hat, die gegenwärtig ist und als solche wieder Ursache

---

[23] *D. Kalupahana,* Causality: The Central Philosophy of Buddhism, Honolulu 1975.

für Zukünftiges wird, wobei auf diese Weise die eindimensionale Richtung der Zeit, der Zeitpfeil, hervorgebracht würde. Nein, in der buddhistischen Leere erscheinen die Phänomene als im Grunde, ursächlich, an der Wurzel ihres Sein miteinander verknüpft. Ich möchte dies – in einem ganz anderen Sprachspiel – als die primäre Struktur der Kommunion oder der Liebe bezeichnen, die der Grund von allem ist.

Liebe – im Sinne von Wohlwollen gegenüber allen Lebewesen (*maitri*) und aktiver heilender Hinwendung zu ihnen, um ihnen zum Heil zu verhelfen (*karuna*) kann im buddhistischen Sinne durchaus als Heilsziel und Inbegriff des Heils betrachtet werden, aber nicht nur anders begründet als etwa im Christentum,[24] sondern auch in eine andere Grundkonstruktion der Realitätserfahrung eingebettet. Dies wird am deutlichsten, wenn wir die mahayanistische Vorstellung vom *bodhisattva*, die dieser Religion zentral ist, heranziehen.

Der Bodhisattva[25] (wörtl. Erleuchtungswesen) ist entweder (im Theravada) ein Wesen auf dem Weg zur Erleuchtung (*bodhi*), oder (im Mahayana) auch ein erleuchtetes Wesen, das gelobt hat, so lange nicht im *nirvana* zu verlöschen, bis alle lebenden Wesen Befreiung gefunden haben. Bodhi hat dann folgerichtig zwei Aspekte: Erleuchtete nicht-dualistische Erkenntnis (*prajna*) und heilende Hinwendung zu allen Wesen (*karuna*). Diese Doppelgestalt des buddhistischen Heilsziels wird bereits in der Ursprungsgeschichte des Buddhismus deutlich: das zentrale Ereignis ist die Erleuchtung bzw. das Erwachen Gautama Sakyamunis zum Buddha (der Erwachte), was aber nur dadurch heilsrelevanten Charakter hat, daß der Buddha entgegen allen Versuchungen durch Mara, den Bösen und Verhinderer, den Heils-Weg in Benares zu predigen beginnt. Nach mahayanistischer Vorstellung ist dies keine zur Erleuchtung hinzukommende sekundäre Tat, sondern ein im Bodhisattva-Ideal selbst angelegter Vollzug der Erleuchtung. Denn das vom Buddha erlangte *nirvana* ist, wie wir sahen, ein Bewußtseinszustand mitten in der zeitlichen Widersprüchlichkeit der Welt. Seine Weisung für den Heilsweg auf

---

[24] Vgl. *P. Schmidt-Leukel*, „Den Löwen brüllen hören". Zur Hermeneutik eines christlichen Verständnisses der buddhistischen Heilsbotschaft, Paderborn 1992, 688 ff.

[25] Vgl. dazu *D. Lopez/S. Rockefeller* (Hg.), The Christ and the Bodhisattva, Albany 1987, darin bes. die Beiträge von *R. Thurman* und *L. Gomez*.

Grund von *karuna ist* die Einsicht in die ursprüngliche Nicht-Dualität aller Existenz: Wenn der Buddha predigt, predigt er nicht einfach „anderen", sondern expliziert das universal-zeitewige Buddhabewußtsein auf je verschiedenen Subtilitätsebenen der Realität, d. h. wer und was der Buddha ist, wird auf verschiedenen Realitätsebenen, die nicht-dual einander durchdringen, differenziert interpretiert: Als historische Gestalt Gautama Sakymuni, der in Bodhgaya zur Wahrheit erwachte, ist er der Lehrer und Maßstab des buddhistischen Heilsweges. Darum sammelten die frühen Buddhisten gleich nach dem Tod des Meisters die Buddhaworte (*buddhavacana*), um sie detailgetreu aufzuschreiben, damit zukünftige Generationen nicht in die Irre gehen könnten. Jede neue Entwicklung (jedes später geschriebene Sutra ebenso wie die späteren Mahayana- oder Tantrayana-Schulen) geht aus der früheren Tradition hervor und beruft sich auf diese – die zweite (Mahayana) und dritte (Tantrayana) Drehung des Rades der Lehre sind Zusätze zur ersten, kein Ersatz. Der Buddhismus stellt insofern eine „kumulative Tradition" (W. C.Smith) dar, die sich ihrer eigenen Historizität wohl bewußt ist. Der historische Buddha ist aber auch Ursprung verschiedener Initiations- und Überlieferungsketten, die vor allem im Tantrayana wichtig sind. Hier vermittelt der unmittelbare Lehrer (Guru bzw. Lama) die Lehre nicht bloß im Sinne intellektueller Weiterabe des Wissens, sondern als Kraftübertragung von Bewußtsein zu Bewußtsein, die den Schüler inspiriert, d. h. mit dem Geist erfüllt, der der Buddha-Geist selbst ist. Die Authentizität des Heilsweges hängt dann an ununterbrochenen Initiationsketten. Der Heils-Lehrer ist auch hier der Buddha, aber nicht in seiner menschlich-historischen Form als Gautama Sakyamuni, sondern in einer spirituell-energetisch-feinstofflichen Weise, in einer Manifestation seines „Seligkeitskörpers". Der Buddha kann daher sowohl im menschlichen Emanationskörper (*nirmakaya*) als auch im feinstofflich-subtilen und nur meditativ zu schauenden Seligkeitskörper (*sambhogakaya*), der nicht an die grobstofflichen Kategorien von Raum und Zeit gebunden ist, lehren. Dieses Lehren ist in beiden Fällen Austrahlung des ewigen Wahrheitskörpers (*dharmakaya*), der Inbegriff der universalen Buddha-Natur ist.

Die Buddha-Natur ist der unermeßliche Grund der Wirklichkeit schlechthin, der ursprüngliche Geist vor jeder Verunreinigung; aber genau dies ist der ursprünliche Geist eines jeden Menschen. Der Buddha ist das wahre oder ursprüngliche Selbst des Menschen. Der Buddha (als Lehrer oder himmlische Rettergestalt oder ursprüngliche absolute Wirklichkeit der Buddhanatur) ist also einerseits eine dem unerleuchteten Bewußtsein „außerhalb“ stehende Realität, anderseits aber die „innere“ wahre Identität jedes Lebewesens selbst, zu der der Mensch erwachen muß. Solange allerdings noch von außen und innen gesprochen wird, ist das Erleuchtungsbewußtsein, also das Heilsziel, nicht erreicht. „Heil“ besteht gerade in der existentiellen Erkenntnis, die die Nicht-Dualität solcher Gegensätze vollzogen hat.

Um dem Menschen zu diesem Erwachen zu verhelfen, können die bereits vollkommen erwachten Wesen als Bodhisattvas ihren „unermeßlichen Schatz der Verdienste“, besser: ihre gereinigten Bewußtseinsformungen, auf andere übertragen (*parinamana*) – wobei diese Perspektive nur wieder äußerlich ist, denn „andere“ sind sie unter der absoluten Perspektive des Erleuchtungsbewußtseins eben nicht. Bodhisattvas setzen demnach also nicht das *karman*-Gesetz von Ursache und Wirkung außer Kraft, sondern wirken innerhalb seiner Gesetzmäßigkeit auf Grund ihrer *bodhi*-Qualität, die nicht-dualistisch die alle Wesen durchdringende *bodhi*-Kraft bzw. Buddha-Natur durch gnadenhafte Zuwendung in jedem Wesen erweckt, das sich auf sie verläßt.

Ein locus classicus für die Heils-Helfer-Figur (was von der christlichen Vorstellung des Heilsmittlers zu unterscheiden ist) des Bodhisattva ist das 24. Kapitel des Lotos-Sutra:[26] Der Bodhisattva befreit alle aus dem Leiden, die seinen Namen auch nur hören. Er ist Retter, Zuflucht und Ruhestätte.[27] Die Gläubigen sollen seinen Namen ergreifen, im Bewußtsein bewegen, ihn anrufen und anflehen, ihn verehren und beständig in Erinnerung behalten. Bodhisattvas können als gewöhnliche Menschen, au-

---

[26] *E. Conze,* Buddhist Saviours, in: Thirty Years of Buddhist Studies, Univ. of South Carolina Press 1968, 34.

[27] Es ist interessant, daß hier der Begriff tratur auftaucht, mit dem bereits auf bhaktrischen Münzen das griechische Wort soter übersetzt wurde und das auch die Übersetzung des Neuen Testaments der Baptisten von Serampore (1808) kennzeichnet. Vgl. *Conze,* s. Anm. 26, 34.

ßergewöhnliche Wundertäter, als Tiere oder gar in unbelebter Gestalt auftreten, wenn dies für andere von spirituellem Nutzen ist. Vor allem aber sind sie geistige universale Wesen, die als Aspekte des Buddha-Bewußtseins gelten können. In dieser Gestalt vor allem inspirieren sie die Frömmigkeit der Buddhisten in den Mahayana-Ländern. Solche universalen Emanationen der Barmherzigkeit und rettenden Liebe des Buddha sind dann die großen Bodhisattvas des Mahayana-Buddhismus, allen voran *Avalokitesvara*, der barmherzig auf die Welt herabblickt und z. B. das berühmte Herz-Sutra lehrt. Er wird in sehr unterschiedlichen Sutras erwähnt und hat mindestens 108 ikonographische Gestalten. Er kann in Süd- und Zentralasien auch in weiblicher Gestalt als *Tara* erscheinen (die aus den Tränen entsteht, die *Avalokitesvara* über das Leid in der Welt vergießt), in Ostasien wird er als *Kuan-yin* (chin.) oder *Kannon* (jap.) ohnehin meist weiblich vorgestellt. Die Bodhisattvas greifen helfend ein, wenn nötig durchaus auch im materiellen Sinne, ja, sie opfern sich nicht selten stellvertretend selbst für andere Wesen, damit diese zur Erleuchtung (Heil) gelangen. Ihr Gelübde (*pranidhana*), das sie gesprochen haben, erfüllt sich selbst, denn es ist der aktive Aspekt der Erleuchtungsweisheit von der Nicht-Dualität bzw. gegenseitigen Durchdringung aller Wesen, was wir auch Liebe nennen können.[28] Die typische Frage, ob hier nicht eine ursprüngliche Religion der Selbsterlösung zu einer Religion des Vertrauens in die „andere Kraft" (jap. *jiriki* und *tariki*) mutiert wäre, geht von den Voraussetzungen eines dualistischen Horizontes aus, die der Buddhismus gerade nicht teilt bzw. hinter sich lassen will. Denn die manifeste Barmherzigkeit des Buddha, der Bodhisattva also, ist ein Aspekte des universalen und transtemporalen Buddha-Geistes selbst, der gleichwohl in jedem geistigen Wesen jederzeit präsent ist und als eigentliches „Subjekt" des Erleuchtungsgeistes (*bodhicitta*) gelten muß.

Es gibt viele Formen des Weges, die mit unterschiedlichen Meditationspraktiken verbunden sind. Das Grundschema im Mahayana ist dies:[29] Der Buddhist nimmt zuerst Zuflucht zu den

[28] Vgl. besonders den Hymnus über die Liebe im Vimalakirti-nirdesa-sutra (*M. v.Brück*, Weisheit der Leere. Sutra-Texte des indischen Mahayana-Buddhismus, Zürich 1989, 258).

[29] Dazu z. B. *Tai Situpa Rinpoche*, Profound Motivation, Profound Action, in: S. Wal-

„Drei Juwelen" Buddha, Dharma und Saṃgha – der Buddha ist der unübertreffliche Lehrer, der die ewige Wahrheit (*dharma*) lehrt, der in der Gemeinschaft der Praktizierenden (*saṃgha*) verwirklicht wird. Dies ist ein Akt des vertrauenden Glaubens. Danach wird die Motivation für den spirituellen Pfad durch das schon erwähnte Bodhisattva-Gelübde deutlich vor Augen gestellt, nämlich die Erleuchtung nicht nur um seiner selbst, sondern um aller lebenden Wesen willen zu suchen. Konkret heißt dies, um nur ein Beispiel zu geben, die „Vier Unermeßlichkeiten" zu praktizieren, nämlich

a) unermeßliche liebende Zuwendung (*maitri*) konkret zu allen Wesen (bis hin zum ärgsten Feind) in meditativer Konzentration auszustrahlen (oft zu visualisieren), wobei dies mit der Liebe der Mutter zum Kind verglichen wird;

b) heilende Hinwendung zu allen Wesen oder Barmherzigkeit (*karuna*) in gleicher Weise zu entwickeln und auszustrahlen, wobei in diesem Aspekt besonders die Leiden der Lebewesen mit heilender Bewußtseinskraft durchdrungen werden;

c) die Bewußtseinqualität großer Freude (*mudita*) zu entwikkeln und im Universum zu verbreiten;

d) in völligem Gleichgewicht ohne Bevorzugung oder Zurückweisung von irgendetwas/irgendjemandem (*upeksa*) diese Bewußtseinsqualitäten für alle Wesen hinzugeben.

Im tibetischen Buddhismus wird dies alles konkret z. B. in der Übung von *tonglen* (Geben und Nehmen), wobei man zuerst einem nahe stehenden Menschen, dann Fremden, schließlich den Gegnern, alles Guten und Schöne, was man in sich findet, übereignet, und umgekehrt alle Schmerzen und Unreinheiten der anderen in meditativer Visualisierung auf sich nimmt. Durch diese Übung geht der ernsthaft praktizierende Buddhist mehrmals am Tage hindurch.[30]

Wie wir aber oben gezeigt haben, wäre Liebe nach buddhistischem Verständnis nicht die Beziehung, die voneinander unabhängig existierende Dinge oder Personen sekundär miteinander eingehen, sondern Liebe ist die Grundstruktur, die Existenz erst

---

ker (Hg.), Speaking of Silence. Christians and Buddhists on the Contemplative Way, Mahwah, New York 1987, 81 f.

[30] *XIV. Dalai Lama,* The Practices of Bodhisattvas, in: Lopez/Rockefeller (Hg.), The Christ an the Bodhisattva, s. Anm. 25, 217 ff.

möglich macht. Oder in anderen Worten: Unter der Einsicht der buddhistischen Leere (*sunyata*) ist die Wirklichkeit nicht eine Anhäufung von Substanzen, sondern ein Netz von Beziehungen. Substanzen sind sekundär. Dieses Netz oder die gegenseitige Durchdringung ist – in geistig bewußter Wahrnehmung aktualisiert – die Liebe.

Das hat erhebliche theologische und ethische Konsequenzen: Die Existenz des einzelnen ist nur im Horizont des Ganzen möglich. Die einzelne Handlung kann nur unter diesem Aspekt sinnvoll sein. Alles, was ist, ist Resonanz von allem. Dies ist (jedenfalls idealiter) für die meisten Buddhisten nicht das Ergebnis philosophischer Begriffsbildung allein, sondern direkte Meditationserfahrung. Inbegriff dieser Erfahrung, die eintritt, wenn sich das Bewußtsein bündelt und eint, ist die Erfahrung der Einheit der Wirklichkeit. Dies ist die Befreiung, das *nirvana*, der Inbegriff des Erlöschens aller substantiellen Konzepte von „Ich" und „mein". Die Wirklichkeit zeigt sich hier, wie sie ist, ohne Verzerrung durch die Ich-Projektion.

Der Buddha hat es vermieden, diesen Heilszustand – *nirvana* – zu beschreiben,[31] wie er auch jede Spekulation über Gott bzw. die Existenz oder Nicht-Existenz Gottes als unfruchtbar ablehnte, denn dies wären bloße Gedankenkonstruktionen, die auf Grund des anhaftenden Bewußtseins nur fehlerhafte Resultate zeitigen könnten und gerade das verhindern, was zum Heil führe: die Loslösung von ich-fabrizierten Konstrukten (philosophischer, religiöser, gesellschaftlicher Art). Er hat vielmehr den Befreiungsweg gezeigt, den jeder Mensch gehen kann: den Achtfachen Pfad, bzw. die vollkommene Achtsamkeit oder geeinte Bewußtheit, in der die befreiende Soheit (*tathata*) der Wirklichkeit hier und jetzt aufleuchtet. Das *nirvana* ist, wie wir schon sagten, kein Zustand jenseits dieser Welt, sondern die Transzendierung von Deisseits und Jenseits; kein anderer Bereich, sondern ein anderer nicht-dualistischer Bewußtseinszustand mitten im Bereich der phänomenalen Vielheit.

Der japanische Zen-Meister Dogen (1200–1252) hat diese Schau der Einheit-in-Differenzierung eindrucksvoll dargestellt

---

[31] Allerdings verzichtet die kanonische und nicht-kanonische Literatur durchaus nicht auf eine entsprechende Metaphorik.

im Bilde der kosmischen Resonanz:[32] Der Mensch ist erleuchtet und die Wahrheit ist allezeit in ihm, aber er ist nicht richtig „eingestimmt“. Dieses Einstimmen bedeutet, mit dem einen-allumfassenden Einheitsgrund in Resonanz zu treten. Meditation ist nichts anderes als diese Einstimmung in einen tieferen Grund der Wirklichkeit. Da es viele Ebenen gibt, gibt es Grade der Resonanz. Schließlich ist es ein Einstimmen in den Bewußtseinsgrund selbst, in dem das Bewußtsein alle Wirklichkeitsebenen geeint hat. Der japanische Begriff für kosmische Resonanz – *kanno doko* – kann auch mit spiritueller Kommunion übersetzt werden, eine Kommunion aller Wesen auf Grund ihrer ontologischen Einheit. Die Interdependenz und gegenseitige Durchdringung aller Phänomene und individueller Reflexionen bringt die Wirklichkeit hervor, die in der alten buddhistischen Geschichte von Indras Netz oder Fa-tsang's (643–712) Spiegelsaal veranschaulicht wird.[33]

Was Dogen letztlich sagen möchte, ist sehr wichtig, denn es führt ihn zu einer holistischen Sicht, die man vielleicht als empathische Identifikation bezeichnen kann: Man identifiziert sich mit allem, nicht durch einen Willensakt, sondern durch eine verwandelnde Einsicht in die Natur des Bewußtseins.

Ich möchte darauf verzichten, eine Zusammenfassung sowie Vergleiche anzubieten. Hinduismus und Buddhismus sind wesentlich komplexer, als es hier dargestellt werden kann. Grundstrukturen in beiden Religionen sind deutlich geworden, aber besonders der Buddhismus als Weltreligion hat in Zentralasien, Ostasien und neuerdings in Amerika und Europa Interpretationen seines Heilsweges zugelassen, die Gedankengut und Praxisformen der jeweiligen Kulturen aufgenommen haben. Das Grundmotiv der Befreiung von der Ich-Verhaftung „nur“ psychologisch zu deuten, wäre ein Kategorienfehler, weil die europäisch-christliche Dualität von Gott und Mensch bzw. Theologie und Psychologie für den Buddhismus (wie auch für weite Teile

---

[32] *M.v.Brück,* Zeitlichkeit und mystische Einheitserfahrung, in: H.-P. Dürr/W. Zimmerli (Hg.), Geist und Natur, München 1989, 269; vgl. auch *Hee-Jin Kim,* Dogen Kigen – Mystical Realist, Tucson 1980.

[33] Der Philosoph wurde von der Kaiserin Wu gebeten, das Wesen des Buddhismus zu erläutern. Er ließ einen Saal an allen Seiten verspiegeln und setzte eine Buddhastatue in die Mitte, hinter der eine Lichtquelle strahlte. Jede Spiegelung reflektierte jede Spiegelung ad infinitum.

des Hinduismus) unzutreffend wäre. Anderseits aber für den Buddhismus eine sich verselbständigende metyphysisch Ontologie in Anspruch zu nehmen, wäre ebenfalls verfehlt. Der Buddhismus ist tatsächlich primär ein Heilsweg.

Damit stellt sich die Frage nach der Übersetzbarkeit der jeweiligen Kategorien in die religiöse oder philosophische Sprache einer jeweils anderen Tradition. Wohlgemerkt: Das Problem ergibt sich bereits im Bereich der religionswissenschaftlichen Deskription, nicht erst bei der Frage nach der theologischen Deutung der Bedeutung von hinduistischen und buddhistischen Heilswegen für das Christentum, die eine Theologie der Religionen in bezug auf das Wahrheits- und Heilsverständnis zu geben vermag.

B. Nichtchristliche „Soteriologien" als Herausforderung für christliches Erlösungsverständnis

I. Zum interreligiösen Verstehen

Wir haben Aspekte einiger hinduistischer und buddhistischer Vorstellungen von der Befreiung des Menschen zu einem letztgültigen Zustand des Heils beschrieben. Es ergeben sich an die christliche Theologie, die sich im heutigen interkulturellen Kontext formen und formulieren möchte, einige wichtige Fragen, vor allem die Frage, ob und wie hinduistische und buddhistische Erfahrungen und Denkmodelle integriert werden können. Ich möchte nur einige Gesichtspunkte nennen, ohne ein umfassendes Modell vorlegen zu wollen:

1. Es muß gefragt werden, ob wir nicht Elemente des im Hinduismus und Buddhismus grundlegenden Ansatzes in anderer Sprachgestalt auch in der christlichen Tradition finden könnten. Aber in welcher Sprache soll diese Frage gestellt werden, und nach welchen Kriterien könnte sie positiv oder negativ beantwortet werden? Alle der hier vorgestellten Religionen haben den Anspruch, die Wirklichkeit universal und unzweideutig zu deuten. Aber alle diese Versuche sind geschichtlich, sprachlich, kulturell

bedingt. Das christliche Denken hat sich auf Grund seiner Geschichte vor allem in griechischen Kategorien formuliert und dabei konstitutive Einsichten gewonnen, zum Beispiel die Trinitätslehre geschaffen. Das hinduistische und buddhistische Denken hat sich in Pali und Sanskrit vollzogen. Der Buddhismus konnte dann aber vor allem durch den Übergang in die völlig andere Sprache und Mentalität der Chinesen eine epochale Neugestaltung gewinnen, bei der Kontinuität in Diskontinuität und umgekehrt anzeigen, daß es einer Religion offensichtlich gelingen kann, sich in einem ganz anderen Religions- und Kulturraum so verständlich zu machen, daß sie in die kulturell-religiösen Grundströmungen der „missionierten" Kultur durch Akkulturation einzugehen vermag. Was hermeneutisch-theoretisch zunächst unwahrscheinlich zu sein scheint, belegt die Geschichte hinreichend: daß sehr unterschiedliche Religionen einander nicht nur mißverstehen, sondern auch verstehen können.

Die gegenwärtige Epoche ist einerseits vom interreligiösen Dialog gezeichnet, anderseits davon, daß der Buddhismus in Amerika und Europa heimisch wird und auch das Evangelium so auf andere Kulturen/Religionen trifft, daß Theologien und Praxismodelle entstehen, die nicht mehr an der griechisch-lateinischen Tradition der Hermeneutik, des Kultes, der Sozialisation usw. allein orientiert sind und gemessen werden können. Beide Prozesse hängen miteinander zusammen. Angesichts dieses Befundes erscheint ein religionsphilosophischer Rigorismus, der aus sprachanalytischen und hermeneutischen Erwägungen heraus die prinzipielle Inkompatibilität der Religionen meint behaupten zu müssen, was konsequent zu pluralistischen Wahrheitsmodellen führen muß, zumindest übertrieben und empirisch fragwürdig. Wollte man die durch Begegnung, Übersetzung und Verstehensprozesse ausgelösten Vermischungen von Mythen und Theoremen der Religionen als „religiösen Imperialismus" verdächtigen, so fiele wohl die gesamte Religionsgeschichte unter dieses Verdikt. Kommunikation führt zu Assimilations- und Dissimilationsprozessen auch bei der religiösen Konzeptualisierung, zu Theo- bzw. Buddho-Logik. Allerdings ist es notwendig, die Faktoren zu beschreiben, die zu Dominanzen und Unterjochungen des jeweils Fremden führen können. Solche Faktoren hängen nicht nur mit dem Machtgefüge und den

Herrschaftsstrukturen in historischen Religionsbegegnungen zusammen, sondern sie sind auch mit den jeweiligen religiösen Wahrheitsansprüchen gegeben, wie sich z. B. im Wandel des Begriffs der „Absolutheit“ zeigt.[34]

Die gegenwärtige Diskussion um die pluralistische Religionstheologie ist zentral in dem eben beschriebenen religionsgeschichtlichen Prozeß angesiedelt. Die pluralistische Option ist der Ausdruck des Ungenügens an der inklusivistischen Position: Die Gefahr, den anderen (oder das andere System) vorschnell nach den eigenen Kategorien zu verstehen, zu vereinnahmen und damit einerseits den anderen zu verletzen und anderseits die Chance der Begegnung mit dem wirklich Anderen und Neuen zu versäumen, ist in der Tat groß. Aber sie ist ein Problem jeder Kommunikation, das nicht prinzipiell, sondern nur im kritischen intersubjektiven Diskurs/Dialog selbst überwunden werden kann.

Der Prozeß interreligiösen Verstehens ist ein Integrationsprozeß das jeweils Neuen/Fremden in Strukturen der Intelligibilität und Plausibilität, die sich aus einer bestimmten und historisch einmalig geprägten Konstellation ergeben. Der Übergang von traditionsimmanenter zu interreligiöser Hermeneutik ist dabei fließend, wenngleich gewöhnlich das Andersartige als Fremdes eine größere Bandbreite von Optionen der Deutung zuläßt, insofern reflexive Deutungsmuster auf Grund bereits vollzogener Präzedenzfälle nicht verfügbar sind. Daß sie dennoch gesucht werden, zeigt die Theologiegeschichte zur Genüge. Ein neueres Beispiel ist der Gnosisverdacht gegenüber buddhistischer Meditationspraxis und ihrer Deutung. Daß eine solche Form von Inklusivismus inakzeptabel ist, sollte selbstverständlich sein.

Damit ist aber noch nicht der prinzipiell inklusive Charakter jedes Verstehensprozesses hinreichend verstanden.

Die Relation von Eigenem und Fremden bedarf angesicht des interkulturellen Diskurses der Neubestimmung. Es handelt sich bei der interkulturellen Kommunikation nicht darum, daß statische Identitäten aufeinanderträfen, die vergleichbar oder auch nicht vergleichbar wären. Das Eigene wird das Eigene durch das Fremde, aber damit verliert das Fremde seine Fremdheit, so wie

[34] Vgl. die Bemerkungen von *J. Werbick* in diesem Band, S. 54ff.

auch das angeeignete Eigene nicht den Modus des Vergangenen wiederholt. Verstehen des Fremden ist ein Assimilationsprozeß, aber in diesem Prozeß verändert sich das Subjekt des Verstehens dahingehend, daß seine Kategorien durch das Angeeignete auf dieses hin verändert werden. Wer etwa in mehreren Sprachen zu denken gewohnt ist, weiß, daß eine Vorstellung, ein Gefühl, ein Zusammenhang durchaus auch in der anderen Sprache ausdrückbar ist. Aber der Ausdruck hat Rückwirkungen auf das Verständnis des vormaligen „eigenen" muttersprachlichen Ausdrucks. Die Fähigkeit zum Übergang in das Andere macht das Eigene bewußt – damit ist es aber nicht mehr das Vorausgesetzte, sondern das in der anderen Sprache durchreflektierte Neuvollzogene. Kriterium für die Authentizität das Übergangs, also des Ausgreifens in das Andere und des assimilierenden Zurückkehrens, ist die wahrhaftige Präsentation des Phänomens, die im kritischen Diskurs allmählich und zunehmend besser möglich wird.

Nach „Heilswegen" im Buddhismus und Hinduismus zu fragen, ohne von vornherein den christlichen Glauben an die Heilsvermittlung und – wirklichkeit zum Maßstab zu machen, ist dann möglich und legitim, wenn:

a) die prinzipielle Heilsmöglichkeit in anderen Religionen aus innerchristlich-theologischen Gründen erkannt ist;

b) die Kriterien für „Heil" im Buddhismus nach einem von den Dialogpartnern gemeinsam akzeptierten hermeneutischen Schlüssel gefunden sind (also eine Seite nicht den Vergleichsmodus durch ihren Begriff von Gott, Transzendenz oder der Ursprungserfahrung des Menschen usw. vorschreibt);

c) die aus (a) resultierende inklusivistische Position auch reziprok zugelassen wird, d. h. daß sich der christliche Partner auch nach buddhistisch-inklusivistischen Kriterien beurteilen läßt und die Erkenntnis daraus zu seinem theologischen Erkenntnisgewinn beiträgt.

Die von den Pluralisten beklagten Begleiterscheinungen der inklusivistischen Position lassen sich m.E. durch einen reziproken Inklusivismus, der im dialogischen Diskurs zumindest als heuristisches Prinzip gilt, das theologisch bzw. buddhologisch gerechtfertigt ist, weitgehend vermeiden. Ein in diesem Sinne selbstkritischer Inklusivismus erscheint mir bei allen Problemen immer noch der tragfähigere heuristisch-hermeneutische Rahmen zu sein, weil bei radikal-pluralistischen Modellen die Gefahr besteht, daß der *Wahrheitshorizont* fragmentiert wird, was Kommunikation erschwert und Kommunion verhindert, ganz zu schweigen von der theologisch (und buddhologisch) kaum haltbaren Pluralisierung des *Wahrheitssymbols* selbst.

Das bedeutet: Die hiermit vorgeschlagene hermeneutische Position gründet weder in der Suche nach einem gemeinsam formulierbaren Begriff des Transzendenten noch in einer geschichtlich abstrahierten gemeinsamen Menschlichkeit – oder der Suche nach Befreiung auf sie hin –, sondern im jetzigen *kairos* des Dialoggeschehens selbst.

Der Dialogprozeß selbst geht nicht von Begriffen oder Positionen aus, sondern von semantischen Feldern, die durch die Klärung von Ähnlichkeiten und Unterschieden im sprachlichen Prozeß selbst entstehen. Die Sprache des Dialogs entsteht im Dialog. Sie ist keine einfache Reduplikation der „Binnensprache" der Partner, bleibt aber vor der jeweiligen traditionsimmanenten Kritik zu verantworten. Die Spannung zwischen beiden Bezugsrichtungen auszuhalten und zu gestalten, ist die Dramatik (Werbick) des Dialogischen. Damit wäre auch der Pragmatismus des Ethischen eingebunden in die Frage nach der Wahrheit – denn ethische Prinzipien bedürfen in der Konkretion eines Welt-, Menschen- und Gottesbildes, das in den Religionen jeweils sehr unterschiedlich entworfen worden ist. Ein dialogisches Ringen um Ethik, das „dogmatische" Begründungen und Fallstricke ausklammern zu können meint, kann sich nicht als tragfähig erweisen, weil Konsistenz des gesamten Weltbildes notwendig ist, um einzelnen Begriffen und Handlungsweisen Plausibilität zu verleihen.

2. Ich möchte nun diese allgemeinen Erörterungen auf die Frage nach dem Heil in der Begegnung von Hinduismus und Buddhisimus mit dem Christentum zurückbeziehen.

Unter der Methodik des reziproken Inklusivismus, der gleichwohl durch die faktische Pluralität religiöser Aussage- und Praxisformen konstituiert ist, lassen sich Dimensionen des Christlichen erfahren, die in der bisherigen Geschichte des Christentums nicht oder nur sehr verhalten angeklungen sind. Denn die christliche Geschichte erschöpft nicht die Deutung der Geschichte vom Christus-Ereignis her. Dies umso mehr, wenn es uns gelänge, die Intention und geistige Substanz des befreienden Evangeliums in Sprachen auszudrücken, die dem Griechischen und damit der christlichen Tradition gewiß fremd sind, die aber eben ein neues Kapitel in der Geschichte christlichen Denkens aufschlagen könnten. So wie einst die Synthese mit griechischem Geist fruchtbar gewesen ist, so kann es heute die Synthese mit indischem oder ostasiatischem Geist und indischer oder zentral- bzw. ostasiatischer Praxis sein.[35]

Aber was ist das Kriterium der Unterscheidung von dem, was traditionsimmanent als legitim bezeichnet werden könnte oder nicht? Hierzu möchte ich folgendes bemerken:

a) Alle Religionen (auch das Christentum) sind in gewissem Sinne synkretistisch, denn sie haben im Verlaufe ihrer Geschichte Elemente aus den Kulturen aufgenommen, mit denen sie in Berührung gekommen sind. Religionen sind Sprachen, in denen sich grundlegende Erfahrungen relativ zur Umwelt ausdrücken. Als solche sind sie geschichtlich, dem Wandel unterworfen.

b) Es gibt einen oberflächlichen Synkretismus, der beliebig und wahllos Phänomene sammelt und sie zu einem scheinbaren Neuen verschmilzt. Er ist nicht wünschenswert. Daneben gibt es kreative Synthesen, die nicht in der Beliebigkeit, sondern in der am Leben erprobten Wirkungskraft von Ideen und Praktiken wurzeln. Kriterium für die Unterscheidung scheint mir die *durchlittene Praxis* zu sein. Nur wer sich einer Sache unterzogen hat, kann ihre Bedeutung ermessen und ihre Eignung für die angesprochene Synthese erwägen.

Eine oberflächlich-eklektische Haltung verdrängt meist die dunklen Seiten, sie setzt sich dem Leiden und Mit-Leiden nicht aus. Das letztgültige Schweigen vor der Unerforschlichkeit der Welt darf nicht überspielt werden, andernfalls jede Religion zur belanglosen Pose herabsinkt.

3. An wenigen Beispielen habe ich darzustellen versucht, daß im indischen Denken (a) ein Gespür für die Einheit der Wirklichkeit, (b) die Gewißheit, daß höchste Seligkeit Vereinigung mit Gott oder

---

[35] Ich beschränke mich in diesem Beitrag auf die Begegnung mit Hinduismus und Buddhismus. Die schriftlosen Völker und Religionen haben hier selbstverständlich prinzipiell gleiche Rechte.

dem Absoluten bedeutet, und (c) der Wille, diese Seligkeit durch disziplinierte spirituelle Praxis zu erfahren, prägend ist. Es gibt in Indien auch dualistische Denkformen, aber das nicht-dualistische Denken ist offenkundig dominierend gewesen.

Sind hier Impulse für eine integrale christliche Praxis zu gewinnen? Zunächst müssen wir beobachten, daß das christliche spirituelle Leben weithin verflacht ist – es ist vereinseitigtem Intellektualismus oder Moralismus zum Opfer gefallen, es fehlt in zunehmendem Maße die innige Vertrautheit mit den Symbolen, der selbstverständliche „Kinderglaube“ wird kaum noch tradiert. Manche mögen das im Zuge der Emanzipation des Individuums feiern, andere als Werteverlust beklagen. Eins ist deutlich: Sehr viele Menschen suchen nach systematischer spiritueller Praxis, und sie finden sie in östlichen Wegen. Der Gründe dafür mag es viele geben, aber mir scheinen zwei Aspekte wichtig zu sein:

a) Die im indischen holistischen Denken vorgetragene Meditationspraxis stützt sich auf ein Welt- und Menschenbild, das Leib und Geist, Welt und Gott *primär* zusammendenkt, und dies ist Voraussetzung, Fragmentierung in der Welt wie im eigenen Denken und Fühlen zu überwinden.

b) Dieses Weltbild ist nicht anti-rational oder esoterisch-elitär, sondern es verantwortet sich vor der Logik und empirischer Kritik. *Abhinavagupta* etwa war Mystiker, Ästhetiker, Psychologe und analytischer Philosoph in einem.

Ich möchte den ersten Gesichtspunkt näher ausführen, indem ich auf einen der letzten Aufsätze von Karl Rahner verweise. Er überschreibt ihn „Welt in Gott“ und bemerkt, man müsse „nicht ein Pantheist sein, um sich glaubend und denkerisch die Einheit von Gott und Welt radikaler und inniger denken zu dürfen, als es in der durchschnittlichen abendländischen Frömmigkeit geschieht“.[36] An der hypostatischen Einheit des Logos mit der menschlichen Natur wird dies ablesbar, wobei Rahner zusätzlich auf die Lehre von der ungeschaffenen Gnade verweist. Die gegenseitige Durchdringung von Gott und Welt wird als dynamisches freies Handeln Gottes verstanden, darum nicht als Notwendigkeit

---

36 *K. Rahner*, Welt in Gott. Zum christlichen Schöpfungsbegriff, in: A. Bsteh (Hg.), Sein als Offenbarung in Christentum und Hinduismus, Mödling 1984, 82.

und Identität von Gott und Welt, sondern als Einheit. Diese Einheit, so habe ich andernorts zu zeigen versucht, ist durch den Prozeß des trinitarischen Geschehens konstituiert.

Ich kann hier nicht auf die Einzelheiten meines Versuchs einer nicht-dualistischen Interpretation der Trinitätslehre vermittels der Intuition des indischen Nicht-Dualismus eingehen. Mir scheint aber je länger je mehr, daß damit ein vertieftes Verständnis der trinitarischen Wirklichkeitserfahrung erreicht werden kann, daß vor allem die verhängnisvolle Trennung von Schöpfung und Erlösung aufgehoben wird – was übrigens altkirchlich theoretisch klar, aber existentiell schwer nachvollziehbar war: Nicht der Vater ist Schöpfer, sondern die gesamte Trinität, nicht der Sohn ist Erlöser, sondern die gesamte Trinität usw.

Ich möchte hier nur einen Gedanken aufgreifen und wiederholen.[37]

Den trinitarischen Prozeß (oder die Geschichte Gottes in der trinitarischen Selbstmanifestation) kann man in den drei Momenten des Ursprungs (Vater), der Verwirklichung (Sohn) und der ewigen Erneuerung der Verwirklichung aus dem Ursprung (Geist) erfassen. Im Sohn als dem Logos ist die Struktur der gesamten Wirklichkeit eingezeichnet, d. h. die verwirklichte Pluriformität der Wirklichkeit ist nur ein Aspekt, der in der Ganzheit des Ursprungs und der sich kontinuierlich erneuernden Wirklichkeit (die Idee der *creatio continua*) wurzelt. Aus dem trinitarischen Charakter der Wirklichkeit folgt also ihre Interrelationalität. Die eine Wirklichkeit ist ja nichts anderes als die Verwirklichungsebene des trinitarischen Gottes. Sie bezeichnet den integralen Begriff, der auch noch den Gegensatz von Gott und Welt nicht-dualistisch aufhebt (wie von Paulus in 1. Kor 15,28 angedeutet).

Damit ist gesagt, daß freie Selbstbewegung und Unveränderlichkeit in der Dynamik der einen Wirklichkeit ständig ineinander übergehen und sich neu konstituieren.

Das heißt also: Menschliche Freiheit ist nicht bloß die Einsicht in eine determinierende Notwendigkeit oder die Akzeptanz des Pluralen in einem nicht-absoluten Pluralismus der Wahrheiten. Sie ist gleich gar nicht die ungezügelte individualistische

[37] *M.v.Brück*, Einheit der Wirklichkeit, München 1987, 297ff.

Handlungsweise, die im individuellen Bereich sozial-zerstörerisch und auf kollektiver Ebene ökologisch-zerstörerisch wirkt. Freiheit ist vielmehr das Gewahrwerden des Lebensgrundes und das Leben im Rhythmus mit dem Einen. Freiheit ist die Überwindung der aus dem Ich aufsteigenden Dualismen (der Begierden, Zwänge, Projektionen usw.), etwas poetisch gesprochen: das Sich-Einschwingen in die perichoretische Liebe Gottes.

Menschliche Freiheit ist damit Teilhabe an Gottes Freiheit. Der aus der Geistwirklichkeit und in der Einheit der Wirklichkeit verwurzelte frei handelnde Mensch steht ja in einer nicht-dualistischen Beziehung zum Universum. Er weiß sich als Moment an dessen Geschichte und kann darum bewußt, d. h. in höchstmöglicher integraler Zielsetzung, Verwirklichungsgestalt der Einheit der Wirklichkeit werden. Seine Identität gründet im Ganzen, und sein Handeln ist darum natürlich auf *kosmische Solidarität* hin ausgerichtet – nicht als Imperativ, sondern *als Vollzug des Indikativs seines Seins.*[38] Er bildet nicht mehr einen „kleinen Gegenkosmos" seiner Egozentrizität, die er dann durch Mißbrauch der Freiheit *gegen* den universalen Zusammenhang beständig neu erproben und stärken müßte. Jede Erkenntnis oder jede Tat wäre dann nicht ihrer einmaligen Eigengestalt beraubt, wenn sie in diesem dynamischen Geschehen, das sowohl die Absolutheit als auch die Nicht-Absolutheit der Konkretion transzendiert, auf das Ganze verweist. Man könnte diesen Gedanken im Sinne einer Applikation des buddhistischen *sunyata*-Begriffs auf die Pluralismus-Debatte hin entwickeln.

4. Der nicht-dualistische oder ganzheitliche Zusammenhang verlangt, daß die transformative Erfahrung nicht individuell beschränkt bleibt, sondern sich im gemeinschaftlichen Leben mit allen Lebewesen, also im kosmischen Horizont, verwirklicht. So ist auch für Jesus das Reich Gottes eine Wirklichkeit *in und unter uns* (*en hymin*).[39]

Der Egozentrismus, den die Bibel als Sünde bezeichnet, ist die

---

[38] Diesen Gesichtspunkt zu betonen und im interreligiösen Dialog zur Sprache zu bringen entspricht nicht nur einer traditionsimmanenten existentiellen Auslegung der Rechtfertigungslehre, sondern ist sowohl für den individuellen Vollzug der Meditation wie auch den intersubjektiven Dialog entscheidend wichtig. Die Andeutung muß hier genügen.

[39] Lk 17, 21.

grundlegende menschliche Fehlhaltung, aus der Disharmonie erwächst: Der Mensch setzt sein Ego, das durch Aus- und Abgrenzung nach Selbstbehauptung strebt, an die Stelle Gottes, anstatt in dem Einen zentriert zu sein und Identität durch Integration zu finden. Dies verhindert im individuellen Erfahrungsbereich die Rezeptivität für tiefere Bewußtseinsstufen und im sozialen Bereich die Bereitschaft zu Liebe und kosmischer Solidarität.

Die christliche Theologie hat oft argumentiert, dies sei unausweichlich, denn der Mensch sei in seinem Sündersein zwar Empfänger, aber nicht Täter des Heils. Man kann dabei aber leicht übersehen, daß der Zwang zur Sünde nur dann besteht, wenn das Ich den Irrtum seiner eingebildeten Eigenexistenz durch Selbstbehauptung ständig neu wiederholen muß, um seine Identität zu wahren. Das Ich hingegen, das sich als Moment an der trinitarischen Perichorese oder der Liebe Gottes begreift, ist im Ganzheitsgrund verwurzelt und hat die Maskerade der Egozentrizität nicht nötig. Damit wäre die Wurzel der Fehlhaltung überwunden. Der christliche Realismus gebietet es zwar, diese Überwindung unter den Bedingungen der Existenz nie als endgültig vollzogen zu behaupten. Aber sie ist ein Weg, der möglich ist, gerade auch indem er immer wieder angefochten wird. Genau dies ist die Neuexistenz im Horizont der Gnade.

Was die Begegnung sowohl mit Hinduismus als auch Buddhismus für für das Christentum zuallererst bedeutet, ist die Begegnung mit diesem Weg der Überwindung, mit direkter Erfahrung der Einheit der Wirklichkeit durch gezielte Übung auf vielfältigen Wegen der Meditation. Diese Übung verändert unsere Wahrnehmung von Wirklichkeit wie die Selbstwahrnehmung. Sie kann den Rahmen für ein Leben in kosmischer Solidarität abgeben, das allmählich im Leben des einzelnen wie ganzer Gruppen Gestalt gewinnen kann.

5. Entsprechende Bewußtseinserfahrungen werden seit Jahrtausenden und in allen Kulturen gemacht. Ihnen zum gesellschaftlich wirksamen Durchbruch zu verhelfen, verlangt den Willen zum Einsatz, auch den Schmerz derer, die Verantwortung verspüren. Willensbildung geschieht in der personalen Bewußtseinsformung wie in der politischen Auseinandersetzung.

Einer der spezifischen Aspekte jüdisch-christlicher Geschichte und Deutung von Geschichte ist die prophetische Tradition.[40] Sie hat bestehende Strukturen, die als sündig und korrupt erkannt wurden, im Lichte des Willens Gottes kritisiert und Partei für die Unterdrückten und Schwachen ergriffen. Hier, so scheint mir, hat christlicher Glaube auf Grund seines heils-theologischen Geschichtsrealismus Entscheidendes in den Dialog mit Hinduismus und Buddhismus einzubringen: Die Erfahrung der letzgültigen Einheit der Wirklichkeit darf nicht vergessen machen, daß die Unwissenheit und Schuldverstrickung der Menschen außerordentlich wirk-lich ist, was zum Beispiel in Indien, aber nicht nur dort, erschreckend häufig verdrängt wird.

Im Sinne der nicht-dualistischen Erkenntnis ist die daraus abzuleitende „kosmische Solidarität" eine tatsächliche Aufgabe für den individuellen wie politischen Alltag.[41] Das mystisch-ganzheitliche wie das prophetisch-politische Bewußtsein werden unter den Bedingungen geschichtlicher Existenz nie ineinander aufgehoben werden können. Wenn alle Phänomene der Welt in Gott gründen und von ihm durchdrungen sind, wie das trinitarische Denken lehrt, muß der Aufschrei des Schmerzes über die faktische Zerrissenheit umso selbstvergessener sein. Wenn das Bewußtsein der Einheit der Wirklichkeit uns prägt, muß die Tat für die Einigung umso mutiger sein. Dieser Realismus ist unaufgebbar. An ihm entscheidet sich die Wahrhaftigkeit des Denkens, sei sie christlich, hinduistisch, buddhistisch oder aus einer Übung der Synthese verschiedener Traditionen inspiriert.

Dies führt uns schließlich auf ein Grundproblem der Spiritualität überhaupt zurück: auf den Primat des Seins vor dem Tun oder des Indikativs vor dem Imperativ. Das Problem tritt in *allen* Religionen (selbstverständlich auch der christlichen) auf, wird aber vom Evangelium her deutlich erkennbar: der *Zwang zur Vollkommenheit*, der immer dann besonders zutage tritt, wenn eine Religion das Geistestraining, die Meditation oder Vervollkommnung des Menschen, mithin die evolutionäre Aufgabe, nur

[40] Damit möchte ich mich allerdings nicht dem auf F. Heiler zurückgehenden und von M. Eliade und anderen ausgearbeiteten Urteil von der klaren Abgrenzung in mystische und prophetische Religion anschließen. Gerade im Blick auf den Buddhismus wird deutlich, daß beide Elemente in unterschiedlichen Phasen der Geschichte und unter verschiedenen Bedingungen religionsprägend waren und sind.

[41] Vgl. *M.v. Brück,* Einheit der Wirklichkeit, 377f.

einseitig betont. Was ich hier Zwang nenne, kann sich psychologisch oder im sozialen Bereich sehr verschieden äußeren, aber immer wird dadurch genau die Gelassenheit unmöglich werden, die notwendig ist, damit der Mensch ganz Empfangender wird und so erst in den Bereich eintreten kann, der den Namen *meditative Versenkung* in die Einheit der Wirklichkeit verdient. Denn Meditation kann man nicht selbst herbeizwingen oder „machen". Die Gelassenheit des bereits Erlösten ist jedenfalls für christliche Spiritualität ein deutliches Kriterium, das gerade auch angesichts der Krisensituation nicht an Bedeutung verliert. Es ist das, was Paulus den Indikativ nennt, der dem Imperativ vorausgeht: Wir *sind* erlöst, und erst auf dieser Grundlage können in uns nicht-egozentrische Motivationen und Handlungsweisen erwachen, nicht umgekehrt. Es ist das alte Problem der Rechtfertigungslehre in hochaktuellem Gewand.

II. Die christologische Frage angesichts der Wahrheitsfrage

Auf der einen Seite hat christliche Theologie die Konkretheit des Christusereignisses, d. h. seine Einmaligkeit in räumlichen und zeitlichen Kategorien zu reflektieren. Auf der anderen Seite hat dieses Ereignis als Heilszusage und -erfahrung universale Bedeutung, woraus folgt, daß es räumlicher und zeitlicher Koordinaten entschränkt sein muß.

Die Tragweite des Heilsangebotes in Christus muß in dem heutigen Horizont der Suche nach ganzheitlichen Lebensmodellen im weltweiten Rahmen neu durchdacht werden. Der universale Heilswille Gottes in Christus kann dabei für die christliche Theologie nicht zur Disposition stehen, denn er folgt aus seiner universalen und bedingungslosen Liebe. Diese Liebe äußert sich konkret, wenn sie wirken will, d. h. für Christen in Jesus Christus und der mit ihm beginnenden Geschichte. Daß sie sich nicht erst dann und nicht nur dort äußert, hat der christliche Glaube schon immer zu denken versucht (z. B. in bezug auf Abraham). Angesichts unserer heutigen erweiterten Wahrnehmung der anderen Religionen, kann und muß dies ausgeweitet werden.

Der Satz *extra ecclesiam nulla salus est* bedarf der Interpretation. Wenn ecclesia auf ihre historisch bedingte und bedingende

Dimension reduziert wird, ist er falsch, denn *salus* wurzelt in der transhistorischen Dimension des Heilswirkens Gottes, das inkarnatorisch vermittelt ist und somit Heilsgewißheit verbürgt, aber nie geschichtlich verfügbar wird – trinitätstheologisch gesprochen: der Vater geht nicht im Sohn auf. Der Heilswille wird zwar historisch greifbar, aber in *kenosis.* Im Namen Jesu ist Heil, aber es ist ein Name, der „über alle Namen ist" (Phil 2,5 ff.), der sich vollkommen des partikularen Anspruchs entäußert hat und nur darum universal sein kann. Im Namen Jesu stirbt das Individuelle den Tod, um zur personalen Kommunion, die in trinitarischer Ganzheit gipfelt, auferweckt zu werden (Joh 16,7).

Deshalb dürfen christologische Aussagen wie etwa der Satz „Jesus ist Herr" nicht exklusiv interpretiert werden, schon gar nicht in Verbindung mit einer triumphalistischen Ekklesiologie. Dieser Herr ist ja der Gekreuzigte (1 Kor 1,23), der den Weg der Selbstentäußerung geht, damit die universale Macht des Geistes über alle Völker offenbar werden kann (Act 2), und zwar so, daß ein jeder die Heilswirklichkeit in seinem je eigenen kulturellen und religiösen Bezug unter seinen jeweils konkreten Sprachbezügen und Namen erfährt. Wenn der Geist – als dritte Person der Trinität – die Konkretheit Jesu entschränkt und universal wirkt, d. h. weht, wo er will, stellt sich aber die Frage nach den Kriterien für die Wahrheit oder Unwahrheit einer spezifischen religiösen Erfahrung und einer entsprechenden Aussage.

Um Klärung in die Wahrheitsfrage zu bringen, müssen wir den philosophisch-erkenntnistheoretischen und den religiösen Wahrheitshorizont unterscheiden. Beide Begriffe spielen für eine interkulturelle Theologie im Dialog der Religionen eine Rolle, aber die beiden Aspekte sind nicht identisch.[42] Ich möchte hier nur auf die religiöse Dimension eingehen.

Die Formulierung der Frage nach der Wahrheit wie auch von Aussagen, die wahr sein sollen, ist an Sprache gebunden. Sprachen treten im Plural auf, Übersetzungen schaffen keine dekkungsgleichen Wahrnehmungs- und Aussage-Situationen. Darüber hinaus sind Sprachen historisch bedingt. Wahrheit ist diesen Bedingungen unterworfen. Darum ist die Unterscheidung

---

[42] Für Einzelheiten verweise ich auf: *M.v.Brück,* Wahrheit und Toleranz im Dialog der Religionen, in: Dialog der Religionen 1/1993, München 1993 (im Druck).

wahrer und unwahrer Aussagen auch ein hermeneutisches Problem, das sich im Konsensus einer hermeneutischen Gemeinschaft stellt. Diese Gemeinschaft wandelt sich. Heute ist sie im Prinzip weltweit interkulturell und umgreift mehrere hermeneutische Subzusammenhänge. Es gibt keine interkulturelle Sprache, die konsensfähig wäre, es sei denn man reduziert das Auszusagende für eingegrenzte Zwecke auf abstrahierende Formeln, wie z. B. in der Mathematik oder in den Naturwissenschaften. Damit läßt sich aber nicht die Komplexität des Lebens und gleich gar nicht die Frage nach dem Sinn und/oder Heil des Menschen beantworten. Die menschliche – und zugespitzt – religiöse Frage nach der Wahrheit ist geschichtlich vermittelt, weil der Mensch ein geschichtliches Wesen ist. Sie kann sich also nur an einem geschichtlich-relativen Bezugshorizont kristallisieren, der traditionsimmanent absolut gesetzt werden kann (indem man z. B. Offenbarung als Erkenntnismittel einführt), was aber auf Grund eben der Geschichtlichkeit, die die Verläßlichkeit verbürgen soll, nicht über den jeweiligen geschichtlichen Rahmen hinaus vermittelbar ist. Eine in bestimmter Wahrheit lebende und wahre Formulierungen verbürgende Traditionsgemeinschaft wird gerade dadurch zur relativ kohärenten Gemeinschaft, daß sie geschichtlich partikular ist. Das ist das Dilemma. Wie läßt sich dann aber die Dimension der Verläßlichkeit bei der Erkenntnis von Wahrheit durchhalten, wenn andere Wahrheitsmodelle am eigenen Erkenntnishorizont auftauchen?

Die religiöse Dimension der Wahrheit betrifft nicht einen theoretischen Sachverhalt, sondern die Treue und Verläßlichkeit der Wirklichkeit, die Gewißheit, daß es so ist, wie es ist, und daß eben dieses Sosein gut ist. Christlich gesprochen: „Wahrheit Gottes“ ist nicht zuerst eine adäquate Aussage über das gegenständlich vorgestellte Wesen Gottes, sondern – als *genitivus subjectivus* – die Selbstäußerung Gottes, in Beständigkeit und Treue sich so zu äußern, wie er selbst ist. Die Treue und Verläßlichkeit Gottes ist seine Wahrheit. Sich in Beständigkeit und Treue wahrhaftig zu äußern, also sich anderem unverhüllt zuzuwenden, ist aber das Charakteristikum der Liebe. So hängen Wahrheit und Liebe miteinander zusammen.

Interessant ist ein sprachlicher Vergleich zwischen dem Griechischen und dem Sanskrit.[43] Griechisch heißt Wahrheit *aletheia*, das von *lanthano*, verbergen, kommt und mit dem a-privativum verneint ist. Aletheia ist also das Aufdecken, das Entbergen: da ist ein Bewußtsein, das die Dinge enthüllt. Das Bewußtsein spiegelt die Dinge in sich selbst. Gelingt die Spiegelung, besteht also Kongruenz zwischen der Wirklichkeit und dem Abbild im Denken, herrscht Wahrheit. Die vielen einzelnen Gedanken und Begriffe, die seienden Dinge, haben Anteil an der Wahrheit des Einen, am zugrundeliegenden Sein. Das Sein selbst (*einai*) und die Seinenden (*onta*) gehen sprachlich auf dieselbe Wurzel zurück. Nicht so im Sanskrit. Wahrheit ist *satya*, eine Ableitung von *sat*, Sein. Das eine Sein ist, wie es ist, und dieses Sosein ist Wahrheit. Vollkommene Einheit herrscht hier. Die Vielheit der Dinge, die einzelnen Wesen und auch deren Reflektion in Begriffen und Gedanken, werden mit einer ganz anderen Sprachwurzel benannt, sie sind die *bhutani*, abgeleitet von der Wurzel *bhu*. Wahrheit ist das So-Sein, das Sein-lassen des einen Seins. Und das ist eine ganz andere Erkenntnisebene als die Ansammlung von Wissen über die einzelnen Dinge der Welt. Wenn wir dies beziehen auf das oben dargestellte System des indischen Kashmir-Saivismus, so heißt dies: Nur Gott *Siva* ist wahr, die Welt der Vielheit ist nur wahr, indem sie ein Aspekt der Dynamik Sivas ist.

Wahrheit wird im religiösen Sinne also nicht nur eine Frage nach der Kongruenz von einer beschreibbaren Wahrnehmung und einer Behauptung über diese Wahrnehmung oder Aspekte derselben sein, sondern Wahrheit auf dem Hintergrund und nach Maßgaben einer religiösen Tradition existentiell verwirklicht. Dazu gehört die Anschauung im Symbol, das Wahrnehmungen in einem einheitlichen Zusammenhang deutet so wie die Vergegenwärtigung dieses Sinnzusammenhanges im Kult. Im sittlichen Handeln nach absoluten Kriterien bindet sich der Mensch individuell wie in der Gemeinschaft in diesen Zusammenhang ein, d. h. ein bestimmtes Handeln wird im Gegensatz zu anderem Handeln „wahr“. Im Dialog mit Hinduismus und Buddhismus ist aber diese Realisierung noch auf einer anderen

---

[43] Vgl. *R. Panikkar,* Kultmysterium in Hinduismus und Christentum, München 1964, 127 f.

Ebene als dem primären Bezugsrahmen für jede Unterscheidung von wahr/unwahr angesiedelt: *dem Erwachen zu einem das Ich transzendierenden Bewußtsein.* Beide Religionen gebrauchen für diesen Sachverhalt je nach spezifischer Tradition oder um bestimmte Aspekte hervorzuheben unterschiedliche Begriffe: Einsicht, Klarblick, Durchbruch, Befreiung (*moksa*), Wesensschau usw. Entscheidend ist, daß Wahrheit in diesem Zusammenhang nicht bedeutet, irgendetwas zu wissen, sondern etwas zu *werden.* So heißt es in den Upanisaden wiederholt: Wer *brahman* erkennt, wird *brahman.* Erkennen, wahre *gnosis,* ist ein Schöpfungsakt; Erkennen und Liebesvereinigung sind wesenseins.

Für diese Dimension der Realisierung von Wahrheit möchte ich nur ein Beispiel aus der christlichen Tradition anführen, das „Büchlein von der Wahrheit" des Konstanzer Mystikers Heinrich Seuse von 1327.[44] Die Wahrheit erscheint ihm als himmlische Stimme, als Person und belehrende Partnerin, in die der Mystiker schließlich eingeht. Das Sich-lassen ist ein Verlieren des Ich, ein Loslassen also auch der konventionellen intellektuellen Unterscheidungen. Die äußere Schale verschwindet, aber das Wesen des Menschen bleibt. Die Wahrheit kann in Begriffen nicht erkannt werden, denn in ihr fallen die Gegensätze zusammen. Gott *ist* die Wahrheit, und da in Gott – wie Nikolaus von Kues formuliert – die Gegensätze zusammenfallen (*coincidentia oppositorum*), kann Wahrheit nicht gleichbedeutend mit menschlichem Erkennen sein. Sie gipfelt im Nichtwissen, das aber nicht die Abwesenheit von Wissen ist, sondern die Transzendierung der Relativität von Nichtwissen und Wissen, d. h. nichts anderes als die höchste Erfahrung des seligen Seins in voller Bewußtheit. Wollte man den letzten Satz in Sanskrit-Kategorien ausdrücken, hätte man die berühmte *saccidananda*-Formel (Sein-Bewußtsein-Seligkeit), in der für den Hindu die Wahrheit (*satya*) und verläßliche Seligkeit der Wirklichkeit zusammengefaßt ist.

Wahrheit ist unaussprechlich. Für den Mystiker Seuse bedeutet das gerade nicht, daß sie unzugänglich wäre. Der Glaubende ist vielmehr in seinem Lebensvollzug von ihr umfangen, er ist *in* der Wahrheit:

---

[44] *H. Seuse,* Deutsche mystische Schriften (Hg. Georg Hofmann), Düsseldorf 1966, 331–362.

„Er übt Gemeinschaft mit den Leuten, ohne ihr Bild in sich zu prägen, erweist Liebe, ohne an ihnen zu hängen, und Mitleiden, ohne sich zu sorgen in rechter Freiheit.“ (361)

Die Frage, ob es dann keine theologischen Lehrmeinungen mehr geben könne, d. h. keine theoretisch formulierbaren Unterschiede im Meinen und Glauben, beantwortet Seuse so:

„Solange der Mensch Mensch bleibt, gelangt er nicht über Meinen und Glauben hinaus; ist er aber, losgelöst von sich, versunken in das, was da ist, so besitzt er ein Wissen aller Wahrheit, denn seiner selbst entsunken, steht er dann in der Wahrheit selbst.“ (362)

Das ist jetzt schon möglich, in selbstvergessener Gelassenheit, im Sich-Lassen in Gott. Das bedeutet auch, seine Lehrmeinungen und Hilfsvorstellungen letztlich in Gott zu lassen, nicht aus ängstlichem Verzicht, sondern aus wahrer Erfahrung.

Wer in der Wahrheit ist, streitet also nicht, noch ist er rechthaberisch, noch muß er seine Identität behaupten. Er liebt ohne Bedingung.

Die von Seuse beschriebene Erfahrung kann als letztgültiger Horizont der Wahrheit gelten, von dem ein relativer Horizont der Wahrheitsfindung unter den Bedingungen menschlicher Existenz unterschieden werden muß. Die hinduistische wie buddhistische Unterscheidung zweier Wahrheitseben, der absoluten (*paramarthika*) und der relativen (*vyavaharika* bzw. *samvrti*) ist hier hilfreich. Unter dem absoluten Gesichtspunkt der vollkommenen Einheit, also des vollzogenen Heilsweges, fallen alle Gegensätze zusammen (*coincidentia oppositorum*), weshalb auf dieser Ebene propositionale Wahrheitskriterien oder -elemente transzendiert sind. Unter dem relativen Gesichtspunkt der relativen Unterscheidungen, die auf dem zu gehenden Heilsweg notwendig sind, ist die Trennung von „wahr“ und „falsch“ unerläßlich, und im Dialog darf und muß apologetisch zumindest um das jeweils Bessere oder Tragfähigere gerungen werden. Dies führt nicht notwendig zu verhärtender Abgrenzung oder Fragmentierung, wenn die möglichen relativen Entscheidungen und Wahrheitshorizonte immer unter der Klammer der Unverfügbarkeit der absoluten Ebene stehen.

Was folgt daraus konkret, und was ist im Dialog das benennbare Kriterium für Wahrheit? Es kann zunächst nur traditionsimmanent bestimmt werden: Für einen Christen ist Jesus Christus der letztgültige Maßstab seiner Orientierung, für einen Hindu – je nach Tradition – der jeweilige Offenbarungstext, für einen Buddhisten der Buddha bzw. der von ihm gewiesene Heilsweg, der durch eigene Erfahrung Bestätigung findet. Angesichts der Relativität, die unter dem Horizont der transzendierenden Erfahrung des Ganzen, die alle Traditionen in verschiedener Weise als Überschreitung letzter Gültigkeit jeder möglichen menschlichen Kategorialität beschreiben, in Relationalität übergeht, bedeutet dies aber nicht Abgrenzung, sondern gemeinsames Gehen auf dem Weg der Wahrheitssuche. Dies ist nicht nur möglich, sondern geboten auf dem Hintergrund der gemeinsamen Menschlichkeit (Geschöpflichkeit, Buddha-Natur usw.) aller Menschen.

Wie beziehen wir nun Wahrheit, Wahrhaftigkeit und die unterschiedlichen Heilserfahrungen und Heilswege, die wir beschrieben hatten, so aufeinander, daß der christliche Weg und Heilshorizont durch die hinduistischen wie buddhistischen Dimensionen erhellt, vielleicht auch vertieft werden kann? Ich möchte dies nicht abstrakt erörtern, sondern zwei Problemkreise ansprechen: die Praxis östlicher Wege (Yoga, Zen usw.) durch Christen im besonderen und die Frage der Inkulturation traditionsgeprägter Begriffe, Werte und Strukturen im allgemeinen.

III. Die Praxis östlicher Wege durch Christen

Die interreligiöse Begegnung, vor allem mit Asien, hat unbestreitbar zu einem neuen Interesse an christlicher Mystik geführt. Das ist zu begrüßen, weil damit eine einseitig intellektualistische Rezeption des christlichen Erbes korrigiert werden kann. Dennoch ist ein Problem damit verbunden: Die Kenntnis mystischer Schriften ist nicht die Praxis der mystischen Dimension, die Meinung, man selbst habe dies auch in der eigenen Geschichte, ersetzt nicht die eigene Übung und Erfahrung.

Den christlichen Meistern begegnen wir oft nur in Büchern, den asiatischen Übungswegen (hoffentlich) in authentisch gelebter Tradition, deren Fremdheit aus verschiedenen Gründen die Motivation zur Praxis nicht selten verstärkt. Die mündliche spirituelle Überlieferung ist gegenüber der schriftlichen primär. Die östlichen Religionen treten also, wo sie transformativ wirken und nicht nur intellektuelle Neugier erwecken, in Gestalt von Personen auf. Das will nicht heißen, daß es keine kompetenten christlichen Lehrer gebe, die nicht nur in Meditations- sondern in Lebensübung einführen könnten. Sie werden aber als solche kaum wahrgenommen, und die Aggressionen gegen das eigene Glaubenssystem, die oft aus Kindheitstraumata stammen (Heuchelei im Elternhaus, in der Kirche usw.), sind so gravierend, daß der notwendige Vertrauensvorschuß oft nicht erbracht werden kann. Der Weg über die Begegnung mit dem Fremden, das unzureichend bekannt ist und selektiv wahrgenommen wird, oft auch nur als Projektionswand dient, hat in diesem Sinne eine sehr wichtige kathartische Funktion. Das ist ein nicht zu unterschätzender Aspekt der interreligiösen Begegnung überhaupt.

Zwei Grundhaltungen durchdringen offenbar mehr oder weniger Lebensbezüge: die Haltung des Seins und die des Habens (Erich Fromm). Auch und gerade in der Spiritualität ist das ein Problem, das im Buddhismus unter dem Stichwort des Nicht-Anhaftens, im Christentum vor allem im Zusammenhang mit der Gnade erörtert wird.

Die spirituelle Erfahrung kann, was auch immer ihr Inhalt ist, zum Besitz werden, den das Ich für sich reklamiert. Um hier einen Riegel vorzuschieben, spricht das Christentum von Gnade und der Buddhismus von Nicht-Ich. Natürlich sind beide Begriffe in einem metaphysisch völlig unterschiedlichen Beziehungsfeld entstanden. Ihre psychologische Bedeutung für die Übungspraxis ist aber durchaus vergleichbar. Auf Grund der Praxis kann somit der Dialog zweier unterschiedlicher Begriffssysteme in Gang kommen, während eine rein begriffsgeschichtliche Analyse nur die Unvergleichbarkeit der beiden Vorstellungen verbuchen könnte. Hier wird der Dialog konkret und die oben entwickelte Hermeneutik der im Prozeß der gegenseitigen Wahrnehmung entstehenden Sprache des Dialogs wird wichtig.

Gelegentlich hat man eine Typologisierung vorgeschlagen, in der vor allem der buddhistische Heilsweg auf die erlösende *Erkenntnis* (die Einsicht in die Nicht-Substantialität als Inbegriff des *nirvana*) abziele, während die abrahamitischen Religionen an den *Willen* des Menschen (der Dekalog als Inbegriff des Bundes zwischen Gott und Mensch) appellierten. Auf dem hier zu beschreibenden Weg der Praxis ist es aber unergiebig, die östlichen Wege als Erfahrungswege zu beschreiben, die im Sich-Lassen gipfeln, während die abrahamitischen Religionen an den Willen appellierten, der im Gehorsam gegenüber Gott seine Bestimmung fände. Man muß ja viel genauer fragen, *was* gelassen wird und *inwiefern* Gehorsam möglich ist. Was wäre das Subjekt des Gehorsams, auch des Glaubens? Die christliche Mystik eines Eckart oder Seuse jedenfalls findet hier zu einer zweifelsfrei nicht-dualistischen Sprache, die ohne allzu große Schwierigkeit in hinduistische oder buddhistische Begrifflichkeit übersetzt werden kann, wobei auch das Umgekehrte gilt. Die Anspannung und das Loslassen, die Aktivität und die Passivität, das Streben und das Geschehenlassen sind Kräfte, die in Harmonie gebracht werden müssen, damit sich wahres Loslassen ereignet. Das weiß der Zen-Übende ebenso wie der erfahrene Beter.

IV. Probleme der Inkulturation

1. Sprituelle Wege sind nicht abgeschlossen. Die Übung hört nicht auf, sonst ist der geistige Tod vorgezeichnet, der sich dann meist in Ich-Inflation ausdrückt. Es besteht eine Gefahr, daß dies nicht hinreichend beachtet wird. Meditationsübungen erscheinen dann entweder als zweckgebundene Therapieform oder als Variante olympischer Selbstglorifizierung. Statt „schneller, weiter, höher“ heißt es dann nur „vollkommener, erfahrener, tiefer“, und der Ehrgeiz, den anderen übertrumpfen zu wollen, macht sich in spirituellem Konsum bzw. „spirituellem Materialismus“ (Chögyam Trungpa) Luft.

2. Buddhistische und hinduistische Spritualität strebt nach Erfahrung des letzten Grundes. Dabei darf nicht vergessen werden, daß es vor-letztgültige Ebenen der psychischen und sozialen Beziehungen gibt, die ebenfalls der Läuterung bedürfen. Probleme des Herzens, emotionale Verspannungen, menschliches Leid können und dürfen nicht einfach ausgeatmet werden. Hier werden die westlichen und letztlich durch die christliche Tradition vermittelten Menschenbilder und Therapiemodelle auch für die Übung östlicher Wege relevant. Auch im Zen gibt es subtile Übungen, mit diesen Bereichen – etwa im Klosteralltag in der Ar-

beit, in der Kunst – umzugehen, was bei der Inkulturation des Zen in europäische Verhältnisse selten Beachtung findet. Wir müssen entsprechende Äquivalente für die Übung der psychosozialen und emotionalen Bereiche aus und in unserem Alltag finden.

Denn wenn nicht nur für den Christen, sondern etwa auch für den Buddhisten auf der Grundlage von *prajna* und *karuna* Wahrheit und Liebe identisch sind, dann ist die authentische Wahrheitssuche diejenige, die das Wohl-sein des anderen erlaubt und fördert. Die authentische Form der Suche nach Wahrheit wäre dann ein Festhalten an der Wahrheit in der individuellen wie gesellschaftlichen Lebenspraxis, *satyagraha* (Gandhi) also, die jeweils traditionsspezifisch begründet ist, jeden anderen Wahrheitshorizont aber unbedingt liebend mit einschließt. Die nach Wahrheit im Konsens suchende Gruppe, also die hermeneutische Gemeinschaft, kann heute nur die gesamte eine Menschheit sein, dazu zählen Hindus, Buddhisten und Christen in gleicher Weise. Die Identität, die sich traditionsimmanent bildet und immer wieder neu an daraus abgeleiteten Wahrheitskriterien in Frage stellt, wird nicht abgelöst, sondern ergänzt durch eine Identität, die im Vollzug der Gemeinschaft mit Menschen, die ihre religiöse Identität primär aus anderen Traditionslinien ableiten, in Lebenspraxis, spiritueller Übung und philosophischem Diskurs jeweils neu gefunden wird. Identitäten sind nicht statisch, sondern bilden sich ständig neu. Verschiedene Identitätsebenen – wie die der traditionsimmanenten und der interreligiösdialogischen – durchdringen einander, aber sie sind nicht identisch. Toleranz aus Wissen und Gewißheit, nicht aus Gleichgültigkeit, Unwissen und Ungewißheit, ist für die dialogische gegenseitige Befruchtung der Heilswege, -kriterien und -erfahrungen notwendig. Und diese demütige Toleranz hat ihre Wurzel in der spirituellen Erfahrung selbst, nirgends sonst.

Aus diesen Erwägungen legt sich die Konsequenz nahe, daß es keine vereinheitlichte spirituelle Kultur der Menschheit geben kann. Religionen als Heilswege werden auch in Zukunft unterschiedlich bleiben, so wie die Sprachen der Menschheit nicht einfach ineinander aufgelöst werden können. Jede Sprache und Religion erzeugt ihr eigenes Spektrum der Wahrnehmung, das die Frage nach dem Menschsein, mithin also auch die Frage nach der religiösen Dimension der Wahrheit, aus je unterschiedlicher Perspektive in den Blick nimmt. Religionen sind Wahrnehmungsweisen von Wirklichkeit. Im dialogischen Geschehen sich vollziehende Synthesen – und jedes gelungene Verstehen ist bereits eine solche – können neue, vertiefte, andere Wahrnehmungsweisen ergeben, aber sie reproduzieren nicht einfach den Modus der Vergangenheit.

In der Vergangenheit haben Kulturen, Sprachen, Religionen, Methoden einander durchdrungen und kreative Synthesen erzeugt. So ist es auch heute. Erfahrungen können einander spiegeln oder gegenseitig einen Resonanzraum eröffnen, in dem neue und noch nie gehörte Obertöne hörbar werden. Das ist eine Erfahrung von Vertiefung. Vertiefung bedeutet, in der Ver-Tiefung das immer wieder Festgehaltene, die Position des Habens, loszulassen und in die Bewegung des Gehens zu kommen. Das ist Ursprung, Ziel und Weg der interreligiösen Begegnung, ein Weg des unbedingten Vertrauens, der kein Ende hat.

Ich möchte dies unterstreichen und schließen mit einigen Versen aus der Kena Upanisad II,1–3:[45]

Wenn du meinst, du kennst es gut,
so kennst du nur einen kleinen Teil,
einen Aspekt des *brahman*,
was in dir und in den Göttern ist.
Das, was du zu wissen meinst,
mußt du noch erforschen!
...
Von wem es nicht gedacht ist, der denkt es,
wer darüber nachdenkt, der kennt es nicht!
Nicht verstanden von den Wissenden,
verstanden von den Nichtwissenden!

Wer es durch Erleuchtung kennt, weiß es,
und wahrlich, er findet die Unsterblichkeit...

[45] Übersetzung von *B. Bäumer*, Upanishaden. Befreiung zum Sein, Zürich 1986.

III

Wegleitung Gottes oder Erlösung durch Christus?

Zum Heilsverständnis und Geltungsanspruch von Christentum und Islam

Von Hans Zirker

Der Widerspruch des Islam gegen das Christentum hat eine formale und eine inhaltliche Seite: Formal richtet er sich in erster Linie gegen die Überzeugung, daß mit der Geschichte Jesu von Nazaret Gottes Offenbarung endgültig und universal geworden sei [1], inhaltlich vor allem gegen das Verständnis der Offenbarung Gottes als Erlösung – auch wenn sich der Protest zunächst deutlicher vernehmbar und massiver an dem christologischen Bekenntnis zu Jesus als dem „Sohn Gottes“ [2] und an der trinitarischen Theologie entzündet.

In solchem Gegensatz erweist sich der Islam nicht nur als ein Element der nachchristlichen Religionsgeschichte, sondern auch als ein bedeutsamer Faktor der Wirkungsgeschichte des Christentums selbst, der nicht einfach damit marginalisiert werden kann, daß man darlegt, wie unzulänglich Mohammed informiert gewesen und welchen Irrtümern er gegenüber dem christlichen Glauben erlegen sei. [3] Deshalb verdient der Islam bei der Erörterung der christlichen Soteriologie angesichts der nichtchristlichen Religionen betonte Aufmerksamkeit.

---

1 Dies ist das vorrangige Thema meines Buchs Christentum und Islam. Theologische Verwandtschaft und Konkurrenz, Düsseldorf ²1992; vgl. auch meinen Beitrag Geschichtliche Offenbarung und Endgültigkeitsansprüche. Voraussetzungen des Fundamentalismus in Christentum und Islam, in: *J. Werbick* (Hg.), Offenbarungsanspruch und fundamentalistische Versuchung, Freiburg 1991, 161–186.

2 Vgl. *G. Riße*, Gott ist Christus, der Sohn der Maria. Eine Studie zum Christusbild im Koran, Bonn 1989.

3 Vgl. dazu meinen Aufsatz Die Mißachtung der Nachgeschichte: Islam aus dem Blickwinkel jüdisch-christlicher Tradition, in: ZMR 76, 1992, 16–32.

1. Die globale Abwehr einer „Erlösungs"theologie im Islam

Daß sich der Islam entschieden gegen die Vorstellung einer „Erlösung" ausspricht, kann angesichts seiner sonstigen Nähe zu den biblischen Religionen zunächst als ein erstaunlicher Tatbestand anmuten.[4] „Es scheint, daß der Islam [...] keine Notwendigkeit für Erlösung sah und deshalb diesen Begriff nicht entwickelte – weder zu seinem Beginn im Koran noch in seiner späteren Theologie wie z. B. in al-Ghazâlîs Schriften."[5] Ihm ist der christlich-theologische „Zweck der Sendung des Gottessohnes, nämlich die Erlösung der Menschheit, die durch die Sünde der Stammeltern ins Unglück gestürzt worden war, eine unbegreifliche, unannehmbare Sache"[6], „ganz besonders widersinnig und unannehmbar"[7], „ein Hohn auf Gottes Majestät"[8] – letztlich aber ganz schlicht „nicht notwendig"[9]. Denn: „Der Mensch ist nach islamischem Verständnis nicht von seiner Natur und seinem Wesen her mit der Last der Sünde behaftet, etwa mit der Erbsünde, gleichgültig wie man diese auch immer interpretieren mag. Daher fehlt die Idee der Erlösung davon gänzlich."[10]

---

[4] Die religionswissenschaftliche Zusammenstellung einer eigenen Gruppe von „Erlösungsreligionen" ist so unscharf, daß dabei meistens nicht deutlich zu entscheiden ist, ob der Islam hinzugerechnet wird oder nicht. Vgl. *C. Colpe*, Erlösungsreligion, in: Handb. rel.wiss. Grundbegr. II, 323–329; *G. Lanczkowski*, Heil und Erlösung I: Religionsgeschichtlich, in: TRE 14, 605–609. Nach der wenig brauchbaren Definition *Max Webers* wären „›*Erlösung*‹-Religionen" all diejenigen, „welche ihren Anhängern die Befreiung vom *Leiden* in Aussicht stellten. [...] Statt des durch Orgie oder Askese oder Kontemplation akut und außeralltäglich, also: vorübergehend, erlangten Zustandes sollte ein heiliger und deshalb des Heils versichernder Dauerhabitus der Erlösten erreicht werden: dies war, abstrakt ausgedrückt, das rationale Ziel der Erlösungsreligion." (Die Wirtschaftsethik der Weltreligionen, in: *Ders.*, Gesammelte Aufsätze zur Religionssoziologie, Bd. 1, Tübingen [9]1989 [= Nachdr. von [1]1920], 237–573, hier 540 f).

[5] *H. Lazarus-Yaveh*, Some religious aspects of Islam, Leiden 1981, 40–57 (mit Anmerkungen S. 146–148): Is there a concept of redemption in Islam?, hier 57 (eigene Übersetzung); vgl. *A. Th. Khoury*, Heilsvorstellungen im Islam, in: *Ders. / P. Hünermann (Hg.)*, Was ist Erlösung? Die Antwort der Weltreligionen, Freiburg 1985, 91–109; *S. Riedel*, Sünde und Versöhnung in Koran und Bibel. Herausforderung zum Gespräch, Erlangen 1987; *H. Zirker*, Das Heil des Menschen im Islam, in: GuL 63, 1990, 293–304.

[6] *H. Stieglecker*, Die Glaubenslehren des Islam, Paderborn [2]1983, 303.

[7] Ebd. 312.

[8] Ebd. 314.

[9] Ebd. 315.

[10] *A. Falaturi*, Die islamischen Glaubensrichtungen aus religionsphilosophischer Sicht, in: *A. Halder u. a. (Hg.)*, Religionsphilosophie heute. Chancen und Bedeutung in Philosophie und Theologie, Düsseldorf 1989, 195–224, hier 199.

Über alle einzelnen theologisch-argumentativen Gegengründe hinaus sieht der Islam den „schlagenden Beweis“ gegen den Erlösungsglauben schon in der empirisch faßbaren *Konstanz der Verhältnisse unserer Welt*: daß nämlich „durch das Geschehen auf dem Kalvarienberg in der Menschheit nichts anders, nichts besser geworden ist“ [11]. Damit trifft sich in diesem Punkt die muslimische Ablehnung des Erlösungsglaubens mit der *jüdischen Bestreitung*, daß Jesus der *Messias* gewesen sei. Wenn der Islam dennoch – im Anschluß an den Koran – Jesus durchweg al-masîḥ, den Messias, nennt, so ist dies nur noch ein Namensgebrauch ohne irgendeine erkennbare inhaltliche Bedeutung [12] – ein scheinbar geringfügiges, aber dennoch schwerwiegendes Symptom für einen traditionsgeschichtlichen Zusammenhang und radikalen theologischen Bruch an ein und derselben Stelle.

Da der Islam seinen Glauben prinzipiell mit der Verkündigung der Propheten Israels, darunter vor allem der von Mose und Jesus, voll identifiziert [13], muß er die biblischen Grundlagen einer Erlösungstheologie als spätere „Verfälschungen“ ausgeben. Im Blick auf das Christentum machen muslimische Theologen dafür bis heute in erster Linie Paulus haftbar, der die lautere Botschaft Jesu mit Entlehnungen aus jüdischer und griechisch-heidnischer Welt vermengt und so nach seinem eigenen Ermessen eine neue Religion geschaffen habe. [14]

Auf dem Hintergrund solcher polemischer Vereinfachungen,

---

[11] *Stieglecker* (s. Anm. 6), 316.

[12] Vgl. *A. J. Wensinck (C.E. Bosworth)*, Al-Masîḥ, in: EI²VI, 726 (versehentlich werden hier die Suren, in denen dieses Wort zuerst vorkommt, als mekkanisch statt medinensisch bezeichnet). – Da al-masîḥ nur noch Namenselement ist, findet man in islamischer Literatur gelegentlich zur Bezeichnung der biblischen Rolle des „Messias“ die besondere Arabisierung „al-masiyyâ“ (vgl. etwa *J. Slomp*, Das „Barnabasevangelium“, in: Cibedo-Texte, Nr. 14, 15. 3. 1982, 5; Ṣ. al-‘Ağmâwî, ğawhar al-îmân fî ṣaḥîḥ al-adyân. ahl al-kitâb [Das Wesen des Glaubens im echten Bestand der Religionen. Die Leute der Schrift], Bd. 2: naṣrâniyya ‘îsâ fî t-tawrâh wa-l-inğîl wa-l-qur’ân wa-masîḥiyyat bûlus fî l-kitâb al-muqaddas [Das Christentum Jesu in der Tora, dem Evangelium und dem Koran und das Christentum des Paulus in der Bibel], Kairo 1409 / 1989, 102. 104).

[13] Erstaunlicherweise bezieht sich der Koran dabei jedoch nie auf die biblischen ‚Schriftpropheten‘ (mit Ausnahme des Jonas).

[14] Vgl. z. B. *al-‘Agmâwî* (s. Anm. 12), etwa 149, mit der Rückführung der paulinischen Theologie auf Philosopheme „verschiedener fremder Kulturen, darunter die jüdische, die Mithrasreligion, die alexandrinischen Glaubenslehren“ (eigene Übersetzung); s. auch *A. Th. Khoury / L. Hagemann*, Christentum und Christen im Denken zeitgenössischer Muslime, Altenberge 1986, 90–108: Die paulinischen Überlieferungen.

denen man leicht mannigfache Unkenntnis nachweisen kann, mag es zunächst als naheliegend erscheinen, die muslimische Bestreitung des christlichen Erlösungsglaubens zwar für religionsgeschichtlich beachtenswert, aber für theologisch zu oberflächlich zu halten, als daß man sich ernsthaft damit befassen müßte. Doch geht der erhebliche Widerstand des Islam nicht von diesen sekundären apologetischen Kontroversen aus, sondern von seiner originären Sicht der Welt und des Menschen, die ihre innere Konsistenz und ihren eigenen respektablen Charakter hat.

2. *Das muslimische Verständnis von Heil und Unheil*

a. Die Welt der Menschen als die gute Schöpfung Gottes

Die Einsicht, daß ‚unsere Welt nicht in Ordnung ist', drängt sich uns schon mit den täglichen Nachrichten massiv und unausweichlich auf – unabhängig von allen besonderen Perspektiven und Deutungen, die die Religionen dabei noch nahelegen mögen. Und doch kann schon diese Redeweise erhebliche Differenzen verdecken: Sie spricht das Unheil einem uns global umgreifenden Raum zu; das Übel liegt dann unserem Handeln immer schon voraus und reicht weiter als unser jeweiliges Vermögen, etwas zu ändern; wir sind schon Betroffene, bevor wir selbst eingreifen können; wir sehen uns einer Übermacht an Ruinösem gegenüber und erfahren uns als überfordert.

Demgegenüber betont der Islam, daß das Unheil nicht im weiten Horizont „der Welt" zu sehen sei, sondern allein im unmittelbaren Verfügungsbereich der einzelnen Menschen. Was darüber hinausgeht, ist Gottes Werk, aus seiner überlegenen Macht gut erschaffen, von seinem ständigen direkten Wirken erhalten, für alle Zeiten unbeeinträchtigt von dem, was die Menschen an Bösem anrichten mögen. „Du kannst an der Schöpfung des Barmherzigen kein Mißverhältnis sehen. Wende deinen Blick um: Siehst du einen Mangel? Dann sieh dich noch zweimal um! Der Blick kehrt zu dir beschämt und ermüdet zurück." (Sure 67,3 f).

Selbstverständlich kann es hier dann auch nicht den geringsten Ansatzpunkt geben für kosmische Perspektiven, wie sie Paulus im Römerbrief anspricht: „Auch die Schöpfung soll von der

Sklaverei und Verlorenheit befreit werden [...]. Denn wir wissen, daß die gesamte Schöpfung bis zum heutigen Tage seufzt [...]" (Röm 8,21 f). Eine so weit gefaßte Störung müßte für den Islam neben den Geschöpfen auch den Schöpfer fraglich werden lassen; doch: „Er wird nicht gefragt über das, was er tut; sie aber werden gefragt." (Sure 21,23). Deshalb muß sich unser Blick im folgenden ganz auf die islamische Anthropologie beschränken.

b. Die individuellen und sozialen Verirrungen

Die Botschaft Mohammeds war von Anfang an darauf ausgerichtet, den Menschen ihre unmittelbare Verantwortung für die bei ihnen herrschenden Verhältnisse vor Augen zu stellen. Unter der Androhung des Gerichts rief der Prophet die Bewohner der Handelsstadt Mekka auf, die Maßstäbe ihres Lebens, vor allem ihr Verhalten gegenüber den Ohnmächtigen zu ändern – etwa mit den wenigen Worten der Sure 107 (die den Namen „al-mâ'ûn" – „Die Unterstützung" – trägt): „Hast du den gesehen, der das Gericht für Lüge erklärt? Das ist der, der die Waise zurückstößt und nicht zur Speisung des Bedürftigen anhält. Wehe den Betenden, die auf ihr Gebet nicht achtgeben, die nur gesehen werden wollen und die Hilfe verwehren."

Die rauh egoistische, von den Interessen des wirtschaftlichen Vorteils beherrschte Realität steht dem Willen Gottes entgegen: „Aber nein! Ihr behandelt die Waise nicht großzügig, und ihr haltet nicht zur Speisung des Bedürftigen an; ihr verzehrt das Erbe ohne Unterschied; und ihr hegt für den Besitz eine allzu große Liebe." (89,17–20) – „Wehe denen, die das Maß verkürzen, die, wenn sie sich von den Menschen zumessen lassen, volles Maß verlangen, wenn sie ihnen aber zumessen oder abwägen, weniger geben. Rechnen diese nicht damit, daß sie auferweckt werden zu einem gewaltigen Tag, am Tag, da die Menschen sich vor den Herrn aller Welt hinstellen werden?" (83,1–6).

Das Unheil dieser Welt ist also genau dort auszumachen, wo Menschen sich offensichtlich entgegen den Weisungen Gottes gemeinschaftswidrig verhalten. Daß sie es selbst nicht wahrhaben wollen, mindert nicht ihre Verantwortung, sondern läßt ihr Meinen und Handeln nur um so widersprüchlicher erscheinen: „Wenn ihnen gesagt wird: ‚Stiftet nicht Verderben auf der Erde!', sagen sie: ‚Wir schaffen nur Ordnung.' Doch sie sind die, die Verderben stiften, aber sie merken es nicht." (2,11 f).

Es gibt demnach massiv Unheil, aber nicht als eine überindividuelle Macht, als strukturelle Vorgabe, sondern als den Tätern deutlich zurechenbare Vergehen – zurechenbar jetzt in der Sozialkritik und am Jüngsten Tag bei der Konsequenz des Gerichts: „Dann wird jeder Seele voll zurückerstattet, was sie erworben hat. Und ihnen wird nicht Unrecht getan." (2,281; 3,161) – „Wer also Gutes im Gewicht eines Stäubchens tut, wird es sehen. Und wer Böses im Gewicht eines Stäubchens tut, wird es sehen." (99,7 f).

Hier bleibt kein Raum mehr, daß einer für den anderen eintreten könnte; *jeder muß für seine Sache selbst einstehen*: „Hütet euch vor einem Tag, an dem keiner für einen anderen etwas begleichen kann, von keinem Fürsprache und Lösegeld genommen werden und niemand Unterstützung erfährt" (2,48; vgl. 2,123) – „an dem weder der Vater etwas für sein Kind begleichen kann noch das Kind für seinen Vater" (31,33).

Generell lautet der entsprechende Grundsatz: „Jeder erwirbt nur zu seinem eigenen Schaden. Keiner, der Last trägt, trägt die Last eines anderen" (6,164) – ein Wort, das in muslimischer Theologie auch ausdrücklich gegen den christliche Erlösungsglauben zitiert wird[15].

In solcher pragmatischen Zurechnung des Guten und Bösen hat der Koran einen deutlich *appellativ-erzieherischen Charakter*. Dementsprechend finden wir in ihm auch das antike paränetische Bild von den „*zwei Wegen*" (90,10), vor die jeder Mensch in seiner Lebenswahl gestellt wird: Wenn er den steilen und beschwerlichen einschlägt, dann kommt er an sein rechtes Ziel. Damit diese Metapher aber nicht nur eine vage Mahnung bleibt, wird ihr gleich noch im katechismusartigen Frage-Antwort-Schema die konkretisierende Deutung beigefügt: „Woher weißt du, was der steile Weg ist? Die Befreiung eines Sklaven, die Speisung einer verwandten Waise am Tag der Hungersnot oder eines Bedürftigen, der im Elend ist, und dann, daß man zu denen gehört, die glauben, einander zur Geduld ermahnen und zur Barmherzigkeit." (90,12–17).

---

[15] Vgl. *M. al-Ġazâlî*, humûm dâ'iya, Kairo [2]1405 (= 1985), 89.

Der Weg-Metapher entsprechend benennt der Koran das Unheil der Welt vor allem als ein „*Irre-gehen*". Mit dieser theologischen Grundvokabel[16] unterstreicht er den *Tatcharakter* der Sünde. Sie ist in erster Linie nicht ein menschheitlicher Zustand, sondern das, was je Einzelne – und seien sie auch noch so viele – ruinös Falsches tun.

Zwar kann auch der Koran sagen, daß die Menschen durch ihre Vergehen einen „*Bund*" brechen[17]; dennoch wäre es falsch, darin nach biblischem Verständnis die Zerstörung eines Gemeinschaftsverhältnisses von Gott und Mensch zu sehen: Es geht hier allein um die Nicht-Anerkennung und Nicht-Befolgung von Gottes Forderungen; darüber wird beim Gericht Rechenschaft abgelegt werden müssen (vgl. etwa 2,27; 13,20–25; 17,34; 33,15). Selbst wenn es von denen, die „den Bund Gottes [...] für einen billigen Preis verkaufen," heißt, daß Gott sie „am Tag der Auferstehung nicht ansprechen und nicht anschauen wird" (3,77), so meint auch dies nicht die Verweigerung einer ‚personalen Nähe', sondern allein die Unausweichlichkeit des zu erwartenden Urteils.

Obwohl der Koran die böse Tat und ihre Konsequenz derart jeweils den einzelnen Tätern zurechnet, überschreitet doch auch er in einer fundamentalen Hinsicht diese individualisierende Perspektive: „Die Menschen waren nur eine einzige Gemeinschaft. Dann wurden sie uneins [...]" (10,19). Dieser globale Zustand, der sich hartnäckig bis zur Gegenwart behauptet, ist der deutlichste und massivste Verweis auf die *soziale Dimension menschlicher Schuld.* Schon mit der Vertreibung der ersten Menschen aus dem „Garten" verbindet der Koran an drei Stellen die unheilvolle Feststellung Gottes: „Die einen von euch sind den anderen feind." (2,36; 7,24; 20,123). Zwar gibt die Übersetzung von *Rudi Paret*[18] diesem Satz jedesmal durch einen erläuternden Vermerk eine eingeschränkte Bedeutung, die nicht mehr auch die Zerstrittenheit der Menschen untereinander als eine Folge des

---

[16] Die Koran-Konkordanz von *M. F. 'Abd al-Bâqî*, al-mu'ğam al-mufahras li-alfâẓ al-qur'ân al-karîm, Kairo 1407 / 1987, gibt zu den Ableitungen der Wurzel ḍall (dt.: irregehen, irreführen, Irrende, Irrtum usw.) als Beleg 192 Verse an.

[17] So ist vielfach die etwas fragwürdige deutsche Übersetzung von 'ahd und mîṯâq.

[18] Der Koran, Stuttgart 1979 (Überarbeitete Taschenbuchausgabe). Vgl. *A. Th. Khoury*, Der Koran. Übersetzung und wissenschaftlicher Kommentar, Bd. 1, Stuttgart 1990, 236 mit Anm. 7.

ersten Sündenfalls angesagt sein läßt: „Ihr (d. h. ihr Menschen und der Satan) seid (künftig) einander feind"; aber dieses Verständnis ist vom Kontext her nicht begründet[19]. Wahrscheinlicher ist, daß hier die beiden ersten Menschen doch als Repräsentanten der späteren Menschheit angesprochen werden und somit dem Sündenfall Adams eine universale Schuldfolge zuerkannt wird.

Dies legen im Koran auch schon die warnenden Bedenken der Engel nahe, die von vornherein gegen Gottes Ankündigung „Ich will auf der Erde einen Nachfolger[20] einsetzen", Einspruch erheben: „Willst du auf ihr einen einsetzen, der auf ihr Unheil stiftet und Blut vergießt, während wir dein Lob singen und deine Heiligkeit rühmen?" (2,30).

Mit Adam schon wird der verhängnisvolle Zustand der Menschheit grundgelegt; die Bedenken der Engel erhalten nachträglich recht. In der Konsequenz des Anfangs mündet auch zu späteren Zeiten das von den Menschen gewirkte Unheil in soziale Katastrophen; warnend erinnert Gott im Koran an die Strafmaßnahmen, die sich auf ganze Generationen, Städte, Stämme und Völker erstreckten: „Wir ließen viele Geschlechter vor euch verderben, als sie Unrecht taten [...]. So vergelten wir Leuten, die Übeltäter sind." (10,13) – „Wie manche Stadt rebellierte gegen den Befehl ihres Herrn und seiner Gesandten; da rechneten wir mit ihr in einer harten Abrechnung ab und straften sie mit einer entsetzlichen Strafe. Da bekam sie die schlimmen Folgen ihres Verhaltens zu spüren. Das Ende ihres Verhaltens war Schaden." (65,8f). So ruft der Koran beispielsweise immer wieder das Schicksal der altarabischen Stämme Ṯamûd und 'Âd ins Gedächtnis, die als ganze vernichtet wurden – „Kannst du denn etwas sehen, was von ihnen übriggeblieben wäre?" (69,8) –

---

[19] Bei 20,123 heißt es im Arabischen sogar ausdrücklich „[Ihr] *allesamt* [ǧamîʿan]", so daß *R. Paret,* Der Koran. Kommentar und Konkordanz, Stuttgart [2]1977, 339, vermerkt: „Hierbei ist nicht mehr nur an Adam und Eva zu denken, sondern an das ganze Menschengeschlecht einschließlich des Satans"; dennoch betont er: „der Ausdruck *baʿḍukum li-baʿḍin ʿadûwun* bezieht sich auf die Feindschaft zwischen Menschen und Satan".

[20] Möglicherweise werden die Menschen an dieser Stelle als „Nachfolger" der Engel gesehen; zur alternativen Bedeutung des Wortes „ḫalîfa" als „Statthalter" (Gottes) vgl. *J. Bouman*, Gott und Mensch im Koran. Eine Strukturform religiöser Anthropologie anhand des Beispiels Allah und Muhammad, Darmstadt 1977, 184–189; auch *Paret,* Kommentar (s. Anm. 19), 16 zu Sure 2,30.

wie auch den Untergang von „Noachs Volk“ in der Sintflut (54,9–15) – „wegen ihrer Sünden wurden sie ertränkt“ (71,25) – und die Vernichtung von „Lots Volk“ durch „einen Steinregen“ (54,33 f).

Selbst wo der Koran zunächst nur von einem einzelnen Herrscher als Übeltäter spricht, kann er schließlich doch die von ihm repräsentierten Untertanen insgesamt ins Verderben gezogen sehen: So wird der Pharao, der die Israeliten auszurotten gedachte, „seinem Volk am Tag der Auferstehung vorangehen. Er führt sie wie zur Tränke ins Feuer hinab – welch schlimme Tränke, zu der sie hinabgeführt werden. Der Fluch verfolgt sie im Diesseits und am Tag der Auferstehung – welch schlimmes Geschenk, das ihnen geschenkt wird!“ (11,98 f).

Insgesamt rechnet der Koran Sünde, Schuld und Strafe also doch nicht derart ausschließlich den einzelnen Menschen zu, daß nicht auch in deren persönlichem Unheil noch die sozialen Verflechtungen und Abhängigkeiten menschlichen Lebens sichtbar würden.

c. Das Angewiesensein des Menschen auf Gottes Vergebung und Führung

Daß wir, wenn unser Leben gelingen soll, Gottes Zuwendung brauchen, ist eine Grundüberzeugung des Koran. Niemand kann auf sich selbst bauen und sich auf sein eigenes Leistungsvermögen berufen: „Ihr Menschen, ihr seid Gottes bedürftig.“ (35,15)[21].

Dies gilt ausnahmslos für alle, insbesondere aber für diejenigen, die schuldig geworden sind. So zitiert der Koran – in deutlichem Anklang an das biblische Vaterunser – als ein Gebet der Gläubigen: „Herr, vergib uns unsere Sünden[22] und tilge uns unsere Missetaten!“ (3,193).

Wie sehr Gott nach islamischem Glauben dieser Bitte entspricht, zeigt ein umfangreiches Bedeutungsfeld der „*schönsten*

---

[21] Die wörtliche Übersetzung des Urtexts wäre: „Ihr seid auf Gott hin die Armen“; dies läßt an „die Armen im Geiste“ der Bergpredigt, Mt 5,3, denken – entsprechend der Einheitsübersetzung: „Selig, die arm sind vor Gott“.

[22] Der Wortlaut des Koran ist hier (wie auch in den Versen 16 und 147 derselben Sure) völlig identisch mit der arabischen Übersetzung von Mt 6,12: iġfir lanâ ḏunûbanâ.

Namen" (7,180), die ihm nach dem Koran zukommen[23]: Er heißt „der Barmherzige" (ar-raḥmân), „der Erbarmer" (ar-raḥîm), „der sich gnädig Umwendende" (at-tawwâb), „der Verzeihende" (al-ġafûr), der „Vergebende" (al-ġaffâr) und „der Nachsichtige" (al-'afûw).

So mündet schon die Erzählung vom Sündenfall Adams in Gottes „Umkehr"[24]: „Dann erwählte ihn sein Herr, er wandte sich ihm wieder zu [tâba 'alayhi] und führte [ihn]." (20,122). Damit wird hier zugleich das grundsätzlich Verhältnis bestimmt, das für die Menschen aller Zeiten gültig ist: „Wann immer von mir eine Führung zu euch kommt – wer meiner Führung folgt, wird nicht irregehen und nicht unglücklich sein." (20,123).

Der Gläubige weiß, daß er sich ständig als gefährdet begreifen muß; denn „der Mensch will drauflossündigen" (75,5). Deshalb legt ihm die erste Sure des Koran – wieder im Rückgriff auf das Zwei-Wege-Schema[25] – als tägliche Bitte nahe: „Führe uns den geraden Weg, den Weg derer, denen du gnädig bist, und nicht den Weg derer, denen du zürnst und die irregehen." (1,6f).

Um an allen entsprechenden Stellen des Koran unmißverständlich den heilvollen Charakter dieser Führung Gottes zu betonen, wählen manche Übersetzungen die im Deutschen sonst ungebräuchlichen Wörter „*rechtleiten*" und „*Rechtleitung*"[26]. Die sprachliche Sonderbildung unterstreicht zugleich die fundamentale und unverwechselbare Stellung dieses Begriffs in der muslimischen Theologie. Er bedeutet schlechthin die Funktion der Offenbarung Gottes: den Menschen die Weisung zu vermitteln,

---

[23] Vgl. *L. Gardet*, al-asmâ' al-ḥusnâ, in: EI² I, 714–717.

[24] Die Wurzel „*tâb*" gebraucht der Koran sowohl für die Reue der Sünder wie für die Vergebung Gottes; die semantische Gemeinsamkeit besteht in der ‚erneuten Zuwendung'.

[25] So z. B. in der Übersetzung von *Paret* (s. Anm. 18). Allerdings könnte man hier auch anders gliedern und nur den einen rechten Weg (so z. B. Der Koran, übers. von *A. Th. Khoury*, Gütersloh 1987) oder – mit einigen muslimischen Kommentaren – sogar die drei Wege der Muslime, Juden und Christen angesprochen sehen. Vgl. dazu *Khoury*, Kommentar I (s. Anm. 18), 157f.

[26] Im Arabischen stehen dafür verschiedene Ableitungen der Wurzel *hdy*, vor allem die Verben *hadâ* (leiten, führen) und *ihtadâ* (geführt werden, sich leiten lassen) samt den entsprechenden Partizipien, sowie das Verbalnomen *al-hudâ* (die Führung). Die Koran-Konkordanz (s. Anm. 16) verzeichnet über 300 Belege. Hierher gehört auch der im Koran noch nicht vorkommende, aber in späterer Theologie und Frömmigkeit des Islam bedeutsame Begriff *al-mahdî* (der Rechtgeleitete), der u. a. zum Titel eines endzeitlich erwarteten Retters wurde.

die sie eigentlich schon immer kennen müßten, die ihnen aber wegen ihrer Verirrungen immer wieder gesagt werden muß.

Wo Gott ihnen sein Wort zukommen läßt, geht es nach islamischem Verständnis darum, ihnen das *rechte Bewußtsein und Handeln* einzuschärfen. Dies heißt aber gerade nicht, daß man Offenbarung hier als bloße Mitteilung von Forderungen verstehen dürfte; vielmehr will sie entscheidend auch zur Hoffnung ermutigen, Zuversicht bestärken und mit all dem die Menschen zu ihrem eigenen Wesen und ihrer schöpfungsgemäßen Gemeinschaftlichkeit zurückführen. Deshalb kann die Offenbarung auch eine „Heilung" genannt werden; sie will den Menschen wieder gut machen: „Ihr Menschen, zu euch ist eine Ermahnung von eurem Herrn gekommen und eine Heilung für das, was im Inneren ist [šifâ'un limâ fî ṣ-ṣudûri], Führung und Barmherzigkeit für die Gläubigen." (10,57). Der Koran ist „für diejenigen, die glauben, eine Führung und eine Heilung" (41,44), „Heilung und Barmherzigkeit" (17,82).

Dies vermag nach muslimischer Überzeugung letztlich niemand als Gott selbst. So muß sich Mohammed sagen lassen: „Du kannst nicht führen, wen du möchtest. Gott ist es, der führt, wen er will. Er weiß am besten, wer sich führen läßt." (28,56) – „Es ist nicht deine Aufgabe, sie zu führen, sondern Gott führt, wen er will." (2,272) – „Bist du es, der die Blinden führt, auch wenn sie nicht sehen?" (10,43).

Unausweichlich gilt der Grundsatz, den der Koran in mehrfacher nachdrücklicher Wiederholung einprägt: „Wen Gott irreleitet, der hat niemanden, der ihn führen könnte." (7,186; 13,33; 39,23. 36; 40,33). Nach einem Ḥadîṯ qudsî [27] betont Gott Mohammed gegenüber schließlich die absolute Exklusivität seiner Führung: „Meine Knechte, alle irrt ihr umher außer dem, den ich führe. So erbittet von mir die Führung, dann führe ich euch." Hier kommt der islamische Monotheismus zu seiner zentralen theologischen und anthropologischen Konsequenz.

Dementsprechend hat im Koran das Wort „Führung" samt sei-

---

[27] Ein Ḥadîṯ qudsî ist eine Überlieferung, die nicht nur bis zum Propheten, sondern darüber hinaus bis zu einem Wort Gottes zurückführt; hier nach den Traditionariern Muslim, at-Tirmiḏî und Ibn Mâǧa zitiert in: Vierzig Heilige Ḥadîṯe. Aus dem Arabischen von *A.v. Denffer* nach der Auswahl von E. Ibrahim und D. Johnson-Davies, Kuwait / München [1406 / 1986], 69 (eigene Übersetzung).

nen Derivaten als grammatisches und logisches Subjekt primär allein Gott; wo schließlich doch noch andere Subjekte hinzutreten, sind es entweder das „Buch“, das Gottes unmittelbares Wort enthält (32, 23), die von ihm ermächtigten Propheten aller Völker (13,7), im besonderen Abraham (19,43), Isaak und Jakob (21,73), Mose (79,19; 40,38), David (38,22), deren Gemeinschaften (wie 7,159 das Volk des Mose; vgl. 7,181; 32,24) – oder in der bloßen Anmaßung, die der Koran bestreitet, der Pharao als Usurpator göttlicher Macht (20,79; 40, 29), das goldene Kalb (7,148), die ohnmächtigen Götzen überhaupt (10,35) und schließlich jeder, der sich fragen lassen muß: „Wollt ihr führen, wen Gott irregeleitet hat?“ (4,88).

Gemäß dem pragmatischen Verständnis, das der Koran einerseits von Sünde und Schuld wie andererseits von Offenbarung hat, wehrt er mehrfach den Gedanken ab, die Führung Gottes könnte die Menschen über ihr eigenes Vermögen hinaus beanspruchen und somit überfordern. Jeder soll das, was von ihm erwartet wird, auch leisten und somit das Wohlgefallen Gottes erlangen können: „Gott will für euch das Leichte; er will für euch nicht das Schwere“ (2,185) – „Gott will euch nichts Bedrükkendes auferlegen“ (5,6; vgl. 22,78) – „Wir fordern von niemandem mehr, als er vermag“ (6,152 u.ö.).

Zwar lesen wir im Koran auch, daß die Gläubigen besorgt beten: „Herr, lege auf uns keine Last, wie du sie auf die gelegt hast, die vor uns lebten! Herr, lade uns nichts auf, wozu wir keine Kraft haben! Verzeih uns, vergib uns, und erbarme dich unser!“ (2,286); aber diese Bitte bezeugt vor allem, wie sich der Koran von vorausgehenden religiösen Verpflichtungen – vermutlich besonders jüdischen Vorschriften – distanziert. Bezeichnenderweise ist das Gebet auch wieder unmittelbar begleitet von der Zusicherung: „Gott fordert von keinem mehr, als er vermag.“ (Ebd.).

Es gibt hier kein Gesetz, dem gegenüber der Gläubige – wie in paulinischer Theologie – letztlich versagen müßte und allein auf Gottes Gnade bauen könnte; es gibt keine Offenbarungsgeschichte, die den Menschen zunächst mit sich selbst in Zwiespalt brächte, damit er sich so seiner Erlösungsbedürftigkeit erst voll bewußt würde. Gottes Gnade zeigt sich vielmehr gerade darin, daß sie den gangbaren Weg weist und das fordert, was zu leisten ist. (Das Wort „*Scharî'a*" bedeutet im Arabischen sowohl das göttliche Gesetz wie den Weg zur Tränke.)

Zwar besagt ein in der islamischen Tradition überliefertes Wort Mohammeds darüber hinaus auch: „Niemand von euch wird in das Paradies eintreten aufgrund seiner Taten" [28]; doch damit betont der Prophet nur, daß die Gläubigen die Anerkennung, die sie bei Gott finden, immer noch als seine grundsätzlich freie Gabe sehen sollen, die sich nicht erkaufen läßt, und daß sie bei all dem, was sie tun, auf sein größeres Entgegenkommen vertrauen dürfen. Die Dignität menschlichen Handelns vor Gott wird aber dadurch nicht gemindert.

d. Die Funktion der Propheten als Mittler des Wortes

Die absolute Angewiesenheit des Menschen auf Gott schließt, wie gerade gesehen, auch im radikalen Monotheismus des Koran Vermittlungen nicht aus. Nicht allein die Propheten, sondern sogar die Gemeinschaften, die sich ihnen anschließen, können als Subjekte der rechten Wegleitung angesprochen werden. Auf dieser Grundlage hat die islamische Theologie eine Reihe differenzierender Aspekte entfaltet:

Der doppelte Wortgebrauch, in dem der Koran einerseits von „Propheten" (*nabî*), andererseits von „Gesandten" (*rasûl*) spricht, erfuhr unterschiedliche Deutungen. Die verbreitetste besagt, daß ein „Gesandter" derjenige sei, „der den Auftrag erhalten hat, zum ersten Mal einem bestimmten Volk ein Gesetz zu übermitteln; der Prophet hat die weniger wichtige Aufgabe, die Ordnung, die ein verstorbener Gottesgesandter gestiftet hat, zu bestätigen oder einen neuen Gesandten anzukündigen." [29] Doch dem Koran liegt noch nicht an einer solchen terminologischen

---

[28] Ḥadîṯ nach Ibn Ḥanbal, Musnad, Nr. 7473, zitiert bei *R. M. Speight*, Einführung in die Ḥadîṯ-Literatur, Cibedo-Texte Nr. 32, Frankfurt 15. 3. 1985, 14.

[29] So *T. Nagel*, Staat und Glaubensgemeinschaft im Islam. Geschichte der politischen Ordnungsvorstellungen der Muslime, Bd. 1, München / Zürich 1981, 193f, im Anschluß an al-Ǧâḥiẓ, einen Literaten des 9. Jahrhunderts. (Selbstverständlich muß die Aussage, daß ein Gesandter „die Ordnung" Gottes „stiftet", eingeschränkt werden: Er kann sie nur wieder in seiner Verkündigung und im Buch neu vergegenwärtigen; denn sie ist in der Schöpfung bereits den Menschen grundgelegt und zur Kenntnis gebracht.) – Nach einer anderen Deutung nimmt der Gesandte die Offenbarung wahr, indem er gleichzeitig „sieht" und „hört", während das Aufnahmevermögen des Propheten auf die eine oder andere Wahrnehmung begrenzt ist (vgl. *T. Nagel*, ebd. 193).

Klärung. Entscheidend ist ihm die häufig genannte Doppelfunktion der prophetischen Sendung: „Da sandte Gott die Propheten als Freudenboten (mubaššir[30]) und Warner (mundir)" (z.B. 2,213; 4,165; 5,19). Dies entspricht genau der Aufgabe, die die Propheten Israels im biblischen „Botenspruch" haben: Gottes Drohung und Verheißung mitzuteilen.[31]

Wieder ist hier bezeichnend, daß dieselben Verben, die für Gott gebraucht werden, auch das Wirken der Propheten bezeichnen können: „Wir warnen euch [andarnâkum] vor der nahen Strafe", spricht Gott selbst in einer frühen mekkanischen Sure (78,40) – und das an Mohammed gerichtete Wort der Berufung fordert in der Konsequenz: „Steh auf und warne [andir]!" (74,2). In gleicher Parallele sagt der Koran im Blick auf Gottes Offenbarung: „Ihr Herr verkündet ihnen [yubašširuhum] eine Barmherzigkeit von sich [...]" (9,21) – und ruft den Propheten in derselben Sure auf: „Verkünde den Gläubigen eine frohe Botschaft [baššir]!" (9,112). Die theologische Folgerung daraus heißt: Gottes Zuwendung zu den Menschen setzt sich fort im gleichlautenden Handeln der Menschen selbst; und umgekehrt: Die von Gott beanspruchten Gesandten nehmen teil an Gottes heilschaffendem Wirken.

Eine neue Dimension gewinnt diese Sicht der Propheten in der islamischen *Mystik*, wo ihre Aufgabe, das Gesetz mitzuteilen, an Bedeutung zurücktritt gegenüber ihrer *Nähe zu Gott*. Das geschenkte *Sein* geht dem aufgetragenen *Handeln* voraus. Dies zeigt sich etwa bei einem „der tiefsinnigsten, freilich auch der verwirrendsten sufischen Denker", *Ibn al-'Arabî* (1165–1240)[32]: „Gottes Freundschaft (*wilâja*) ist das Kennzeichen jeglichen Prophetentums, aber auch aller übrigen heiligen Männer, in denen sie nach dem Abscheiden der Propheten und Gottesgesandten, auch des letzten in deren Reihe, fortwirkt."

So gilt schließlich in erster Linie für den Propheten das Ḥadîṯ, in dem Gott von demjenigen, der ihm nahe ist, sagt: „Ich wurde sein Hörvermögen, mit dem er hört, sein Sehvermögen, mit dem

---

[30] Vereinzelt kann das Verb baššara, das deutlich mit dem hebr. biśśêr / *b^{e}śôrâh (der Äquivalenz für euangélion) verwandt ist, im Koran freilich auch die Ankündigung einer Strafe bedeuten (vgl. 9,3).

[31] Vgl. *G. von Rad*, Theologie des Alten Testaments, Bd. 2, München [4]1965, 45.

[32] *T. Nagel*, Ibn al-'Arabî und das Asch'aritentum, in: *U. Tworuschka (Hg.)*, Gottes ist der Orient – Gottes ist der Okzident, Köln 1991, 207–245, hier 207; das folgende Zitat 235 (in einem Druckfehler korrigiert).

er sieht, und seine Zunge, mit der er spricht.“ [33] Der Glaube an die Führung der Menschen durch Gott kommt hier zu Identifikationen, die für das islamische Denken erstaunlich sind und die al-Ghazâlî veranlassen, seinem Leser zu schreiben: „An dieser Stelle möchte ich einhalten; denn ich sehe, daß du Überlegungen über diesen Grad hinaus nicht mehr ertragen kannst.“ [34]

Auf eigene Weise entwickelte sich die muslimische Offenbarungstheologie innerhalb der *Schî'a.* Hier wurden in einzelnen Richtungen der Prophet und sogar seine Nachfolger, die Imame, derart an Gott angenähert, daß der übrige Islam kräftig widersprach, da er wie in der christlichen Inkarnationslehre die Grenze zwischen Schöpfer und Geschöpf verwischt sah. [35] Auf jeden Fall aber setzt sich hier die Vermittlungslinie von Propheten und Gesandten in der Reihe der Imame fort.

Entscheidend für das muslimische Verständnis der prophetischen Mittler ist die *wesentliche Gleichheit ihrer Botschaft und Geltung* – entsprechend dem Wort des Koran: „Wir machen bei keinem von ihnen einen Unterschied“ (2,136; 3,84; vgl. 2,285; 4,150.152) [36]; zwar heißt es hier auch: „Wir haben die einen von ihnen vor den anderen bevorzugt“ (2,253), doch dabei geht es allein um lebensgeschichtliche Auszeichnungen, nicht um eine inhaltliche Gewichtung dessen, was sie vermitteln. Es gibt vom einen zum anderen Propheten keine heilsgeschichtlichen Intensivierungen oder Steigerungen.

Dies ist auch mitzusehen, wenn der Koran unmittelbar nach der Aussage „Einige von ihnen hat er um Rangstufen erhöht“ fortfährt: „Wir haben Jesus, dem Sohn Marias, die klaren Beweise zukommen lassen und ihn mit dem Geist der Heiligkeit gestärkt“ (2,253). Sein Evangelium hebt sich deshalb um keinen Grad von der Botschaft jedes anderen Propheten ab.

---

[33] So zitiert als „Überlieferung des Propheten“ bei *A.-Ḥ. M. al-Ghazâlî,* Die Nische der Lichter Miškât al-anwâr, Hamburg 1987, 28 (B 23); zum Hintergrund der Tradition s. ebd. 75, Anm. 83. Vgl. auch das Wort an Mose Ex 4,12.16: „Geh also! Ich bin mit deinem Mund ... Er [Aaron] wird für dich der Mund sein, und du wirst für ihn Gott sein.“

[34] Ebd. 29 (A 62).

[35] Zu den extremen Tendenzen der Vergöttlichung der Imame vgl. etwa *H. Halm,* Die Schia, Darmstadt 1988, 186–192.

[36] Auf die Unterscheidung der unwandelbaren Schöpfungsordnung (*dîn*) und der variierenden Verhaltenselemente des göttlichen Gesetzes (so daß man bei den Propheten verschiedener Zeiten und Völker auch von einer unterschiedlichen *Scharî'a* sprechen kann) sei hier nicht eingegangen.

In solcher Gleichrangigkeit der Propheten und Gesandten aller Zeiten und Völker steht deshalb grundsätzlich auch *Mohammed.* Die Besonderheit, die seiner Botschaft zukommt, ergibt sich allein aus der *funktionalen Endgültigkeit und Universalität des Koran*: Er wurde von vornherein derart literarisch fixiert, daß er das für alle Zukunft und die Menschen aller Länder stabil gültige, von keinen Veränderungen, gar ‚Fälschungen' betroffene Buch sein konnte. Aus diesem Grund heißt Mohammed „das Siegel der Propheten" (33,40): Zum einen beglaubigt er alles, was zuvor geoffenbart wurde, indem er es im Wesentlichen einfach wieder in Erinnerung ruft; zum anderen schließt er dabei gleichzeitig die Reihe der Offenbarungsmittler ab.

Alles in allem hat Offenbarung nach muslimischem Verständnis einen ausgesprochen *undramatischen Charakter*; denn es geht ihr um das ständig Gleiche und deshalb eigentlich auch Selbstverständliche: die rechte Lebensordnung der Menschen in der Anerkennung des einen Gottes. Hier kommt auf die Menschen nichts wesentlich Neues zu, wird ihnen keine größere Wirklichkeit eröffnet; sondern sie werden nur zu dem zurückgerufen, was ihnen schon immer gegeben und aufgegeben ist. Allein daß durch Mohammeds tatkräftige Verkündigung die Perspektive einer geeinten Menschheit bis in ihre politischen Dimensionen wieder realistisch geworden ist – daß also erst von ihm an eine *Universalgeschichte* gedacht werden kann - , läßt ihn nach muslimischem Glauben aus denen herausragen, die ihm vorhergingen.

3. Analyse des muslimischen Gegensatzes zur christlichen Erlösungstheologie

Auf dem Hintergrund des Verständnisses von Mensch und Geschichte, von Heil und Unheil, wie es im vorausgehenden entfaltet wurde, erscheint die muslimischen Zurückweisung der christlichen Erlösungstheologie ambivalent:

– Einerseits wird mehr Gemeinsames sichtbar, als der formale Widerspruch gegen den Begriff „Erlösung" zunächst erwarten läßt;

– andererseits aber erweist sich der Gegensatz schließlich doch als Konsequenz einiger prinzipieller Faktoren.

a. Das im Widerspruch noch Gemeinsame

Zwei Elemente, gegen die sich der Islam in seiner globalen Bestreitung des christlichen Erlösungsglaubens wendet, sind ihm dennoch unter seinen Verständnisvoraussetzungen nicht schlechthin fremd:

1. Die *Vergehen der Menschen* haben – obwohl sie primär den Individuen zugeschrieben werden – auch *eine soziale, gar menschheitlich universale Dimension.* Sie haben von Anfang an die in Gottes Schöpfung grundgelegte Gemeinschaftlichkeit zerstört. Der Einzelne gehört – schon wenn er geboren wird, allem eigenen Wollen und Wirken voraus – einer vom Unheil betroffenen Welt an; er haftet mit.

Auch wenn der Islam diese sozialen und geschichtlichen Folgen des Bösen selbst nicht auch noch als „Sünde“ ansprechen kann – und ihm deshalb der Begriff einer „Erbsünde“ grundsätzlich fremd sein muß – , liegt dennoch nicht hier die entscheidende Differenz seiner Ablehnung des christlichen Glaubens an die „Erlösung“.

2. Obwohl Gott immer wieder allein und unmittelbar Vergebung gewährt, ist sein *heilschaffendes Wirken* doch auch *vielfältig vermittelt.* Offenbarung und Wegleitung sind auch *geschichtliche Größen*: zunächst in der *Pluralität* der unüberschaubaren Geschichten der verschiedenen Gemeinschaften und Propheten[37], von Mohammed an aber auch im *Singular* der einen *auf Universalität hin angelegten Menschheitsgeschichte.*

So ist nach dem Wort des Koran Mohammed „eine Barmherzigkeit für die von euch, die glauben“ (9,61), „eine Barmherzigkeit für alle Welt“ (21,107) – obwohl der Gläubige dabei letztlich nur die Barmherzigkeit Gottes erfährt; aber gerade diese wird ihm durch den „Gesandten“ zugesprochen. Im Anschluß daran spielt in der islamischen Frömmigkeit trotz mancher theologischen Bedenken und Widerstände die *Fürsprache* des Propheten

---

[37] Zum vergleichenden Blick auf die Bibel s. *J. Scharbert*, Heilsmittler im Alten Testament und im Alten Orient, Freiburg 1964, 280–294: Die Propheten als Mittler.

(und anderer Diener und Dienerinnen Gottes, vergleichbar den christlichen Heiligen) eine große Rolle.[38]

b. Die Elemente der Differenz

Der Widerspruch gegen die christliche Erlösungslehre – auch im Blick auf die beiden gerade genannten Gesichtspunkte – hat vor allem dreierlei Gründe:

1. Dem Islam ist der Gedanke an eine *Heilswirksamkeit des Leidens* fremd, besonders, wenn sich damit gar die Vorstellung verbindet, daß „das Leiden und der Tod eines Menschen die Sünden anderer tilgen können"[39]: „Die Lehre des Sühnopfers verwandelt die erste Person der Gottheit in einen blutrünstigen Tyrannen, um die selbstaufopfernde Liebe der zweiten Person um so deutlicher hervorzuheben", lesen wir in einer populären Schrift zum Verhältnis von Christentum und Islam aus unseren Tagen[40]. Die traditionelle christliche Lehre, Jesus habe „dieses schwere Opfer der tiefsten Erniedrigung auf sich geladen und den schandvollen Tod am Kreuz freiwillig erlitten, um dem Schöpfer für die ungezählten Sünden der Menschen Genugtuung zu leisten und allen das ewige Glück zu ermöglichen", muß muslimischer Theologie als „Wahnsinn" erscheinen[41], der sich auch nicht durch differenziertere Interpretationen zum Sinnvollen wenden läßt. „Soll denn wirklich Gott der Menschheit die größte Wohltat durch ein derart ungeheuerliches Verbrechen erwiesen haben?" lautet der Tenor des Widerspruchs.[42]

Deshalb bedeutet die energische Behauptung des Koran, Jesus sei nicht durch die Juden gekreuzigt worden (4,157 f[43]), weit mehr als nur die Bestreitung eines historischen Sachverhalts. Bezeichnenderweise setzt der Koran zugleich die für ihn reale Alternative dagegen: „Gott hat ihn zu sich erhoben" (V. 158); denn

---

[38] Vgl. *Stieglecker* (s. Anm. 6), 678–683: Die Fürbitte; *A. Schimmel*, Und Muhammad ist Sein Prophet. Die Verehrung des Propheten in der islamischen Frömmigkeit, Köln 1981, Register-Stichwort „Fürsprache".

[39] *U. Aziz-us-Samad*, Islam und Christentum, Beirut 1404 / 1984, 92.

[40] Ebd. 93.

[41] *Stieglecker* (s. Anm. 6), 314 f.

[42] Ebd. 316, im Blick auf Ibn Taimiya.

[43] Vgl. *Riße* (s. Anm. 2), 188–204.

er ist ein Gott des Sieges und nicht der Niederlage. Dies soll sich auch in seinen Gesandten zeigen.

Andererseits jedoch erhebt der Koran gegen die Juden auch den Vorwurf des Prophetenmords: „Wollt ihr denn jedesmal, wenn euch ein Gesandter etwas bringt, was ihr nicht mögt, hochmütig sein und einen Teil der Lüge zeihen und einen Teil töten? (2,87; vgl. 2,61; 3,183; 5,70 – vergleichbar etwa Mt 23,37 / Lk 13,34)[44]. Doch erhält diese ‚Erinnerung' über die Beschuldigung der Mörder hinaus keine weitere theologische Deutung im Blick auf die Opfer. Ihnen gilt der Grundsatz, den der Koran für alle Blutzeugen lehrt: „Sagt nicht von denen, die auf dem Weg Gottes getötet werden, sie seien tot. Nein! Sie sind lebendig; aber ihr merkt es nicht." (2,154)[45]. Doch dies ist allein individuelle Belohnung, an der zunächst keinerlei heilsame Konsequenz für andere Menschen ablesbar ist.

In der *Schî'a* freilich kommt den Imamen, die als Märtyrer starben, besonders dem 680 getöteten Prophetenenkel Ḥusayn, eine derartige Bedeutung als Fürbitter und Vermittler von Gottes Gnade zu, daß sich in dieser Frömmigkeit der Abstand zum christlichen Erlösungsglauben mindert. Gelegentlich sprach man in diesem Zusammenhang sogar von einer „*islamischen Christologie*"[46]; doch darf man den Unterschied nicht übersehen: Es geht hier um die Anerkennung derer, die „auf dem Weg Gottes" zugunsten der Gläubigen gelitten haben, und um die Wirksamkeit ihres Gebets für die vielen, die sich ihnen in Vereh-

---

[44] Wenn *Rißе* (ebd. 193f) zwar einerseits einräumt, daß „qatala = töten, totschlagen, ermorden, umbringen" bedeutet, aber andererseits behauptet, daß aus diesem Koranvers „nicht mehr zu entnehmen" wäre, „als daß Jesus wie jeder Gesandte vor ihm gestorben ist" – „offensichtlich eines natürlichen Todes" (202) –, so ist dies weder in sich stimmig, noch entspricht es dem eindeutigen Wortlaut des Textes.

[45] Vgl. auch 3,157f0.169–174; 4,74.155; 22,58f; 47,4; 57,10f.

[46] *M. Ayoub*, Redemptive Suffering in Islam. A Study of the Devotional Aspects of ‚Âshûrâ' in Twelver Shî'ism, Den Haag 1978, 199: „The proximity of the *Shî'î* view to that of Christianity is perhaps due to the fact that both accept a mediator between man and God, one whose essential being and place in human history plays a determining role in the divine plan for creation, revelation, and salvation. Thus we must agree with Henri Corbin [De la philosophie prophétique en Islam Shi'ite, in: Eranos Jahrbuch 31, 1962, 49–116] that *Shî'î* imamology is a kind of Islâmic christology. In Christian piety, Christ is the eternal Logos, the divine Word; the agent of creation on the one hand, and on the other hand the slain lamb standing before the throne of majesty both to save and to judge. The *imâms*, likewise, are at one and the same time the pivot of creation and reason for its subsistence, and the blood-stained martyrs whose death is a point of contention between God and their persecutors."

rung zuwenden, nicht um eine heilsgeschichtlich neue Situierung der Menschheit.[47]

2. In islamischer Theologie gibt es keinen Ansatz, von dem her man die christliche *Konzentration der Heilsvermittlung auf eine Person* rechtfertigen könnte. Auch wenn das muslimische Glaubensbekenntnis neben die erste Aussage „Es gibt keinen anderen Gott außer Gott" die zweite stellt „und Mohammed ist sein Gesandter" – diesen einen also aus der unübersehbaren Fülle der Propheten heraushebt - , so ist er doch gleich allen übrigen nur ein Instrument Gottes an einer bestimmten, aber zufälligen Stelle der Menschheit; es kulminiert in ihm keine vorausgehende Heilsgeschichte. Mit der ihm aufgetragenen Botschaft bestätigt er *die Einheit der Offenbarung in der Pluralität der Offenbarungsereignisse.*

Anders als das *Christentum*, das der einen geschichtlichen Person Jesus von Nazaret universale Bedeutung zuspricht[48], sieht sich der Islam zwar durch Mohammed geschichtlich promulgiert, seine Universalität dagegen dreifach anders begründet: 1. in der einen Schöpfung und der konstanten Natur des Menschen, 2. in den zu allen Völkern gesandten Propheten und 3. in dem von Mohammed an immer und überall lesbaren Buch.

In der Betonung der fundamental gleichen Geschöpflichkeit aller Menschen ist es dem Islam prinzipiell unmöglich, irgendeinem unter ihnen eine besondere Erlösungsfunktion zuzusprechen und alle übrigen von ihm in Abhängigkeit zu sehen. Das neutestamentliche Bekenntnis, uns Menschen sei „kein anderer Name unter dem Himmel gegeben, durch den wir gerettet werden sollen" (Apg 4,12), als der Jesu Christi, ist für den Islam nicht erst wegen seiner anderen Bewertung Jesu unannehmbar, sondern schon aufgrund seiner strukturell verschiedenen Anthropologie und Sicht der Geschichte.

Dies wird gerade an erheblichen Unterschieden der *Weg- und Leitungs-Metaphorik* im Neuen Testament und im Koran deutlich. Nach islamischem Glauben war den Menschen der von der Schöpfung her gewiesene Weg prinzipiell nie so verschlossen,

---

[47] Vgl. *Halm* (s. Anm. 35), 177f.

[48] Vgl. *W. Löser*, „Universale concretum" als Grundgesetz der oeconomia revelationis, in: Handb. d. Fund.theol. II, 108–121.

daß er hätte fundamental neu eröffnet werden müssen. Dem steht das christliche Bekenntnis entgegen: Jesus starb „*einmal [hapax]*", damit er uns „zu Gott hinführe [prosagagê]" (1 Petr 3,18); nur durch ihn haben wir den „Zugang [prosagôgê]" zum Heil (Röm 5,2; Eph 2,18; 3,12), den „er für uns neu eingerichtet hat als einen noch nicht dagewesenen und lebendigen Weg" (Hebr 10,20[49]); ja er selbst ist „der Weg" schlechthin, der von sich sagt: „Niemand kommt zum Vater außer durch mich" (Joh 14,6); nur er kann die Menschen „zur Herrlichkeit führen" als „der Urheber (oder: Anführer[50]) ihres Heils" (Hebr 2,10), als der „Urheber und Vollender des Glaubens" (Hebr 12,2).

3. Nach muslimischer Theologie soll der gewiesene Weg zur erfüllten Gemeinschaft der Menschen untereinander führen, nicht zu einer *Gemeinschaft mit Gott*; der Blick richtet sich nicht auf den „Zugang zum Vater" (Eph 2,18) und nicht darauf, daß Gott „sich nähert" (Jak 4,8). Er leitet sie, aber er geht nicht selbst auf sie zu, gar in ihre Welt ein. Deshalb muß auch jede *Annäherung* der Menschen an Gott, erst recht jede *Identifikation* mit ihm für den ‚orthodoxen' Islam ein verwerflicher Gedanke sein (den die muslimische Mystik freilich dennoch zu denken wagt: Das eigene Leben in Gott aufgehen zu lassen – „fanâ fî llâh" – kann hier zum erhofften und erstrebten Ziel werden[51]).

In der Bibel lesen wir beim Propheten Hosea (2,21 f) als Rede Gottes: „Ich traue dich mir an auf ewig; ich traue dich mir an um den Brautpreis von Gerechtigkeit und Recht, von Liebe und Erbarmen; ich traue dich mir an um den Brautpreis meiner Treue: Dann wirst du den Herrn erkennen." – Das Verhältnis Gottes zu seinem Volk ist in das Bild der Ehe von Mann und Frau gebracht. Dementsprechend erinnert Gott Israel – nach der rhetorischen Inszenierung des Propheten Jeremia – an die gemeinsame Vergangenheit: „Ich denke an deine Jugendtreue, an die Liebe deiner Brautzeit, wie du mir in der Wüste gefolgt bist [...]" (2,2). Nach der Sprache des Neuen Testamentes gewährt Gott den Menschen, „an Wesen und Gestalt seines Sohnes teilzuhaben, damit dieser der Erstgeborenen von vielen Brüdern sei" (Röm

---

[49] Übersetzung nach *Chr. Maurer*, prósphatos, in: ThWNT VI, 767 f, hier 768.

[50] Vgl. *G. Delling*, archêgós, in: THWNT I, 485 f.

[51] Zu „Liebe und Entwerden" vgl. *A. Schimmel*, Mystische Dimensionen des Islam. Die Geschichte des Sufitums, Köln 1985, 191–214.

8,29); „damit Gott alles in allem sei" (1 Kor 15,28[52]). Jesus fordert in der Bergpredigt zur Feindesliebe mit der Begründung und dem Ziel auf: „damit ihr Söhne eures Vaters im Himmel werdet" (Mt 5,44 f). Und in der verwegenen Formulierung des 2. Petrusbriefs wurden die „Verheißungen geschenkt, damit ihr [...] an der göttlichen Natur Anteil erhaltet" (2 Petr 1,4). – All dies führt nach islamischer Sicht letztlich zur Aufhebung des Monotheismus.

Wenn im Johannesevangelium Jesus betet: „Das aber ist das ewige Leben, daß sie dich erkennen – den einzig wahren Gott – und den du gesandt hast: Jesus Christus" (Joh 17,3), scheint dies in der ausdrücklichen Abhebung des *„gesandten" Jesus* von dem *„einzigen" Gott* zunächst eine ganz „islamische" Sicht und Sprache. Aber daß das „Erkennen" Gottes hier weit anders zu verstehen ist, zeigt sich, wenn Thomas schließlich zu Jesus spricht: „Mein Herr und mein Gott." (20,28). Gottes Nähe wird erfahren im Menschen: Die *Vermittlung* führt zur *Identifikation.*

Wie fern dieser Glaube islamischer Theologie steht, ist schon den Argumenten zu entnehmen, mit denen sie – vom Koran her – die „Gottessohnschaft" Jesu abwehrt, dabei aber das christliche Verständnis verfehlt. In Sure 5,75 lesen wir: „Der Christus, der Sohn Marias, ist nichts anderes als ein Gesandter [...]. Seine Mutter ist eine aufrichtige Frau. Beide aßen Speise [...]". Entsprechend schreibt etwa al-Ghazâlî: „Seine [Jesu] menschliche Natur ist offenbar, mit all den notwendigen, geforderten und wesentlichen Eigenschaften der Lebewesen: Sprache, Erschöpfung, Hunger, Durst, Schlaf, Heranwachsen im Mutterleib und Schmerzen – nach ihrer [der Christen] Meinung bei der Kreuzigung, als er sagte: ‚Mein Gott, mein Gott, warum hast du mich verlassen?' Das alles ist unverträglich damit, daß er Gott ist."[53] Mensch-Sein und Gott-Sein schließen hier einander aus.

Wenn sich das christliche Bekenntnis solcher Argumentation sperrt und Gott gar mit dem Gekreuzigten identifiziert, kann dies

[52] Die „Einheitsübersetzung" verfälscht den Sinn des originalen Textes mit der Formulierung, daß „Gott *herrscht* über alles und in allem".

[53] Eigene Übersetzung nach: Al rad al jamil li ilahiyat issa bi sarih al injil. Réfutation excellente de la Divinité de Jésus Christ. Contestation de la Trinité et Fondement théologique du dialogue islamo-chrétien. Par l'imam A. H. El Ghazali. Paris 1988, 17 f. Vgl. auch *F.-E. Wilms*, Al-Ghazâlîs Schrift wider die Gottheit Jesu, Leiden 1966, 71.

aus muslimischer Sicht nur als eine Absurdität anmuten: „Die Vorstellung der Christen, daß sich Gott so tief erniedrige, daß er sich von seinen Feinden, vom gemeinsten Pöbel verhöhnen, verspotten und mißhandeln lasse wie ein Schwachsinniger oder wie ein Narr und daß er schließlich den schandvollsten und qualvollsten Tod erleidet wie ein Verbrecher zwischen zwei richtigen Verbrechern, ist eine unerhörte Schmach, die man der göttlichen Majestät antut, das heißt man sie ihrer Schönheit, ihres Lichtes berauben [...]"[54].

Doch auch die massive, dreifach begründete Abweisung des christlichen Erlösungsglaubens durch den Islam darf die Komplexität des wechselseitigen Verhältnisses nicht übersehen lassen. Der gelegentliche Einwand, daß dem Islam mit der Leugnung des Kreuzestodes Jesu die „Möglichkeit einer wahren Erlösung" verstellt sei[55], bleibt zu oberflächlich. In bezeichnender Differenzierung übernimmt ein iranisches Religionsbuch unserer Tage einerseits die Würdigung Jesu als „Erlöser" und setzt sich andererseits aber zugleich markant von den christlichen Voraussetzungen ab: „Jesus ist ein Erlöser der Menschen, aber nicht aufgrund dieser phantastischen Gedanken [der Christen], sondern aufgrund dessen, daß er ein großer Prophet Gottes und ein mitfühlender Führer der Menschen war und daß jeder, der wirklich nach seinen befreienden Weisungen handelt, erlöst wird und die Barmherzigkeit und Vergebung des fürsorglichen Gottes erlangt."[56] Eine solche Sicht erschöpft sich nicht im Widerspruch zum christlichen Bekenntnis, sondern nötigt – gerade angesichts der Nähe und der gemeinsamen Elemente – zur weiteren Verhandlung.

---

[54] So der muslimische Theologe *al-Qarâfî* (gest. 1285) nach der referierenden Wiedergabe von *Stieglecker* (s. Anm. 6), 315.

[55] *G. Jäschke*, Sucht auch ein Muslim Erlösung und wo findet er sie?, in: ZMR 41, 1957, 294–301, hier 295: „Mit der Leugnung des Kreuzestodes Jesu bzw. seiner doketischen Umdeutung beraubte Muhammed seine Gemeinde der Möglichkeit einer wahren Erlösung."

[56] Farhang-e eslâmî wa-ta'lîmât-e dînî. sâl-e dowwom [...] marhalle-ye dowwom [...] [Islamische Kultur und religiöse Unterweisung – 2. Jahr, 2. Schulstufe], Teheran 1365 [= 1987], 56 (eigene Übersetzung).

a. Die ausgeschlossene Harmonisierung

Wer die Aussagen von Christentum und Islam ernst nimmt, kann ihren Widerspruch nicht so überspielen, daß er im Gemeinsamen verschwindet. Wo dies geschieht – beachtenswert ist dabei vor allem der religionstheologische Entwurf von *John Hick*[57] - , baut man auf die Konstrukte einer spekulativen Abstraktion, die sich nicht mit der Analyse der jeweiligen Bekenntnisse und Theologien vertragen. Zu Recht kann man beim prüfenden Vergleich unterschiedlicher Verarbeitungen des Problems religiöser Pluralität feststellen: „Hick führt die phänomenalen Formen auf einen kleinsten gemeinsamen Nenner zurück, macht sie gleichnamig, minimiert Differenzen zwischen den Religionen zu Adiaphora, so als beträfen sie nur personale Dispositionen und kulturelle Variationen an der Oberfläche, nur die Ausgestaltung, nicht aber die Tiefenstruktur“[58]. Dabei ist für unseren Zusammenhang besonders beachtenswert, wie dieses „Verfahren der Abstraktion und Reduktion“ bei Hick gerade auf das Thema „Erlösung“ konzentriert wird: „Das Gemeinsame aller Religionen liegt in der *Soteriologie.* Und da dieses Ziel ein immer gleiches ist – „salvation“, „liberation“, „ultimate fulfilment“, „the realisation of (a) limitlessly better quality of human existence“ – haben sie bei aller ihrer Verschiedenheit doch den gleichen Zentralgehalt und denselben Richtungssinn“; aber – so muß auch nach unserer Wahrnehmung des Islam die nur noch rhetorisch fragende Kritik lauten -: „Ist die gefolgerte (und schon vorausgesetzte) Parallelität nicht um den Preis einer grandiosen Verallgemeinerung, Ver-

---

[57] Vgl. etwa: Philosophie of Religion, London 1963; Problems of Religious Pluralism, London 1985; God and the Universe of Faiths, London 1973; Gott und seine vielen Namen, Altenberge 1985; The Non-Absoluteness of Christianity, in: *Ders. / P. F. Knitter* (Hg.), The Myth of Christian Uniqueness. Toward a Pluralistic Theology of Religions, Maryknoll, 1987, 16–36; An Interpretation of Religion. Human Responses to the Transcendent, New Haven 1989; Gotteserkenntnis in der Vielfalt der Religionen, in: *R. Bernhardt* (Hg.), Horizontüberschreitung. Die pluralistische Theologie der Religionen. Beziehungen zwischen den Religionen gleichberechtigt bestimmen, Gütersloh 1991, 60–80.

[58] *R. Bernhardt,* Der Absolutheitsanspruch des Christentums. Von der Aufklärung bis zur Pluralistischen Religionstheologie, Gütersloh 1990, 209.

einfachung und Abblendung der geschichtlichen Wirklichkeit erkauft?"[59]

Ob man diese Reduktionen auf das wesentlich Gemeinsame mit den Modellen von ‚äußerlicher Schale' und ‚innerem Kern', von ‚Tiefenstruktur' und ‚Oberfläche' oder ähnlich anderem vornimmt[60], es bleibt immer dieselbe Schwierigkeit: „Bestreitet man die [...] fundamentale Behauptung einer einheitlichen Grunderfahrung in allen Religionen, [...] so bricht das gesamte System in sich zusammen."[61] Selbstverständlich sind alle Texte des Glaubens, in denen sich die Differenzen greifen lassen, schon theoriebedingte Artikulationen, denen gegenüber sich eine ursprünglichere Ebene religiöser Erfahrung postulieren läßt, aber diese ist inhaltlich nicht so zu fassen, daß man sie gegen die ‚Oberfläche' ausspielen könnte.

Kräftig den hypothetischen Charakter seiner Religionstheologie betont demgegenüber *Paul F. Knitter.* Den kritischen Einwänden, daß er zwischen den Religionen eine Gemeinsamkeit voraussetze, bevor diese sich je hätte herausstellen und bewähren können, hält er entgegen, daß er den zuversichtlichen Dialog nur „*vorschlage* oder *nahelege*, nicht aber dekretiere oder aufdränge"[62]. Damit will er den Weg prinzipiell offenlassen und nicht das Ergebnis vorwegnehmen. Dies ist ein deutlich realistischerer und kommunikativerer Ansatz als der von John Hick; denn er setzt auf eine gemeinschaftliche Verantwortung.

---

[59] Ebd.

[60] Vgl. „Geschichtliche Offenbarung und Endgültigkeitsansprüche" (s. Anm. 1), hier bes. 179–181: Die Annahme universaler Tiefenstrukturen.

[61] *Bernhardt*, Der Absolutheitsanspruch (s. Anm. 58), 210.

[62] Religion und Befreiung. Soteriozentrismus als Antwort an die Kritiker, in: *Bernhardt* (Hg.), Horizontüberschreitung (s. Anm. 57), 203–219, hier 212. An früheren Publikationen Knitters seien hier genannt: Towards a Protestant Theology of Religions. A Case Study of Paul Althaus and Contemporary Attitudes, Marburg 1974; Ist das Christentum eine echte und die absolute Religion? Eine römisch-katholische Antwort, in: Conc 16, 1980, 397–405; No other Name? A Critical Survey of Christian Attitudes toward the World Religions, Maryknoll 1985 (dt., gekürzt: Ein Gott – viele Religionen. Gegen den Absolutheitsanspruch des Christentums, München 1988); Katholische Religionstheologie am Scheideweg, in: Conc 22, 1986, 63–69; Nochmals die Absolutheitsfrage. Gründe für eine pluralistische Theologie der Religionen, in: EvTh 49, 1989, 505–516.

b. Der problematische Hintergrund: „Die Dringlichkeit der Mission“

Hinter den christlich-theologischen Bemühungen um eine Harmonisierung des Verhältnisses der Religionen steht als besonderer Anstoß *die traditionelle Koppelung von Erlösungsglaube und Bekehrungsdrang, von Heilszuversicht und Ausschließlichkeitsanspruch.* Zwar hat spätestens das Zweite Vatikanische Konzil die Lehre des Konzils von Florenz „Extra Ecclesiam nulla salus“ (NR 381; DH 1351) revidiert und den Angehörigen der nichtchristlichen Religionen ausdrücklich eingeräumt, daß auch sie die Anerkennung Gottes finden können[63]; doch zeigen sich bis heute an den Problemen der *Missionstheologie* die weiterwirkenden Verlegenheiten.

In seiner Enzyklika „*Redemptoris Missio*“ hat Papst *Johannes Paul II.* von vornherein diejenigen vor Augen, die fragen: „*Ist die Mission unter den Nicht-Christen noch aktuell?* Wird sie vielleicht durch den Dialog unter den Religionen ersetzt? [...] Kann man nicht in jeder Religion gerettet werden? *Warum also Mission?*“[64] Nachdrücklich hält er denen, die so fragen, mit Berufung auf Apg 4,12 „die klare Aussage“ entgegen, „daß Christus der alleinige Erlöser von allen ist“[65]; und die Konsequenz daraus lautet: „Der Dialog muß geführt und realisiert werden in der Überzeugung, daß die Kirche der *eigentliche Weg des Heiles* ist und daß *sie allein* im Besitz der Fülle der Heilsmittel ist.“[66]

Zwar gilt selbstverständlich auch hier: „Die Universalität des Heiles bedeutet nicht, daß es nur jenen gilt, die ausdrücklich an Christus glauben und in die Kirche eingetreten sind“[67]; dennoch

---

[63] Formal geschah dies der kirchlichen Lehrgewohnheit gemäß freilich nicht als Widerruf. Vgl. etwa *S. Brechter* im Kommentar zum Dekret über die Missionstätigkeit der Kirche, in: LTHK.E III, 9–125, hier 41–43; *W. Kern*, Außerhalb der Kirche kein Heil?, Freiburg 1979; aber auch *H. Küng*, Die Kirche, Freiburg 1967, 371–378: Außerhalb der Kirche kein Heil?

[64] Verlautbarungen des Apostolischen Stuhls 100: Enzyklika *Redemptoris Missio* Seiner Heiligkeit *Papst Johannes Pauls II.* über die fortdauernde Gültigkeit des missionarischen Auftrages, hg. vom Sekretariat der Deutschen Bischofskonferenz, Bonn 7. Dezember 1990, 11: Nr. 4.

[65] Ebd. 11f: Nr. 5.

[66] Ebd. 57: Nr. 55 mit Verweis auf das 2. Vatikanische Konzil: Unitatis redintegratio Nr. 3; Ad gentes, Nr. 7.

[67] Ebd. 16: Nr. 10.

wird die erneut aufgegriffene Frage „*warum Mission?*“ unvermittelt mit dem Bekenntnis beantwortet: In Christus „werden wir befreit von jeder Entfremdung und Verirrung, von der Sklaverei, die uns der Macht der Sünde und des Todes unterwirft“[68]. Die Argumentation zeigt deutlich Lücken; denn zum einen kann die Aufhebung „jeder“ (!) Entfremdung kaum für die konkrete Ebene von Mission und Kirchenzugehörigkeit behauptet werden; zum anderen aber sind der eschatologischen Vermittlung von Gottes Heil doch keine institutionellen Grenzen gesetzt. Bei solchen gedanklichen Ansätzen ist nicht absehbar, wie die *Dringlichkeit der Mission* an der *Erlösungstheologie* festgemacht werden könnte – obwohl offenkundig gerade dieser Zusammenhang herausgearbeitet werden soll[69].

Letztlich wird in dieser Enzyklika die Verlegenheit der Missionstheologie mit einer *erstaunlichen Geschichtsperspektive* überspielt. Zunächst stellt die Enzyklika fest: „Die Zahl jener, die Christus nicht kennen und nicht zur Kirche gehören, ist ständig im Wachsen“[70], so daß „die ‚äußersten Enden der Erde‘, denen das Evangelium zu bringen ist, sich immer mehr entfernen“[71] – und dies in einer „*Welt der Kommunikation*, die die Menschheit immer mehr eint und – wie man zu sagen pflegt – zu einen ‚Weltdorf‘ macht“[72] (freilich steht das letzte Zitat in einem anderen Zusammenhang). Aber daraus soll gerade nicht die relativierende Einsicht erwachsen, daß das Christentum innerhalb der Weltgeschichte und im Spektrum der religiösen Kulturen schließlich doch nur eine partikulare Rolle spielt, sondern im Gegenteil die Überzeugung, daß „die Dringlichkeit der Mission [...] klar auf der Hand“ liegt[73]. Um die zurückliegenden Erfahrungen zu überbieten, behauptet die Enzyklika durchgängig: „Die Missionstätigkeit steht erst in den Anfängen“[74]. In einer er-

---

[68] Ebd. 17: Nr. 11. Vgl. ebd. 47, Nr. 44: „durch ihn ereignet sich die volle und echte Befreiung vom Bösen, von der Sünde und vom Tod“.
[69] Vgl. auch die Warnung vor denen, die „nichts über das Geheimnis der Erlösung“ sagen (ebd. 23: Nr. 17).
[70] Ebd. 9: Nr. 3.
[71] Ebd. 44: Nr. 40.
[72] Ebd. 41: Nr. 37 c.
[73] Ebd. 9: Nr. 3.
[74] Ebd. 32: Nr. 30. Vgl. 51: Nr. 49: „Die kirchengeschichtliche Phase der *plantatio Ecclesiae* ist nicht abgeschlossen; sie ist vielmehr bei vielen Menschengruppen erst zu be-

staunlichen Deutung der Weltgeschichte sagt sie für Gegenwart und Zukunft an: „Unmittelbar vor Anbruch des dritten Jahrtausends der Erlösung ist Gott dabei, einen großen christlichen Frühling zu bereiten, dessen Morgenröte man schon ahnend erkennen kann.“ [75] Dabei ist die Redeweise vom „dritten Jahrtausend der Erlösung“ angesichts der Geschichte Israels, der Theologie des Alten Testaments und der heutigen theologischen Würdigung der nichtchristlichen Religionen bestürzend naiv. Offensichtlich wird hier mit einer pathetischen Historisierung des Erlösungsglaubens versucht, den Verlegenheiten des christlichen Geltungsanspruchs entgegenzuwirken. Für eine differenzierte Würdigung der Religionen bleibt dann – trotz der geradezu inflationären Verwendung des Wortes „Dialog“ – kein Platz. Wo die christliche Mission kein Gehör findet, gibt es bei solcher Sicht nur noch Menschen, die „leben, ohne von der Liebe Gottes zu wissen“ [76] – eine im Blick auf Muslime (aber nicht nur auf sie) ungeheuerliche Aussage, lehrt doch gerade der Koran, daß Gott eine Gemeinschaft von Menschen will, „die er liebt und die ihn lieben“ (Sure 5,54). So ist nicht verwunderlich, daß in dieser Missionstheologie trotz einer appellativen Überschrift „Die Aufmerksamkeit dem Süden und dem Orient zuwenden“ [77] vom Islam so gut wie nichts gesagt wird [78].

---

ginnen.“ 44: Nr. 40: „Es bleibt aber die Tatsache, [... die] Mission *ad gentes* steht noch in ihren Anfängen.“

[75] Ebd. 81: Nr. 86. – Eine nicht nur differenziertere, sondern auch nüchternere Behandlung des Verhältnisses von Kirche und nichtchristlichen Kulturen findet sich in dem Dokument des *Päpstlichen Rats für den Interreligiösen Dialog und der Kongregation für die Evangelisierung der Völker*: Dialog und Verkündigung. Überlegungen und Orientierungen zum Interreligiösen Dialog und zur Verkündigung des Evangeliums Jesu Christi, 19. Mai 1991 (Verlautbarungen des Apostolischen Stuhls 102, hg. vom Sekretariat der Deutschen Bischofskonferenz). Auch wenn diese Schrift ausdrücklich betont, daß sie „im Licht dieser Enzyklika gelesen werden“ soll (7: Nr. 4 c), ist die Differenz zu *Redemptoris Missio* unverkennbar.

[76] *Redemptoris Missio* (s. Anm. 64), 82: Nr. 86.

[77] Ebd. 44: Nr. 40.

[78] Das Wort „*Islam*“ kommt nur einmal innerhalb eines Zitats vor: „Wenn auch die Kirche gerne alles anerkennt, was in den religiösen Traditionen des Buddhismus, des Hinduismus und des Islam wahr und heilig ist [...]“ (ebd. 57: Nr. 55 – Brief an die Bischöfe Asiens anläßlich der 5. Vollversammlung der Vereinigung ihrer Bischofskonferenzen [23. Juni 1990], 4: L’Osservatore Romano, 18. Juli 1990).

c. Dringlichkeitsverluste

Als *Franz Xaver* auf einer seiner Missionsreisen einen chinesischen Schiffer, der ihm viel geholfen hatte und den er schätzte, durch eine tödliche Krankheit verlor, schrieb er in schmerzlicher Betroffenheit: „Während der ganzen Fahrt war er gut zu uns, aber wir konnten es ihm nicht lohnen, da er in seinem Heidentum starb. Nicht einmal nach dem Tod konnten wir ihm helfen und für ihn beten, da er in der Hölle ist."[79]Bei einer solch deutlichen Markierung der Grenze zwischen denen, die des Heils teilhaftig werden, und denen, die der Verdammnis verfallen, hat die Soteriologie offensichtlich einen massiv pragmatischen Charakter: Die Scheidung zwischen Gläubigen und Ungläubigen geschieht zum einen *in sozial greifbaren Identifikationen* und zum anderen mit dem *Gewicht eschatologischer Endgültigkeit.* In der Zuversicht auf Gottes Erlösung wird hier die Menschheit klassifiziert in zwei einander absolut ausschließende Gruppen: „Wer glaubt und sich taufen läßt, wird gerettet; wer aber nicht glaubt, wird verdammt werden." (Mk 16,16)[80].

Die neuzeitlichen Erfahrungen der Größe der Welt und der Vielzahl von Völkern und Kulturen mußten zunächst die Dringlichkeit der Mission verschärfen; doch im Gegenzug führten sie auf Dauer zu einer tiefgreifende Revision dieses Handlungsdrucks. Der Glaube, daß den Menschen keine Rettung gegeben ist außer im Namen Jesu (Apg 4,12), verlor die Handgreiflichkeit seiner sozialen Zuschreibungen von Heil und Unheil und beschränkte seinen absoluten Anspruch auf die nur gedanklich und ‚anonym' faßbare Vermittlung von Gnade.[81]

---

[79] Aus einem Brief an den Kapitän von Malakka Dom Pedro da Silva (1549), zit. bei *J. Brodrick*, Abenteurer Gottes. Leben und Fahrten des hl. Franz Xaver, Heidelberg ²1954, 306, mit der beiläufigen Bewertung: „Einer der härtesten Sätze, die Franz je geschrieben hat".

[80] Selbstverständlich will dieser Vers mit seiner teilweise asymmetrischen Formulierung nicht nahelegen, daß es noch eine dritte Gruppe gäbe: diejenigen, die glauben – und deshalb gerettet werden -, obwohl sie sich nicht taufen lassen.

[81] Dabei konnte man zwar theologisch auf vorausgehende Ansätze zurückgreifen (vgl. für die frühe Kirche *H. de Lubac*, Die Kirchenväter und die nichtchristlichen Religionen, in: *Ders.*, Geheimnis, aus dem wir leben, Einsiedeln 1967, 131–154); dennoch kam es zu grundlegend neuen Bewertungen der nichtchristlichen Welt. - Zu *K. Rahners* Lehre von den „anonymen Christen" vgl. *Bernhardt*, Der Absolutheitsanspruch

Damit gelang es nicht nur, den Angehörigen anderer Religionen im Rahmen der eigenen theologischen Voraussetzungen mit Hochschätzung zu begegnen (ohne den eigenen Geltungsanspruch zurückzunehmen), sondern man konnte auch leichter über die Unfähigkeit, die anderen vom eigenen Geltungsanspruch zu überzeugen, hinwegsehen. So ist die Theorie vom „anonymen Christsein" letztlich eine zwiespältige Reaktion auf die neuzeitliche Erfahrung religiöser Pluralität.[82]

Doch wurde auf diese Weise das Verhältnis zu den Angehörigen nichtchristlicher Religionen sowohl auf der Ebene der Praxis wie der Theorie von dringlicher Entscheidung entlastet: Man konnte es weit gelassener als zuvor hinnehmen, wenn sich Menschen dem christlichen Heilsangebot gegenüber verschlossen zeigten, und konnte es dahingestellt sein lassen, was ihr wirklicher Standort sei. Damit aber verblaßte der religiös fundamentale Gegensatz zwischen „Glaube" und „Unglaube", „Gläubigen" und „Ungläubigen": aus einer konkreten Grenze wurde eine theologisch abstrakte Differenz, deren Geltung man weiterhin unterstellte, deren Folgen aber niemandem mehr zugerechnet werden konnten.

Es ist nicht verwunderlich, daß schließlich auch das Prinzip der universal-exklusiven Heilsvermittlung durch Jesus Christus, wenn es erst einmal derart von der ‚Oberfläche' geschichtlicher und sozialer Realität abgelöst und in die ungreifbare ‚Tiefendimension' der göttlichen Gnade verlagert ist, an Plausibilität verliert und hie und da auch innerhalb der Theologie als ein revidierbares Element angesehen wird.[83]

Wenn man in all dem nur eine „Denkweise der Gleichgültigkeit" erkennen wollte, „durchdrungen von einem religiösen Relativismus, der zur Annahme führt, daß ‚eine Religion gleich viel gilt wie die andere'"[84], könnten die geistesgeschichtlichen Ver-

---

(s. Anm. 58), 174–187; auch 123 über Analogien bei *P. Tillich, A. Schweitzer, K. Barth, O. Karrer,* der *Weltmissionskonferenz 1963.*

[82] Einwände gegen diese Lehre hält *H. Ott,* Ein neues Paradigma in der Religionstheologie, in: Bernhardt (Hg.), Horizontüberschreitung (s. Anm. 57), 31–59, hier 45 f, für unbegründet; dabei wendet er sich freilich nur gegen den Vorwurf einer illegitimen Vereinnahmung der anderen.

[83] Vgl. etwa *Knitter,* Ein Gott – viele Religionen (s. Anm. 62), 101–152: Wie ist Jesus einzigartig? Auf dem Weg zu einer theozentrischen Christologie.

[84] *Redemptoris Missio* (s. Anm. 64), 38: Nr. 36.

schiebungen der Neuzeit nicht in den Blick kommen; dann bliebe nur das Verdikt, daß eine solche Mentalität „ihre Wurzeln in theologisch nicht richtigen Vorstellungen hat“ [85].

Freilich besitzt die Theologie kein wissenschaftliches Instrumentarium und keine fachliche Kompetenz, mit denen sie selbst entscheiden könnte, was im christlichen Glauben noch Geltung haben oder revidiert werden sollte. Beim Aufbau wie bei der Minderung von Überzeugungen ist vieles im gedanklichen Spiel, das als mehr oder weniger plausibel erscheinen mag, aber weit entfernt ist von schlüssigen Argumenten. Der theologischen Reflexion gehen die lebensweltlichen Orientierungen mit ihren Stimmigkeiten und Spannungen, Stabilitäten und Unsicherheiten, Konstanten und Verschiebungen voraus und liefern den nachfolgenden theoretischen Verarbeitungen die Kraft, Aufmerksamkeit und Zustimmung zu gewinnen. Theologie kann zwar helfen, die hermeneutische Situation zu klären, in der sich die Glaubensgemeinschaft bereits befindet; sie kann bestimmten Gruppen und Tendenzen beistehen, ihre Überzeugungen zu verantworten und deren Veränderungen zu rechtfertigen; aber die entscheidenden Weichenstellungen erfolgen nicht durch die Theologie selbst, sondern durch das ihr weithin schon vorgegebene gesellschaftliche, letztlich innerkirchliche Bewußtsein.

Da es dieses Bewußtsein aber nicht als einheitliches gibt, werden notwendigerweise auch die theologischen Positionen und Tendenzen plural sein. Dies kann nur den irritieren, der von der Theologie gleichzeitig sowohl wissenschaftliche, d. h. methodisch geleitete Sachlichkeit als auch überlegene Klarstellungen des Glaubens erwartet. Damit aber wäre sie überfordert.

d. Verständigungsbarrieren – Selbstbehauptungen – Irritationen

Die christliche und die muslimische Lehre von der Heilsvermittlung – von der Erlösung einerseits und der Wegleitung andererseits – können jeweils im eigenen theologischen System stimmig dargelegt und behauptet werden, sind aber weder wechselseitig harmonisch auszugleichen noch im argumentativen Diskurs auf

---

[85] Ebd.

ihren Anspruch hin zu prüfen. Beide aber berufen sich dabei auf die Offenbarung Gottes und machen diese in der gegebenen Situation zum Geltungsgrund einer inkommunikablen Selbstbehauptung. So ist es verständlich, daß angesichts der zahlreichen Abschottungsmentalitäten unserer Zeit auch innerhalb der Theologie die Frage gestellt wird: „Sind Offenbarung und Fundamentalismus überhaupt voneinander zu trennen?“ [86]

Der Koran prangert in der zweiten Sure den jüdischen und christlichen Erlösungsglauben aus doppelten Grund an – zum einen wegen seiner *sozialen Exklusivität* und zum anderen wegen seiner *argumentativen Schwäche*: „Sie sagen: ‚In den Garten werden nur die hineingehen, die Juden oder Christen sind.‘ Das sind ihre Wünsche. Sag: ‚Bringt euren Beweis, falls ihr die Wahrheit sagt!‘ [...] Die Juden sagen: ‚Die Christen haben keine Grundlage.‘ Und die Christen sagen: ‚Die Juden haben keine Grundlage.‘ Dabei lesen sie das Buch.“ (2,111.113) Angesichts dieses Widerstreits der partikularen Religionen will der Koran den universalen Heilsweg weisen: „Aber nein! Wer sich ganz Gott zuwendet und rechtschaffen ist, der hat seinen Lohn bei seinem Herrn. Die haben nichts zu befürchten und werden nicht traurig sein.“ (2,112).

Dem läßt sich zunächst leicht zweierlei entgegenhalten: zum einen, daß Juden- und Christentum nicht auf den angeprangerten Erlösungsegoismus festgelegt werden können, und zum anderen, daß schließlich auch der Islam eine partikulare Religion wurde – mit ähnlichen Zustimmungsdefiziten und Exklusivitätsproblemen wie die der christlichen Soteriologie. Doch damit wird die Verlegenheit nicht gemindert, sondern noch bekräftigt:

Die *universale* Zusage von Gottes Heil ist in Christentum und Islam an die Anerkennung des *je besonderen* Geltungsgrundes (Jesus Christus bzw. Koran) gebunden; dieser Anspruch findet aber offensichtlich nicht universal Zustimmung. Unter dieser Voraussetzung muß also entweder

– Gottes Heil auf den Kreis derer eingeschränkt werden, die

---

86 *O. Fuchs*, Zwischen Wahrhaftigkeit und Macht. Pluralismus in der Kirche?, Frankfurt 1990, 215. Zum Zusammenhang von Offenbarungsanspruch und Fundamentalismusgefahr vgl. den Sammelband von *Werbick* (s. Anm. 1).

der eigenen Voraussetzung zustimmen (so vorwiegend in islamischer[87] und vorneuzeitlicher christlicher Theologie), oder

– ‚im Grund' eine Zustimmung auch dort noch unterstellt werden, wo sie auf der erkennbaren ‚Oberfläche' nicht gegeben ist (so heute weithin in christlicher Theologie).

Schließlich besteht aber prinzipiell noch eine dritte Möglichkeit:

– einzuräumen, daß jede der beiden Soteriologien ihre begrenzten Geltungsvoraussetzungen hat, ohne daß absehbar wäre, wie diese je überwunden werden könnten, und daß dadurch universalistische Deutungsansprüche zunehmend an Glaubwürdigkeit verlieren dürften. Dann könnte freilich die eine Religion nicht von vornherein ‚das Heil der Welt' auch für alle anderen Menschen gerade dort und nur dort festlegen, wo sie es für sich selbst gegeben sieht.

Wieweit Christentum und Islam – und diesen beiden Religionen stellt sich das Problem wie keiner anderen sonst – schließlich überhaupt in der Lage sind, auf diese letzte Möglichkeit ernsthaft einzugehen, und wie weitreichend dies ihr Selbstverständnis ändern würde, ist nicht im voraus schlüssig auszumachen. Aber der Gedanke daran läßt sich auch nicht von vornherein verwehren; er steht mit im Experiment des religiösen Bewußtseins.

e. „Dialog" über Geltungsansprüche?

Die Option für den „Dialog" als Begegnungsform der Religionen ist eine problematische Angelegenheit; denn dieser Begriff legt Voraussetzungen nahe und weckt Erwartungen, denen ein bestimmtes Glaubensverständnis gerade entgegensteht[88]. Wer in einem „Dialog" mehr sieht als eine Strategie der freundlichen Begegnung, der vordergründigen Lernbereitschaft und der missionarischen Einladung, kann nicht gleichzeitig mit stabilen, gar exakten Grenzen absichern, daß keinesfalls „die Wahrheit" zur Disposition gestellt werde. Wenn der Partner ernst genommen werden soll, ist Dialog nicht zu haben ohne *Relativierungen* der

[87] Vgl. *Khoury*, Der Koran. Kommentar I (s. Anm. 18), 285–290.

[88] Vgl. *R. Schaeffler*, Wahrheit, Dialog und Entscheidung, in: *A. Bsteh* (Hg.), Dialog aus der Mitte christlicher Theologie, Mödling 1987, 13–42.

eigenen Position *auf eine mögliche bessere Einsicht hin* – vielleicht auch in einem bislang für „wesentlich“ erachteten Element. (Dabei ist nichts an dem Wort „Relativierung“ selbst gelegen; wer mit ihm nur „Indifferenz“ und ähnliches assoziiert, mag es lassen und einen besseren Ausdruck suchen.) Als Konsequenz bleibt nur die *Alternative:* Entweder wir setzen uns dem Experiment einer gemeinsamen Verständigung aus, ohne daß wir dabei von vornherein sagen könnten, wieweit wir letztlich vor uns selbst (nicht nur vor den anderen) bestehen werden, oder wir entziehen uns dem Risiko solcher Offenheit, indem wir einen Teil unserer Überzeugungen als absolut endgültig aussparen.

Wer freilich bei dem Stichwort „Dialog“ in erster Linie an theologische Diskurse denken wollte, für den wäre dies eine theoretische Entscheidung, die von Fall zu Fall, von Thema zu Thema neu getroffen werden könnte. Doch wird zu Recht davor gewarnt, dieser fachlich theologischen Ebene zuviel Gewicht beizumessen; so könnten die interreligiösen Beziehungen leicht „zu einer Art Luxus“ werden, „zu einer Domäne gleichsam, die den Spezialisten vorbehalten ist“ [89]. Bedeutsamer als der „Dialog des theologischen Austauschs, in dem Spezialisten ihr Verständnis ihres jeweiligen religiösen Erbes vertiefen und die gegenseitigen Werte zu schätzen lernen“, ist der „Dialog des Lebens, in dem Menschen in einer offenen und nachbarschaftlichen Atmosphäre zusammenleben wollen“, der „Dialog des Handelns, in dem Christen und Nichtchristen für eine umfassende Entwicklung und Befreiung der Menschen zusammenarbeiten“, der „Dialog der religiösen Erfahrung, in dem Menschen, die in ihrer eigenen religiösen Tradition verwurzelt sind, ihren spirituellen Reichtum teilen, z. B. was Gebet und Betrachtung, Glaube und Suche nach Gott oder dem Absoluten angeht“ [90]. Aber auch solcher Austausch und solche Verständigungsweisen haben ihre theoretischen Implikationen, ihre theologischen Voraussetzungen und Konsequenzen. Hier gibt es geistesgeschichtliche Verschiebungen, die nicht mit vorgegebenen religiösen und lehramtlichen Leitlinien zu reglementieren sind, weil sie ihre eigenen

[89] Dialog und Verkündigung (s. Anm. 75), 23: Nr. 43.

[90] Ebd. 22: Nr. 42 mit Bezug auf „das 1984 veröffentlichte Dokument des Päpstlichen Rates für Interreligösen Dialog“ (Dialog und Mission: Gedanken und Weisungen über die Haltung der Kirche gegenüber den Anhängern anderer Religionen).

Überzeugungsgründe mit sich bringen und damit vielleicht die Plausibilität traditioneller Geltungen mindern. Die Entscheidungen, die hier fallen, sind nicht nur eine Sache der theologischen Folgerichtigkeit, sondern zuvor schon des jeweiligen kulturellen Standorts mit seinen Überzeugungen und Bedürfnissen.

Eine solche theologische Respektierung geschichtlicher Spielräume ist nicht schlechthin unproblematisch, denn: „Eine Religion, die von vorneherein sich selbst und ihre Sinngehalte relativiert, wäre ein widersprüchliches Gebilde – sinnvoll höchstens als Mosaikstein einer (illusorischen!) synkretistischen Universalreligion, oder dann in einem (letztlich!) polytheistischen Kontext. Ein Glaube, wenn er einen ihm begegnenden anderen Glauben und dessen Vertreter achtet, muß diesem im Gesamt seiner eigenen Glaubensvision eine Stellung zuweisen – sonst nimmt er die Begegnung nicht ernst, sondern tut das Ansinnen einer solchen gleichsam mit der Bemerkung ab: daß jeder nach seiner eigenen Façon selig werden möge ...“[91], und: „Dialog zwischen Religionen ist nicht einfach Fügsamkeit und Harmonie, sondern das Aufeinandertreffen von Absolutheitsansprüchen.“[92] Aber die „Absolutheitsansprüche“ der verschiedenen Religionen sind nicht dieselben – und sie variieren noch einmal im Wechsel der kulturellen Klimata. Der scheinbar widersprüchliche Begriff der „relativen Absolutheit“ hat seine geistes- und religionsgeschichtlich guten Gründe.[93]

Im Verhältnis von Christentum und Islam ist jedoch über die prinzipielle Konkurrenz unterschiedlicher Religionen hinaus auf beiden Seiten zugleich noch ein weiteres Moment im Spiel, das sich zwar schwerer greifen und analysieren läßt, aber die Beziehungen nicht weniger belastet: das intensive Bewußtsein der *eigenen Überlegenheit.* Hier geht es nicht um die theologisch grundsätzliche Verhandlung von „Absolutheitsansprüchen“, sondern – oft auch nur unterschwellig und beiläufig – um die relative Einschätzung des *religiös-kulturellen Niveaus* des anderen Glaubens. Wenn sich etwa christliche Theologie unter dem Thema „Erlösung und Heil“ auch mit dem Islam befaßt, stößt sie

---

[91] *Ott* (s. Anm. 80), 45.

[92] Ebd. 45f.

[93] Vgl. „Geschichtliche Offenbarung und Endgültigkeitsansprüche“ (s. Anm. 1), 177f, im Blick auf *Ernst Troeltsch.*

auf seine radikale Entgegensetzung von Gott und Mensch, sein Verständnis der Offenbarung als Instruktion, seine Betonung der Unveränderlichkeit göttlicher Ordnungen, seine Orientierung am Buch, sein Beharren auf einer unmittelbaren und wörtlichen Inspiration, seine Hochschätzung des Gesetzes und seine umgreifende Einbindung des Einzelnen in die dominierende Gemeinschaft – und dies kann der christlichen Theologie mit ihren Bewertungen von Freiheit und Personalität, von Gottebenbildlichkeit und Gotteskindschaft, von menschlicher Geschichte und Erfahrung als ein reichlich inferiores Denken vorkommen. Es mag dann scheinen, daß der Islam mit der Verkündigung des Koran schlicht hinter ein zuvor bereits erreichtes religionsgeschichtliches Niveau zurückgefallen sei. Daß darüber hinaus das westliche Christentum in der Neuzeit genötigt wurde, sich den besonderen Fragen der Aufklärung und gesellschaftlichen Emanzipation zu stellen, hat den Abstand zwischen ihm und dem Islam noch vergrößert und die christliche Selbsteinschätzung noch gestärkt.

Umgekehrt ist im muslimischen Bewußtsein seinerseits die Überzeugung, dem christlichen Glauben geistig überlegen zu sein, nicht minder verbreitet. Gründe dafür liegen auch ihm genügend zutage: die uneingestandene Entfernung der kirchlichen Lehre von der Verkündigung Jesu und dem vorgängigen Glauben Israels, die exzessive Bindung von Gottes Heilshandeln an Jesus Christus, die mythologische Verzeichnung seines Wesens und Wirkens, die historische Unzuverlässigkeit der biblischen Traditionen, die spekulativen Komplikationen der Dogmengeschichte und deren ruinöse Folgen, die theologische Unfähigkeit, Mohammed zu würdigen – im Gegensatz zur muslimischen Anerkennung Jesu –, und schließlich der neuzeitliche Verlust des christlichen Glaubens an moralischer Vitalität und gesellschaftlicher Gestaltungskraft.

Solche Kontraste der Selbst- und Fremdeinschätzung sind in den Beziehungen des Christentums zu den sonstigen Religionen nicht gleichermaßen markant ausgeprägt. Deshalb legt sich dort auch nicht ebenso schnell nahe, das fremde Denken am eigenen zu messen und es von daher als minderwertig einzustufen. So kann diesen Religionen gegenüber die Frage, wie der christliche Glaube bei seinem Geltungsanspruch sich mit deren anderem

Selbstverständnis vertrage, als ein grundsätzliches Problem verhandelt werden, ohne daß dadurch die Wertschätzung der fremden Kultur beeinträchtigt werden müßte. Die gegenseitige Herausforderung von Christentum und Islam ist jedoch brisanter: Hier erwächst der jeweilige Geltungsanspruch von vornherein aus konkreten Themen des Glaubens und in der Konkurrenz des gegensätzlichen Überlegenheitsbewußtseins. Dieses aber ist nur zu prüfen und eventuell abzubauen über einen langen geschichtlichen Weg der wechselseitigen Aufmerksamkeit, des wachsenden Respekts voreinander und der bescheideneren Selbsteinschätzung.

IV

Deabsolutierung der Christologie?

Von Reinhold Bernhardt

Müssen wir christologisch abrüsten, um interreligiös dialogfähig zu werden? Müssen wir die ‚Absolutheitsansprüche' aus dem Bekenntnis zu Jesus Christus entfernen, um eine offene Begegnung mit nichtchristlichen Religionen und Weltanschauungen nicht von vorneherein zu blockieren? Müssen wir den Exklusivanspruch aus der Christologie entfernen, nicht nur um dialogfähig in der Begegnung mit Vertretern anderer Religionen zu werden, sondern auch um den von vielen Seiten geforderten „Paradigmenwechsel" in der Religionstheologie voranzutreiben: hin zu einer Anerkennung der nichtchristlichen Religionen als vollwertige Heilswege? – Oder geben wir mit einer solchen Deabsolutierung gerade das Herzstück unseres Glaubens auf? Immerhin gibt es Aussagen in der biblischen Überlieferung, auf die sich dieser Anspruch unmittelbar berufen kann: Etwa das Bekenntnis zu Jesus Christus als dem *einzigen* Sohn Gottes (Joh 1,14+18), von dem Petrus „erfüllt vom heiligen Geist" sagt, in keinem anderen sei das Heil und die Rettung für die Menschen (Apg.4,12). Oder Joh.14,6, wo Jesus von sich selbst sagt: „Ich bin der Weg, die Wahrheit und das Leben, niemand kommt zum Vater denn durch mich". Oder den sog. Missionsbefehl in Mt 28, in dem Jesus seine Jünger aussendet, alle Völker in seine Nachfolge zu rufen und zu taufen.

Wenn es aber stimmt, daß Heil und Heilsoffenbarung *einzig und allein* in Jesus Christus „solus Christus" erwirkt und zugänglich sind, dann führt kein Weg zu Gott an ihm vorbei. Nulla salus extra Christum! Wenn Christus als das „*eine* Wort Gottes, das wir zu hören, dem wir im Leben und im Sterben zu vertrauen und zu gehorchen haben" (Barmen I) bekannt wird, dann kann es keinen anderen Weg zum Vater geben, als den, den der Sohn nicht nur *eröffnet* hat, sondern der er selbst *ist.* Alle anderen Wege müssen entweder in die Irre führen oder in diesen einen Königsweg zum Heil einmünden.

Der Christ mag gelernt haben, zwischen der Fülle der Wahrheit in Christus und seinem eigenen begrenzten Anteil an dieser Wahrheitsfülle zu unterscheiden. Er mag zugestehen, daß die Christusbotschaft nicht an den Geltungsbereich der christlichen *Religion* gebunden ist, sondern wirkt, wo sie will. Doch solange er am *solus Christus* festhält, bleibt es ihm unmöglich, die Religionen als eigenständige und vollwertige Heilswege neben dem Christusweg anzuerkennen.

Kann es aber einen echten Dialog geben, wenn einer oder beide der Dialogpartner die Wahrheit, um die es in diesem Dialog geht, von vornherein allein für seinen Heilsweg reklamiert? Ein Christ oder Muslim oder Jude, der einen solchen Anspruch erhebt, weiß sich auf dem einzig richtigen Weg. Er wird versuchen, in der Begegnung die Nichtchristen von ihrem falschen auf seinen rechten Weg zu bringen. Was in den äußeren Umgangsformen wie ein freundlicher Dialog erscheinen mag, ist in Wirklichkeit monologische Verkündigung.

In der Geschichte christlicher Mission gibt es unzählige Beispiele für eine solche monologisch-imperialistische Verkündigung der Christusbotschaft ohne Rücksicht auf die Würde nichtchristlicher Religionen. Kann aber die gleiche Botschaft, die solch militanten Missionseifer freigesetzt hat, heute eine *dialogische* Gestaltung der Beziehung zwischen den Religionen befördern? Oder ist um des Religionsdialogs willen eine *Abrüstung* des Christusbekenntnisses oder umgekehrt um des Christusbekenntnisses willen eine Preisgabe des Religionsdialogs erforderlich?

Die Antwort auf diese Frage hängt vor allem davon ab, ob die Christusbotschaft in ihrem Kern mit dem Anspruch auf Einzigkeit, Exklusivität und Finalität (Endgültigkeit) verbunden ist. Kurz gesagt: Ist der Kern der Botschaft vom Heil in Jesus Christus ein unaufgebbarer Absolutheitsanspruch? Gehört zum Bekenntnis der Heilsmittlerschaft Christi auch die Einzigkeits-, Exklusivitäts- und Finalitätsbehauptung, *allein* in ihm sei göttliche Heils-Wahrheit *ein-für-allemal* und *endgültig* präsent? Oder handelt es sich bei diesem Anspruch um ein keineswegs konstitutives, sondern um ein zusätzliches, vielleicht zeitbedingtes Prädikat, so daß man die Bedeutsamkeit Jesu auch ohne solche Ausschließlichkeitsprätentionen vollständig aussagen könnte? Oder soll man mit einigen Vertretern der sog. Pluralistischen Religionstheologie sogar noch einen Schritt weiter gehen und den christologischen Absolutheitsanspruch nicht bloß als sekundären und arbiträren Appendix, sondern als eine die ursprüngliche Christusbotschaft verfälschende Fehlentwicklung brandmarken, als triumphalistischen Verrat am demütigen Bekenntnis zum Gekreuzigten? Ein Verrat, der verheerende Folgen in der Geschichte der christlichen Religion nach sich gezogen hat.[1] Demnach wäre es geradezu *notwendig*, den christologischen Exklusivanspruch aufzugeben, um das genuine Erlösungswerk Gottes in Jesus Christus authentisch erfassen, konzeptualisieren und neu inkulturieren zu können.

Im Umfeld einer pluralistisch angelegten Religionstheologie hat man versucht, Person und Werk Jesu Christi so zu verstehen, daß andere, nicht-christliche Gestaltwerdungen des Transzendenzgrundes und damit andere Wege zu ihm in ihrem eigenständigen Offenbarungs- und Heilsanspruch anerkannt werden können. Nach einer kurzen Besinnung auf die wichtigsten, in der deutschsprachigen Theologie seit der Aufklärung entwickelten Stategien zur De- und Rekonstruktion der klassischen nizänisch-chalcedonensischen Christologie will ich diesen pluralistischen Ansätzen nachgehen. Sie alle versuchen, die mit der Christusbotschaft verbundenen steilen Alleingeltungsansprüche – wie sie von Athanasius bis Barth vorgetragen wurden – zu reduzieren, ohne diese Botschaft selbst dabei substantiell einzuschränken. Dazu unterscheiden sie zwischen den christologischen *Konzepten* und der dahinterliegenden *Substanz*, zwischen zeitlosem *Kern* und kulturell-kontextueller *Schale*, zwischen der variablen *Form* der Aussage und dem davon intendierten kulturübergreifend-gültigen *Inhalt*. Die Unterscheidung von zeitbedingter Schale und ‚wahrem' Kern bildet das methodische Herzstück aller Deabsolutierungsstrategien. Daß der Kern nie in Reinform

[1] So etwa *P. Knitter*, No Other Name? A Critical Survey of Christian Attitudes Toward the World Religions, 1985, S. 171 ff. *A. Race*, Christus und das Skandalon der Partikularitäten, in: R. Bernhardt (Hg), Horizontüberschreitung. Die Pluralistische Theologie der Religionen, 1991, 137ff.

ohne eine Schale zu bestimmen ist, wissen diejenigen, die sich dieser Unterscheidung bedienen. Ihr Anliegen ist es daher nicht, eine kontextfreie Urchristologie zu filtrieren. Sie wollen vielmehr die Verabsolutierung einer bestimmten, der nizänisch-chalcedonensischen Ausdrucksweise aufbrechen und damit die Transformation der christologischen Zentralinhalte in unsere Zeit und in unser kulturelles Umfeld, aber auch in andere Kulturkreise erleichtern. Die Bedeutsamkeit der Person und des Werkes Jesu Christi soll von antiquierten Vorstellungsmustern befreit werden, um sich so mit dem Welt-Bild der jeweiligen kulturellen Gegenwart verbinden zu können. Das heißt nicht, das Christuskerygma solle sich diesen Welt-Bildern unterwerfen. Um in ihnen wirken zu können, um sie transformieren zu können, muß es sich inkulturieren, muß es in die lebendige Sprache und Vorstellungswelt der Menschen übersetzt und auf diese Weise immer wieder neu inkarniert werden. Im Interesse seiner Universalität.

1. Entmythologisierung als Deabsolutierungsprogramm

Strategien zur De- und Rekonstruktion der nizänisch-chalcedonensischen Christologie sind schon lange vor den interreligiösen Dialogbemühungen christlicher Theologen entwickelt worden: Auf breiter Front zuerst in der Aufklärung, wo nicht primär die Konkurrenz der nichtchristlichen Religionen, sondern die Wahrheitsansprüche der sich emanzipierenden Vernunft dazu antrieb; Jesus wird rationalistisch zum Lehrer des rechten Vernunftgebrauchs (Lessing) oder moralistisch zum sittlich vollkommenen „Menschenfreund" (Kant) reduziert. Seine Einzigartigkeit besteht in der *Vollkommenheit*, mit der das Ideal der vom Traditionsprinzip befreiten Rationalität oder die Idee des autonomen sittlichen Prinzips in ihm personifiziert ist. Der Anspruch auf exklusive *Einzigkeit* ist damit aufgegeben.

Die historisch-kritische Dogmen- und Bibelforschung des 19.Jhs deckte die Kontextgebundenheit der biblischen Überlieferung und der dogmengeschichtlichen Lehrentwicklung auf. Die (für alle Deabsolutierungsstrategien grundlegende) Unterscheidung zwischen dem zeitlosen ‚Kern' der Christusbotschaft und ihren kulturell-kontextuellen Einkleidungen war unumgänglich.

Besonders die Anwendung des Mythos-Begriffs auf die Christus-Deutung durch *D. F. Strauß* brach dieser Unterscheidung die Bahn. Die geschichtlichen Tatsachen sollten von ‚mythologischen' Vorstellungen befreit werden.[2] In der Leben-Jesu-Forschung führte das zu den bekannten Versuchen, den ‚historischen' Jesus zu rekonstruieren. *M. Kähler* brachte diese Versuche zu Fall[3], indem er den Projektionsvorwurf gegen sie erhob, d. h. indem er die uneingestandene Interessenleitung der Leben-Jesu-Forscher aufdeckte. Ihre vermeintlich ‚objektive' Darstellung hatte sich in den höchst unterschiedlichen Jesus-Bildern, die sie hervorbrachten, als Projektion eigener Idealvorstellungen erwiesen. Es zeigte sich, daß auch die auf solche Weise rekonstruierten Darstellungen lediglich ‚Bilder' waren – noch dazu von der subjektiven Einstellung des Forschers und seinem kulturellen Kontext eingefärbte. F.-W. Marquardt bringt die Problematik der Leben-Jesu-Forschung auf den Begriff, wenn er sagt: „Jesus aus der Welt der Bibel herauslösen wollen, müßte ihn vergewaltigen. Dies müßte gerade dann ein unhistorischer Versuch sein, wenn es im Namen der Erschaffung eines historischen Jesus geschähe. Der historische Jesus war immer ein zwanghaft aus seiner Welt entführter und in unsere Welt verschleppter Jesus, ein Zwangsumsiedler und Heimatvertriebener".[4]

Den Evangelien geht es nach Kähler nicht um den von ihm ‚sogenannten historischen Jesus', sondern um den ‚geschichtlichen', den ‚kerygmatischen' Christus. ‚Geschichtlich' meint hier im Gegensatz zu ‚historisch' die Dimension der *Bedeutung* des historischen Phänomens über die Zeit, in der es erschienen ist, hinaus. Nicht auf das Historische, auf die Tatsachen und Ereignisse der Geschichte, bezieht sich der Glaube, sondern auf den Bedeutungsgehalt der Tatsachen, die damit zu Symbolen werden. Er

---

[2] „Evangelischen Mythos nennen wir eine solche, auf Jesus unmittelbar oder mittelbar sich beziehende Erzählung, welche und soweit wir sie nicht als Abdruck einer Tatsache, sondern als Niederschlag einer Idee seiner frühesten Anhänger betrachten dürfen" (*D. F.Strauß,* Das Leben Jesu, kritisch bearbeitet, [4]1840, I/98).

[3] In: Der sogenannte historische Jesus und der geschichtliche, biblische Christus, 1892, [4]1969.

[4] *F.-W. Marquardt,* Das christliche Bekenntnis zu Jesus, dem Juden. Eine Christologie, 1990, I/298. Die Gegenfrage: „Wenn seine Welt uns fremd ist, wie sollen wir ihn dann verstehen..." beantwortet Marquardt mit der Umkehrung der naiv-historistischen Hermeneutik. Er empfiehlt, „als Verstehender einzuwandern in die Welt der Bibel, um dort Jesus zu besuchen, statt ihn zur Auswanderung zu nötigen" (a. a. O. I/298 f).

bezieht sich auf das Ewige, das sich im Historischen gezeigt hat, ihm aber uneinholbar transzendent ist.

W. Herrmann und dann *A.v.Harnack* wendeten sich daraufhin vom äußeren Leben Jesu ab und dem inneren zu. Sie versuchten, die „Religion Jesu", die Lebenskraft seines Selbstbewußtseins (Herrmann) und seine ursprüngliche Lehre (v.Harnack) zu rekonstruieren. Hier sollte der eigentliche, der zeitlose Inhalt des Evangeliums – von allen historischen Einkleidungen befreit – ausgemacht werden. Wieder begegnen wir darin der Unterscheidung von überlieferter Ausdrucksoberfläche und eigentlichem Aussagesinn, von kulturabhängiger Darstellung und ewiger Gotteswahrheit, die wie Kern und Schale einander zugeordnet werden. Mit den geistigen Umwälzungen, die der Erste Weltkrieg nach sich zog, brachen diese Rekonstruktionsversuche zusammen. Das Verhältnis der protestantischen Theologie zum historischen Jesus geriet in eine tiefe Krise, die erst in den letzten Jahrzehnten – nicht zuletzt im Zusammenhang mit dem jüdisch-christlichen Dialog und der sozialgeschichtlichen Exegese – überwunden wurde.

Aus dieser Krise ging die ‚kerygmatische Theologie' hervor, die besonders mit dem Namen *R. Bultmanns* verbunden ist. Sie geht davon aus, daß der eigentliche Kern des Evangeliums weder im äußeren noch im inneren Leben Jesu, also weder in seinem eigenen Handeln als solchem, noch in seiner eigenen Verkündigung zu suchen ist. Er liegt vielmehr im Christuskerygma, in der Botschaft von der Auferstehung des Gekreuzigten (die dann rückwirkend die Überlieferung von seinem Handeln und seiner Verkündigung prägt). Gerade dieses Kerygma erweist sich ihr aber nun in seiner Darstellung als von einem bestimmten, längst überholten Wirklichkeitsverständnis abhängig. Entmythologisierung bedeutet hier, die Überlieferung existential zu interpretieren, den zeitbedingten weltanschaulichen (mythologischen) Vorstellungsrahmen auf seine zeitübergreifend aktuelle Anrede hin auszuleuchten. Bultmanns Entmythologisierungsprogramm war – anders als das von Strauß ausgehende – nicht darauf angelegt, die mythologischen Aussagen des NT zu eliminieren, sondern sie auf die in ihnen ausgedrückte Existenzerfahrung zurückzuführen und so ihren eigentlichen Aussagenkern – die Heilsbedeutung pro me – ans Licht zu heben.

In lutherischer Tradition stehend hatte Bultmann keinen Zweifel daran gelassen, daß die Heilsbedeutung Jesu Christi *allein* von ihm auszusagen sei. Nichtchristliche Religionen und ihre Heilsangebote spielten für sein theologisches Denken bestenfalls eine marginale Rolle. Je mehr diese Religionen aber in unser kulturelles Blickfeld drängen, umso stärker gerät die Behauptung der Einzigartigkeit, Endgültigkeit und Ausschließlichkeit der Christusbotschaft unter Druck. Im 19.Jh. war es die Rationalisierung und Historisierung des Weltbezuges, die zur deabsolutierenden Rekonstruktion christlicher Geltungsansprüche trieb. In der ersten Hälfte des 20.Jhs war es die durch den Ersten Weltkrieg ausgelöste Kulturkrise und die darauf antwortende Existenzphilosophie. In der Gegenwart ist es die Erfahrung immer weiter fortschreitender Pluralisierung des gesellschaftlichen und geistigen Lebens, die Verarbeitung der Schuld, die das westliche Christentum in der Unterstützung von Kolonialismus und Imperialismus vom 16. bis zum 19.Jh auf sich geladen hat, und das Erschrecken über den jahrhundertealten Antisemitismus, der immer wieder christologisch gerechtfertigt wurde. Der jüdisch-christliche, zunehmend auch der interreligiöse Dialog und die Anerkennung neuer Christologien aus der sog. Dritten Welt sind Reaktionen darauf. Sie fordern die Preisgabe des christologischen Exklusivitätsanspruches.

Die jetzt darzustellenden christologischen Ansätze verstehen sich vor dem Hintergrund dieser Herausforderung. Sie stehen alle mehr oder weniger in der Tradition jener kritischen Rekonstruktionsversuche der klassischen (Inkarnations-)Christologie, wie sie von den Autoren des vielbeachteten Sammelbandes *The Myth of God Incarnate* unternommen worden war.[5] Es geht ihnen besonders um ein neues Verständnis der Behauptung der Göttlichkeit Christi, die systematisch eng verbunden ist mit der Inkarnationslehre und den Vorstellungen von Christi Präexistenz, Schöpfungsmittlerschaft und eschatologischem Richteramt. Gerade diese Lehrstücke stehen im Verruf, „Jesus Christus als den einzigen Retter der Welt zu proklamieren und damit die

[5] Hg. von *J. Hick,* 1977; dt.: Der Mythos vom menschgewordenen Gott, 1979. Zur Kritik siehe: *I. U.Dalferth,* Der Mythos vom inkarnierten Gott und das Thema der Christologie, in: ZThK 84 (1987) 320–344.

Überlegenheit („superiority') des Christentums über die anderen Religionen zu demonstrieren".[6] Dieser Anspruch soll aufgebrochen werden, ohne den ‚eigentlichen' Kern der Christusbotschaft anzutasten – im Gegenteil: dieser Kern soll von seiner unzeitgemäßen Schale befreit werden und so neu zur Geltung kommen. Die grundlegende Voraussetzung dazu ist die oben skizzierte Unterscheidung von zeitbedingter Schale, der die Absolutheitsansprüche zugeordnet werden, und zeitlos-gültigem Kern, dessen Wahrheitsgehalt keiner apriorischen Immunisierung bedarf, der vielmehr mächtig genug ist, sich zu allem Wahren – sei es christlich oder nicht – in eine positive Beziehung zu setzen. Diesen Kern aber findet man am ehesten in Person und Werk Jesu von Nazareth *vor* seiner hellenisierenden Vergöttlichung, in der Wiederentdeckung des jüdischen Jesus im christlichen Christus. Die Methode, derer sich die pluralistischen Christologieentwürfe bedienen, ist die der Entmythologisierung: Die Lehre von der Inkarnation, von den zwei Naturen usw. soll als mythologischer modus loquendi erkannt und auf ihre ‚eigentliche' Bedeutung zurückgeführt werden.

2. John Hick[7]

Die Ansprüche auf Einzigkeit, Exklusivität und Finalität gründen in der Behauptung der göttlichen Natur Jesu Christi. Zu seiner menschlichen Natur stehen sie in Spannung. Das Verständnis der Göttlichkeit Jesu Christi ist in der alexandrinisch-chalcedonensischen Inkarnations- und Zwei-Naturen-Lehre maßgebend ausgebildet worden. Daher richtet sich John Hicks Kritik in erster Linie gegen diese Lehre.

---

[6] *K.-J. Kuschel,* Christologie und interreligiöser Dialog. Die Einzigartigkeit Christi im Gespräch mit den Weltreligionen, in: StZ 116 (1991) 387.

[7] Ich skizziere nur einige der Grundgedanken Hicks. Eine etwas ausführlichere Darstellung seiner Christologie habe ich gegeben in: Der Absolutheitsanspruch des Christentums. Von der Aufklärung bis zur Pluralistischen Religionstheologie, 1990, 212–217. Hick arbeitet gegenwärtig an einem Entwurf seiner Christologie, den er als Birks Lecture unter dem Titel Jesus Christ in a Religiously Plural World vorgetragen hat und der in nächster Zeit veröffentlicht werden wird. Die bis dahin aktuellste Skizze der Christologie Hicks findet sich unter dem programmatischen Titel An Inspiration Christology for a Religiously Plural World in: S. Davis (Hg), Encountering Jesus, 1988, 5–22.

Er will sie ihres Anspruchs entkleiden, folgerichtige Entfaltung der göttlichen Sachlogik des Christusgeschehens zu sein. Für ihn ist diese Lehrform keine überzeitlich gültige theologische Notwendigkeit, sondern die historisch kontingente Hervorbringung einer bestimmten geistig-kulturellen Situation – eine kontextbedingte Reaktion auf damals aktuelle Herausforderungen. Hick versteht die Zwei-Naturen-Lehre also als Versuch einer bestimmten geistesgeschichtlichen Epoche, die mit Christus verbundenen soteriologischen Grunderfahrungen in den Plausibilitätsstrukturen dieser Zeit, und d. h. in ‚mythologischer' Form, auszudrücken. Diese ‚mythologische' Ausdrucksform will er nicht eliminieren, sondern als seiner Zeit und seinem kulturellen Ort (dem hellenistischen Osten des Römischen Reiches – Griechenland, Kleinasien und Unterägypten – im 4. und 5.Jh.) angemessenes Ausdrucksmittel für die Bedeutsamkeit Christi verstanden wissen. Die im zeitgenössischen neuplatonischen Horizont mit seinen statischen, kosmozentrischen Seins- und Substanzkategorien entwickelte Lehrbildung ist – so Hick – sowohl mit dem theozentrischen dynamischen Prozeßdenken des hebräischen Kulturraumes als auch mit dem anthropozentrischen empirischen Geschichtsbewußtsein der nachaufklärerischen westlichen Welt inkompatibel. Damit ist der Anspruch, in dieser Lehre sei die Bedeutung des Christusereignisses einzig-, voll- und endgültig entfaltet, bestritten. Entmythologisierung meint im Kern: Enthellenisierung.

Hick will hinter die in Nizäa und Chalcedon dogmatisierte Lehrgestalt auf die Person des Jesus von Nazareth zurückgehen. Dabei weiß er um die Unmöglichkeit, ein originalgetreues Bild des ‚historischen' Jesus zu rekonstruieren. Dieses historisch genauen Bildes bedarf es aber auch gar nicht, um Person und Wirken in ihrer soteriologischen Bedeutsamkeit zu erkennen. Es genügt eine „imaginative reconstruction", eine „hypothetische Anempfindung", wie Troeltsch (in etwas anderem Zusammenhang) sagte.[8] Diese Rekonstruktion ist sich immer ihrer eigenen Perspektivität bewußt und kann sich von daher nicht verabsolu-

[8] Ähnlich dem oben zitierten Vorschlag Marquardts, „als Verstehender einzuwandern in die Welt der Bibel" (siehe Anm. 4). Hick unternimmt diesen Versuch u. a. in: An Inspiration Christology, 6ff.

tieren. Sie nähert sich Jesus nicht von den Verstehensvoraussetzungen eines ihm selbst vollkommen fremden Kontextes (des hellenistischen 4. und 5.Jh), sondern denkt sich in seinen eigenen kulturell-religiösen Horizont ein. Dabei entdeckt sie, daß Jesus selbst keine göttlichen Prädikationen für sich in Anspruch genommen hat – sowohl der Messiastitel (wenn er ihn überhaupt gebraucht hat) als auch der Menschensohntitel (wenn er ihn auf sich angewandt hat) schließen eine deutliche Unterscheidung des so Titulierten von Gott ein. Messias und Menschensohn waren Beauftragte Gottes, gesandt zur Vorbereitung und Ankündigung des Gottesreiches.[9] Die ältesten Zeugen aus der unmittelbaren Umgebung Jesu sprechen von ihm als von einem von Gott beglaubigten Mann, durch den Gott machtvoll gewirkt hat (Apg.2,22).

An diese ältesten Versuche, die Präsenz Gottes in Jesus auszusagen, schließt Hick seine eigene Deutung von Person und Werk Jesu an (von einer ‚Christologie' spricht er dabei nur zögernd). Er favorisiert eine Inspirations- oder Geistchristologie, wie sie für die judenchristlich-ebionitische und dann für die westsyrisch-antiochenische Tradition charakteristisch war, die in Jesus den mit Gottes Geist begabten eschatologischen Propheten erblickte.[10] Aus der Vielfalt der christlichen Überlieferung greift er also auf eine christologische Aussageform zurück, die dem religiös-kulturellen Bezugsrahmen des ‚historischen' Jesus näher steht als der oströmisch-hellenistischen Geisteswelt des 4. und 5.Jhs: Geistgegenwart statt Substanzgegenwart. „In this inspiration Christology we have not only a return to the original understanding of Jesus in the very early church but an advance to an understanding of him that makes sense in our consciously religiously plural world as it moves toward the twenty-first century".[11]

Jesus ist für Hick der vollkommen für Gott offene, an ihn hingegebene, von seinem Geist und seiner Liebe erfüllte und in die-

---

[9] An Inspiration Christology, 9f. Hick beruft sich (a. a. O., 13) auf Pannenberg und Küng. *Pannenberg* summiert in: Grundzüge der Christologie, 1964, [6]1982, 338: „Es muß heute als so gut wie sicher gelten, daß der vorösterliche Jesus weder sich selbst als Messias (oder Gottessohn) bezeichnet, noch Bekenntnisse dieses Inhalts von anderen angenommen hat."

[10] An Inspiration Christology, 20; unter Berufung auf Pannenberg, Grundzüge der Christologie, 114ff.

[11] An Inspiration Christology, 21.

sem Sinne ‚wahre' Mensch – die Gestaltwerdung der Liebe Gottes. In dieser Interpretation der Inkarnationslehre ist der an interpersonalen Beziehungen orientierte Begriff der *Agape* an die Stelle der ontologischen Substanzkategorien getreten. Die Partizipation des Sohnes am Vater ist keine substantielle (homousios), sondern eine der *Agape.*[12] Dabei kann Hick durchaus Identitätsbehauptungen aufstellen: „... the *agape* of Jesus *is* the *Agape* of God".[13] Jesus ist die „Inhistorisation" von Gottes Liebe; er *repräsentiert* sie nicht nur, er ist identisch mit ihr. Es handelt sich aber zum einen um keine physische oder substanzhafte Identität, sondern um eine geistig-aktuale, und zum anderen nicht um eine qualitative, sondern um eine inklusiv-quantitative:[14] Die unendliche Liebe Gottes setzt sich in der endlichen Liebe Jesu fort wie die Lichtquelle im Lichtstrahl.

Diese inklusiv-quantitative Identität erlaubt die Konzipierung einer „'degree' Christology" (wie bei Paul von Samosata), derzufolge sich die Liebe Gottes in seinen zahlreichen Dienern unter den Menschen in unterschiedlicher Intensität verkörpert. „Human *agape* is always a reflection of the divine *agape*".[15] Jesu Göttlichkeit besteht demnach in seiner vollkommenen Erfüllung mit Gottes liebendem Geist, die prinzipiell auch jedem anderen Menschen möglich ist. Damit ist die Einzigartigkeit und Exklusivität Jesu Christi als Gottesmittler aufgehoben. Jesus ermöglicht eine wahrhafte und dem Christen vollauf genügende Gottesbegegnung; aber neben ihm sind auch andere, ebenso wahrhafte und ihren Anhängern vollauf genügende Offenbarungen göttlicher Liebe anzuerkennen. Christus ist die anthropomorphe Gestalt Gottes für die Christen, „the Christian's image of God".[16] „Jesus ... was *totus deus*, ‚wholly God', in the sense that his *agape* was genuinely the *Agape* of God at work on earth, but not that he was *totum dei*, ‚the whole of God', in the sense that the divine *Agape* was expressed without remainder in each or even in the sum of his actions".[17]

---

[12] God an the Universe of Faith, 1975, 148ff.
[13] A.a.O., 154 (Hervorheb. J. Hick).
[14] Siehe a. a. O., 156–164.
[15] *J. Hick,* A Response to Gerard Loughlin, in: Modern Theology 7/1(1990) 61.
[16] God an the Universe of Faith, 178.
[17] A.a.O.,159 (Hervorheb. J. Hick).

Der lange Weg vom Bild Jesu als eines von Gottes Geist in außergewöhnlicher (aber nicht exklusiv einzigartiger) Weise inspirierten Menschen zum Bild des von Ewigkeit her präexistierenden Gottessohnes, der zweiten Person der göttlichen Trinität, die ein menschliches Leben lebte – dieser lange Weg der Vergöttlichung, der ‚mythologisierenden' Glorifizierung, beginnt nach Hick nicht so sehr mit der Auferstehung, sondern eher mit dem Übergang der Christusbotschaft in einen anderen, stärker hellenisierten Kulturraum. Dieser Übergang dokumentiert sich schon innerhalb der biblischen Überlieferung: bei Paulus, der vom erhöhten und nicht mehr vom ‚historischen' Jesus ausgeht, und dann vor allem im johanneischen Schrifttum. Dabei wandelte sich die jüdisch-metaphorische Rede vom ‚Sohn Gottes' – mit der von Gott Beauftragte (2.Sam.7,14), Könige (Ps.2,7) und sogar das ganze Volk Israel bezeichnet werden konnte (Ps.82,6, vgl. Joh.10,34) – zur hellenistisch-metaphysischen Rede von ‚Gott, dem Sohn', der am Wesen Gottes partizipiert.[18] Der Titel „Sohn Gottes" war damit von einer funktionalen zu einer ontologischen Bezeichnung verschoben, die nicht mehr einen Auftrag, sondern einen Status beschrieb. Die mit dieser Transformation entstandenen Komplikationen führten dann zur Ausbildung der Inkarnations- und der Zwei-Naturen-Lehre.

In Hicks christologischem Programm kommt (wie in vielen Deabsolutierungsstrategien) der Begriff des Mythos an zentraler Stelle zu stehen. Ihm steht ein kritisches Unterscheidungsprinzip gegenüber, das zur Entmythologisierung anleitet. Wenigstens andeutungsweise soll hier der Kontext dieses methodischen Programms noch gekennzeichnet werden: Alle ‚mythologischen' (Hick kann auch sagen: ‚metaphorischen') Einkleidungen der Christusbotschaft – so haben wir gesehen – sind für Hick an die Verstehensvoraussetzungen einer bestimmten Zeit gebunden. Über ihre Geltung entscheidet zum einen ihre Verwurzelung in der biblischen und theologiegeschichtlichen Tradition, zum anderen ihre Aussagekraft für die jeweilige Gegenwart. So tritt zum Traditionsprinzip ein pragmatisches Effektivitätsprinzip. Hick versteht ‚Mythos' als „a story which is told but which is not literally true ... but which invites a particular attitude in its hea-

[18] An Inspiration Christology, 14.

rers".[19] Die Effektivität eines ‚Mythos' in der Hervorbringung dieser Haltung bei seinen Hörern entscheidet über seine Angemessenheit und in diesem Sinn über seine Wahrheit für eine bestimmte Zeit. Die zu evozierende Haltung ist die der Offenheit für Gottes agape, die den Menschen aus seiner Selbstbezüglichkeit befreit und ihn für den göttlich-universalen Horizont der Wirklichkeit aufschließt, die also den soteriologischen Grundvorgang auslöst, den Hick als „the transformation from self-centredness to Reality-centredness"[20] beschreibt. Im Mythos kommt eine erlebte Wahrheit zum Ausdruck, die sich anders nicht ausdrücken kann. Diese Wahrheit ernst zu nehmen, heißt gerade nicht, den Mythos für buchstäblich wahr zu halten. „The myth of God incarnate is a way of pointing to Jesus as one who (metaphorically) ‚embodied' or ‚incarnated' the practical meaning of God's loving reality for human life".[21]

3. Leonard Swidler

Wie John Hick und die meisten anderen Vertreter der Pluralistischen Religionstheologie wendet sich auch Leonard Swidler zurück zum ‚historischen' Jesus, den er im Kontext seines zeitgenössischen jüdischen Umfelds verstehen will. Die Norm der Christologie ist für ihn *das, was Jesus dachte, lehrte und tat* („what Jesus thought, taught and wrought").[22] An dieser Norm habe sich die dogmatische Entwicklung der ersten Jahrhunderte bis hin zu Chalcedon und darüber hinaus messen zu lassen: Steht eine theologische Lehrbildung im Einklang mit Jesu eigenem Reden und Handeln, so ist sie legitim – selbst dann, wenn sie in ihren Aussagen weit über die Verkündigung des ‚historischen'

---

[19] A.a.O., 166f.

[20] *J. Hick,* An Interpretation of Religion. Human Responses to the Transcendent, 1989, 21ff.

[21] A Response to Gerard Loughlin, 62.

[22] *L. Swidler,* Eine Christologie für unsere kritisch-denkende, pluralistische Zeit, in: R. Bernhardt (Hg), Horizontüberschreitung (siehe Anm. 1), 104–119, hier: 106. Ich beziehe mich im wesentlichen auf diesen Text, der in komprimierter Fassung wiedergibt, was Swidler in: After the Absolute. The Dialogical Future of Religious Reflection, 1990, und in: Der umstrittene Jesus, 1991, ausführlich darstellt.

Jesus hinausgeht. Weicht sie hingegen von Jesu Reden und Handeln ab, so ist sie zu kritisieren und zu korrigieren. Das betrifft besonders die in Nizäa dogmatisierte Formel *vere Deus et vere homo.* Wie Hick, so betrachtet auch Swidler diese Formel nicht als Ausdruck eines legitimen Sprachgewinns, als Entdeckung der in Jesu Wirken verborgenen Seinsstruktur nach seinem Tod und seiner Auferstehung, sondern als eine vom substanzontologischen Bezugsrahmen der hellenistischen Metaphysik hervorgebrachte Interpretation, die damals erhellend gewesen sein mag, heute aber verdunkelnd wirkt. Während Hick aber von einer Metaebene aus das Dogma als ganzes zu entmythologisieren versuchte, trägt Swidler seine eigene Interpretation in den Wortlaut der Bekenntnisformulierung selbst ein. Er schlägt vor, sie adjektivisch zu reformulieren, d. h. die Seinsaussagen „wahrer Gott und wahrer Mensch", durch Eigenschaftsaussagen „wahrhaft göttlich und wahrhaft menschlich" zu ersetzen. Swidler nimmt für seinen Vorschlag in Anspruch, daß er der christologischen Fundamentalnorm, dem, „was Jesus dachte, lehrte und tat", besser entspricht als die in Nizäa gewählte substantivische Sprachform.[23]

Mit diesem Handstreich beseitigt Swidler – das gleiche gilt für Hick – die wohl gewichtigste intellektuelle Komplikation aus der (alexandrinisch geprägten) Inkarnationschristologie: das Paradox, daß Gott das tut, was er niemals tun kann, will er nicht aufhören, Gott zu sein: daß er Mensch wird; und daß ein historisch partikularer Mensch zu Gott, dem Sohn, erhoben wird. Swidlers Formulierung läßt das, was sich aller Vernunft sperrt, denkbar erscheinen. Jesus war demnach in vollkommener Weise vom Strom des Seins durchflutet, so daß sich in seinem Leben und in seiner Person die Quelle allen Seins manifestierte. In seiner radikalen Menschlichkeit zeigt sich seine Göttlichkeit. Keine Zusammenfügung unvereinbarer Substanzen, sondern die Geistgegenwart des Seinsgrundes in einem dafür absolut offenen Menschen – darin ist die Zwei-Naturen-Lehre mit ihrer fragilen und nur negativ auszusagenden Verhältnisbestimmung der beiden Naturen

[23] A.a.O. 110. Daß dieser Vorschlag auch der Intention der Konzilsteilnehmer besser entsprochen hätte als die von ihnen selbst gewählte Redeweise (so Swidler, ebd.), scheint mir allerdings höchst zweifelhaft. In ihrem philosophischen Bezugsrahmen meinten sie, was sie sagten, und sagten, was sie meinten.

zueinander suspendiert und zu einer *theios-aner*-Christologie der Geistbegabung zurückgelenkt.

Auch hier – wie schon bei Hick – ist die Nähe zu Paul von Samosata und d. h. zur monarchianischen westsyrisch-antiochenischen Theologie mit Händen zu greifen: Jesus war für Paul der zweite Adam, der Erstgeborene unter zahlreichen Brüdern, von Gott erwählt, um als erster den Weg zu Gott zu gehen, darin die Menschheit zu erlösen und die Geschichte der Menschheit zu vollenden. In Jesus, dem hervorragenden, weil von Gottes Gnade inspirierten Menschen wohnt der Logos wie in einem Tempel. Die gleiche Gotteskraft wirkt aber als Geist auch außerhalb Jesu – in Propheten und Gerechten etwa – wenn auch in geringerer Intensität. So bezeichnet Paul den Nazarener als ‚von göttlicher Art', als ‚theos' (ohne Artikel), während der Begriff ‚ho theos' Gott allein vorbehalten bleibt. Paul steht damit keineswegs allein – die Unterscheidung zwischen Gott (‚ho theos') und Göttlichkeit (‚theos') ist den altkirchlichen Apologeten (etwa Justin) geläufig.[24] In seiner ‚degree Christology' zog Hick die Konsequenz aus diesem Ansatz: Wenn die Gottespräsenz in Jesus nicht mehr als exklusive, sondern als komparative, vielleicht superlative zu denken ist, dann können auch die zentralen Offenbarungsmittler anderer Religionen als ebenso für den Seinsgrund offene wahre Menschen anerkannt und neben Jesus gestellt werden.

Die Nähe Swidlers und Hicks – wie fast aller ‚Pluralisten' – zur antiochenischen Theologie (und ihren Vorläufern im judenchristlich-ebionitischen Adoptianismus) ist nicht zu leugnen. Die Tatsche allein, daß sie damit eine christologische Option aktualisieren, die im hellenistischen Umfeld dann als heterodox verworfen wurde, reicht nicht aus, um ihre Ansätze zurückzuweisen. Zu Recht würde dieses ‚Argument' von ihnen als traditionalistisch und dogmatistisch autoritär empfunden. Es widerspricht frontal der theologie*geschichtlichen* Betrachtungsweise der pluralistischen Religionstheologen, die die Ideengeschichte der Christus-

---

[24] *A. Gilg,* Weg und Bedeutung der altkirchlichen Christologie, 1936, Neuausg. 1989, 23. – Unter Berufung auf neutestamentliche Exegeten bezieht S. Samartha diese Unterscheidung zurück auf Joh.1,1. Er übersetzt: „Das Wort war bei Gott, und das Wort war göttlich (statt: Gott)" (*S. Samartha,* One Christ – Many Religions. Toward a Revised Christology, 1991, 123).

interpretation in ihren verschiedenen kulturellen Inkulturationssphären und -stadien nachzeichnen. In dieser Perspektive ist in der Tat nicht zu begründen, warum der Interpretation von Nizäa und Chalcedon ein zeitlos-gültiger Verpflichtungsanspruch zukommen soll. Im Gegenteil: Je näher eine Interpretation dem Selbstverständnis des ‚historischen' Jesus und dem Jesus-Verständnis der Urchristenheit steht, umso höher ihr Geltungsanspruch. Wollte man von einem echten theologischen Erkennntisfortschritt sprechen, um so der nizänisch-chalcedonischen Christuslehre einen höheren Rang zuerkennen zu können als beispielsweise der antiochenischen, dann müßte man konsequenterweise den nachchalcedonischen Ansätzen bis in unsere Gegenwart eine höhere Geltungschance einräumen als dem nizänisch-chalcedonischen. Verzichtet man auf das Autoritätsargument, das die Gültigkeit des Dogmas aus seinem Status als Dogma ableitet, gibt es keinen Grund, die christologische Lehrentwicklung für im 5.Jh. vollendet zu erklären.

Will man den hier vorgestellten Christologien gerecht werden, d. h. sie von ihren eigenen Voraussetzungen her verstehen und kritisieren, dann kann der Maßstab für die Beurteilung (neben der Konsistenzprüfung) nur ein inhaltlicher sein: Erleidet die so transformierte Christologie einen materialen Substanzverlust? Gehen ihr Aussagemöglichkeiten verloren, die sowohl traditions- als auch gegenwartsrelevant sind? Es ist dies ein Maßstab, dem auch die Vertreter solcher Deabsolutierungsstrategien zustimmen können. Bevor wir die dargestellten Entwürfe an diesem Maßstab messen, muß noch ihr Anklang an eine andere theologiegeschichtliche Epoche in Augenschein genommen werden.

Wie bei Hick so drängt sich auch bei Swidler der Verdacht auf, hier sei eine jesuanische Vorbild-Christologie entworfen, die in die Wege und Irrwege der Liberalen Theologie des 19.Jhs. zurückfalle. Bricht sich hier nicht A.v.Harnacks historistische Verfallstheorie wieder Bahn, der die Wende vom lehrenden Jesus zum gelehrten Christus als der Sündenfall der christlichen Überlieferungsgeschichte schlechthin erschien?[25] Jesu Predigt, das

---

[25] *A.v.Harnack,* Das Wesen des Christentums, 1900, ^{2}1985, 95ff; L. Swidler, Eine Christologie für unsere kritisch-denkende, pluralistische Zeit, 107f.

„einfache Evangelium" vom Anbruch des Gottesreiches, wird von v.Harnack zum normativen Wesenskern des Christentums erhoben, das von allen späteren dogmatischen Überwucherungen befreit werden müsse, um in der Gegenwart wieder neu zur Geltung zu kommen.

Doch der primäre Verständnishintergrund der Christologie Swidlers ist nicht die deutsche Liberale Theologie des ausgehenden 19.Jhs, sondern der jüdisch-christliche Dialog. Der von hier ausgehende Impuls zur Wiederentdeckung der konkreten Menschlichkeit Jesu unterscheidet sich charakteristisch von den Versuchen der Leben-Jesu-Forschung, ein möglichst originalgetreues Bild von der Person und dem Selbstverständnis des Nazareners durch historische Bibelforschung zu gewinnen.

Swidler hat sich mit den Aporien der Leben-Jesu-Forschung auseinandergesetzt. Er weiß sehr wohl, daß „das Bild vom historischen Yeschua, wie es mit Hilfe der historischen Methode entwickelt wurde, nur ein zeitgenössisches ‚Bild' ist, das keinen höheren Verpflichtungsanspruch den Christen gegenüber erheben darf, als irgendein anderes ‚Bild' von Yeschua, z. B. das des Paulus, ... das eines gnostischen Christen oder das des Konzils von Chalcedon".[26] Und er weiß, daß das biblische Jesus-Bild ein kerygmatisches, d. h. ein durch den Glauben der Christen an Christus als ihren auferstandenen Herrn und Heiland eingefärbtes Bild ist. Doch will er deshalb das Bemühen um die angemessenste Erfassung nicht aufgeben. Wenn auch niemals eine total objektive Darstellung von Person und Leben Jesu zu erreichen sein wird – was für alle historischen Rekonstruktionen prinzipiell gilt – so läßt sich doch in immer weiterer Annäherung ein hinreichend authentisches Bild der ‚Urtatsache' gewinnen.[27]

Zur Rechtfertigung seines Programmes einer Christologie „von unten", vom Menschen Jesus von Nazareth her, beruft sich Swidler vor allem auf Schillebeeckx[28] und Küng[29]. Auch bei

---

[26] A.a.O. 105.

[27] Swidlers zentrale christologische Norm, „das, was Jesus dachte, lehrte und tat", ist nicht im Sinne einer historisierenden Jesuzentrik zu verstehen, für die Jesu Auferstehung und die Verkündigung der Apostel keine Rolle mehr spielt. In der Auferstehung sieht Swidler die Bestätigung der Göttlichkeit Jesu.

[28] *E. Schillebeeckx,* Jesus. Die Geschichte von einem Lebenden, 1974; *ders.,* Christus und die Christen, 1977; *ders.,* Menschen. Die Geschichte von Gott, 1990. Schillebeeckx glaubt, umfassende historische Informationen über Jesus aus den Quel-

Rahner[30], Tillich[31] und Pannenberg[32] hätte er Unterstützung finden können. Doch geht Swidler weiter als alle der genannten Kronzeugen, indem er die Menschlichkeit Jesu, das *vere homo* nicht nur zum Ausgangspunkt seiner Christologie, sondern zu deren Norm erhebt. Das *vere divinus* erscheint als Qualität dieses wahren Menschseins; die sich vor allem in den Äußerungen des ‚historischen' Jesus zeigt: in seiner Verkündigung und in der Art, wie er Beziehungen zu seinen Mitmenschen gestaltet.

Die An- und Enhypostasielehre des Leontius von Byzanz wird gewissermaßen umgekehrt: Nicht die *menschliche*, sondern die *göttliche* Natur in Jesus ist anhypostatisch. Erst durch die menschliche Natur kann sich die göttliche personalisieren. Und so ist Jesu Göttlichkeit als eine *dynamis* zu verstehen, die in seinem Denken, Lehren und Wirken durchscheint, und darin von allen, die Jesus nachfolgten, unmittelbar erfahren werden konnte. In seiner vollen Menschheit, in seiner vollkommenen Menschlichkeit erschließt sich der Heils-Wille und das Heils-Wirken Gottes für uns. Prägnant ausgedrückt: Jesu Göttlichkeit bestand in der Perfektion seiner Menschlichkeit.[33] In ihr zeigt sich und in ihr ereignet sich, was wahres Menschsein ist.[34]

Zur Beurteilung des Swidler'schen Vorschlages: Fraglich

---

len gewinnen zu können. In den ältesten Schichten der Überlieferung sei Jesus als Prophet erkennbar. In seinen jüngsten Äußerungen betont er, daß wohl die Universalität unverzichtbares Wesensmerkmal des christlichen Zeugnisses sei, nicht aber die imperialistische Verkehrung dieser Universalität hin zu einem inklusiven oder exklusiven Absolutheitsanspruch: The Religious and the Human Ecumene, in: M. H.Ellis, O. Maduro (Hg), The Future of Liberation Theologie. Essays in Honor of Gustavo Gutierrez, 1989; und: Menschen, s.o.

29 Vgl. *H. Küng,* Christ sein, 1974, ³1978, 152, 167f.

30 Vgl. *K.-H-Ohlig,* Impulse zu einer „Christologie von unten" bei Karl Rahner, in: *H. Vorgrimler* (Hg.), Wagnis Theologie. Erfahrungen mit der Theologie Karl Rahners, 1979, 259–273.

31 Siehe dessen Plädoyer für eine „niedere Christologie" (Systematische Theologie II, 159).

32 Grundzüge der Christologie, 26–31.

33 Die Nähe zu den Versuchen von Hanna Wolff und Franz Alt, Jesus als vollkommenes, integriertes Modell von Menschlichkeit, als Ideal von Ganzheitlichkeit zu beschreiben, liegt auf der Hand.

34 Die Kritik Sundermeiers an Swidlers Reformulierungsvorschlag (die er auf der Tagung „Der Absolutheitsanspruch des Christentums" in Loccum 1991 anbrachte und die in Loccumer Protokolle 7/91, 152, wiedergegeben ist) wird dessen Intention nicht gerecht. Sundermeier unterstellt, hier sei ‚göttlich' zu einer bloßen akzidentiellen Beifügung herabgewürdigt, wie man sie herausragenden Menschen (wie der ‚göttlichen' Garbo) beilegt. Swidler hingegen läßt keinen Zweifel daran, daß echte ‚Göttlichkeit' nur von Gott selbst zugeeignete Teilhabe an seinem Gottsein sein könne.

scheint mir zunächst, ob durch die adjektivische Reformulierung der Formel von Nizäa erreicht werden kann, was Swidler zu erreichen angetreten ist. Wenn „göttlich“ und „menschlich“ lediglich *Attribute* sind, die Jesu Wesen und Wirken bestimmen, dann bleibt die Frage nach seiner Seinsweise, nach seinem Personenkern, der diese Attribute integriert, letztlich offen. Das aber ist weder die Intention des nizänischen Dogmas noch die Swidlers.

Die altkirchliche Lehre wollte Jesus nicht bloß die *Eigenschaft* der Menschlichkeit beilegen, sondern zum Ausdruck bringen, daß er ganz und gar *in seinem Wesen* Mensch sei. Und ebenso wollte sie ihm nicht bloß die *Eigenschaft* der Göttlichkeit beilegen, sondern zum Ausdruck bringen, daß er ganz und gar *in seinem Wesen* Gott sei. Zum Vergleich: Ein Mann ist eben nicht dadurch in seinem Wesen bestimmt, daß man sagt, er sei ein männlicher Mensch. Als ob das Mannsein zum Menschsein hinzukäme. So bestand das Aussageinteresse der altkirchlichen Christologie gerade *nicht* darin, ein an sich unbestimmtes, abstraktes menschliches Wesen durch Beilegung von Eigenschaften zu qualifizieren, sondern Jesus Christus im Vollsinn des Wortes als Gott und Mensch, als Teilhaber an der Gottes- wie an der Menschennatur, auszuweisen.

Und auch Swidler will nicht den Personkern Jesu unbestimmt lassen. Er läßt keinen Zweifel daran, daß es der Personkern des Menschen Jesus von Nazareth ist, der in seiner radikalen Transzendenzoffenheit zutiefst durchdrungen vom Ursprung allen Seins wahres Menschsein verwirklicht. So wie die nach-nizänische Theologie die Waage zwischen *vere Deus* und *vere homo* nicht wirklich hält, sondern mit der Anhypostasielehre das *vere Deus* über das *vere homo* dominieren läßt, so räumt Swidler umgekehrt dem *vere homo* ein Übergewicht ein. Präzise formuliert müßte seine Revision der nizänischen Formel also aus einer Kombination substantivischer und adjektivischer Redeweise bestehen und demgemäß lauten: „*vere homo et vere divinus*“, „wahrer Mensch und wahrhaft göttlich“.

Wenn man schon im Bezugsrahmen der Zwei-Naturen-Lehre bleibt (warum tut Swidler das eigentlich?), dann ist daran festzuhalten, daß göttliches und menschliches Subjekt zusammenkommen müssen, ohne daß eines das andere reduziert, so wie es bei der neo-chalcedonischen Überbetonung der göttlichen Natur oder bei Swidlers Prävalenz der menschlichen Natur geschehen ist.

Zweitens ist die Voraussetzung, auf der Swidlers Kritik des nizänischen *vere Deus* ruht, nicht zutreffend: Daß Jesus *vere Deus* ist, heißt nicht, daß er mit Gott, dem Vater, identisch ist – es bleibt eine letzte unaufhebbare Distanz, die in der biblischen und altkirchlichen Überlieferung fast durchgehend bezeugt ist: Nicht Gott selbst ist Mensch geworden, sondern sein Logos. Und es heißt auch nicht, daß es außerhalb Jesu Christi keine oder nur falsche Gottesoffenbarung gäbe. Solche exklusiven Spitzen sind in der Tat aus dem Grundbekenntnis der Christen auszuscheiden, ohne daß man dadurch seine Substanz verletzte. Sie gehörten nie zu dieser Substanz. Daß Jesus *vere Deus* ist, heißt nicht mehr und nicht weniger, als daß Gott *so wie er selbst ist* – in radikaler Hinwendung zu seiner Schöpfung die tiefste Nähe der Menschen suchend – in Jesus erschienen ist.

Wenn man den kosmischen Dualismus zweier verschiedener substanzhaft gedachter Welten – der menschlichen und der göttlichen –, wie er für den vorneuzeitlichen metaphysischen Supranaturalismus grundlegend ist, – wenn man diesen Dualismus endgültig für überwunden erklärt und das göttliche Mysterium nicht mehr in einer transzendenten Überwelt, sondern mit Tillich in der Tiefe des geschichtlichen Seins sucht, also mitten im Bereich des Menschlichen, dann ist Hicks und Swidlers Anliegen theologisch durchaus nachvollziehbar. Doch (meine dritte Anfrage) läuft diese konsequent vom Menschen Jesus aus entworfene Christologie nicht Gefahr, die soteriologische Bedeutung Christi nicht mehr voll zum Ausdruck bringen zu können? Besteht diese doch nicht nur in der *Perfektion* der Menschennatur, sondern auch in der *Überwindung* der gefangenen, leidenden und sterbenden, aber auch in der *Negation* der leiden-verursachenden und tod-bringenden Menschennatur. Für beides steht das Kreuz. Der Weg zum Heil Gottes ist nicht der bruchlose Aufstieg zu immer höheren Vollkommenheitsformen des Menschlichen, es ist der Kreuzweg der Geschichte mit ihrer langen Blutspur der Unmenschlichkeit.

Vergleicht man Swidlers christologische Fundamentalnorm („what Jesus thought, taught and wrought“) mit den von Tillich beschriebenen Manifestationen des Neuen Seins – Jesu Worte,

Taten, sein Leiden und sein ‚inneres Leben' – dann fällt auf, daß Swidler drei dieser Dimensionen übernimmt und die vierte – das Leiden Jesu – nicht eigens erwähnt. Das mag schlicht mit der Klangkomposition seines Satzes zusammenhängen, ist aber symptomatisch für die Unterbelichtung des Kreuzestodes Jesu in den pluralistischen Christologien. Damit fallen Aussagemöglichkeiten aus, die die Kreuzestheologie in den Reichtum christologischer Deutungen einbringt: Die tiefste Deszendenz Gottes (in seinem Wort oder seinem Geist) bis in den dunkelsten Winkel des Menschseins ist abgeblendet. Die Dimension des sinnlosen Leidens, das Gott mitleidet, kommt zu kurz. Ebenso wie die Dimension des Gerichts über die Korruption der Menschennatur.

Nach biblischem Zeugnis verwies nicht nur Jesus auf Gott, sondern vor allem Gott auf Jesus. Was *Gott* in Jesus und darin an der Welt getan hat, kann nicht allein vom Selbstbewußtsein Jesu, auch nicht allein von seiner Verkündigung und seinem Handeln her erfaßt werden. Gerade dann, wenn man Jesus in seiner vollen Menschlichkeit beschreibt, ist in Rechnung zu stellen, daß sein Selbstbewußtsein begrenzt war, wie es sich dann auch tatsächlich als begrenzt erwies, als das Gottesreich nicht zu seinen Lebzeiten hereinbrach, wie von ihm erwartet. Die Geschichte Gottes mit Jesus ging weiter, auch als sein Selbstbewußtsein in totale Gottverlassenheit versank. Unser theologischer Erkenntnisstandpunkt liegt nicht *vor*, sondern *nach* der Auferstehung, in der sich Gott zu Jesus, dem Gekreuzigten bekannt hat.

Einen interessanten Mittelweg zwischen der nizänisch-chalcedonischen Auffassung, daß Jesus ‚substantivisch' Gott ist (homoousios) und dem Vorschlag Swidlers, die Göttlichkeit Jesu ‚adjektivisch' auszusagen (Jesus ist ‚God-like'), schlägt *G. W.H. Lampe* mit seiner Geistchristologie ein: „An interpretation of the union of Jesus with God in terms of his total possession by God's spirit makes it possible … to acknowledge him to be God ‚adverbially'".[35] Dieses adverbiale Verständnis der Göttlichkeit Jesu besagt, daß der vollkommen vom Geist Gottes erfüllte Mensch Jesus vollkommen *göttlich* redet und handelt,so daß man auch sagen kann, Gott rede und handle durch ihn und

---

[35] *G. W.H. Lampe,* The Holy Spirit and the Person of Christ, in: S. W.Sykes, J. P.Clayton (Hg), Christ – Faith and History. Cambridge Studies in Christology, 1972, 124.

in ihm. Die Einheit zwischen ihm und Gott ist eine des Willens, Sprechens und Handelns oder – wie es H. Küng formuliert hat: „eine Einheit des ‚Thrones', des Erkennens, des Wollens, des Handelns Jesu mit Gott, ... eine Einheit des Offenbarens Gottes mit und durch Jesus"[36] In die gleiche Richtung geht *B. Weltes* Anregung, die Denk- und Redeweise der Formel von Nicäa „in der Richtung auf eine größere Ursprungsnähe" zur urchristlichen Auffassung zu verändern, d. h. die Christusbotschaft aus den metaphysisch-seinshaften in biblisch-ereignishafte Kategorien rückzuübersetzen.[37] Die Bibel analysiert nicht, wer Jesus *ist*, sie fragt nicht danach, welchen *Wesens* Jesus ist, vielmehr erzählt sie und verkündet, was *geschehen* ist. Die dem angemessene sprachliche Ausdrucksform ist eine narrativ-verbale: eine nacherzählende Entfaltung des Grundbekenntnisses, daß Jesus Gott *ereignet* bzw. Gott sich in ihm ereignet. Auf den Ansatz Lampes komme ich im Zusammenhang meiner eigenen Überlegungen am Ende dieses Beitrages zurück.

4. Paul F. Knitter

Wie Hick und Swidler, so geht es auch Knitter um die Zentralfrage des christlichen Teilnehmers am interreligiösen Dialog: Um die Frage nach der *Einzigkeit* Jesu Christi als Mittler göttlichen Heils und göttlicher Offenbarung. Hick und Swidler führt diese Frage unmittelbar zur kritischen Besinnung auf die *Göttlichkeit* Jesu und damit zu jenen Titeln, Bildern und Lehren, mit denen die Christen in den ersten Jahrhunderten Jesu Bedeutung zum Ausdruck brachten. Diese Titel, Bilder und Lehren – besonders die Inkarnations- und Zwei-Naturen-Lehre – seien als Metapher, als poetische, symbolische oder mythologische Darstellungen der Bedeutung Jesu zu verstehen, nicht aber als wörtlich zu nehmende Sachaussagen über dessen Seinsweise. Sie nähmen mythologische Vorstellungen und symbolische Darstellungsformen ihres jüdischen und hellenistischen Kontextes auf und seien

---

[36] *H. Küng,* Credo. Das Apostolische Glaubensbekenntnis – Zeitgenossen erklärt, 1992, 87.

[37] *B. Welte,* Die Lehrformel von Nikaia und die abendländische Metaphysik, in: ders. (Hg), Zur Frühgeschichte der Christologie (QD 51), 116.

darin zeitbedingt. Daher bedürften sie der Rückübersetzung in den Horizont des ‚historischen' Jesus von Nazareth, dessen Bedeutung für jede Zeit und für jedes kulturelle Umfeld wieder neu auszusagen sei.

Dieser Weg der Entmythologisierung neutestamentlicher und altkirchlicher Jesus-Deutungen, die sich zunehmend vom Selbstverständis des ‚historischen' Jesus fortentwickelten, ist nur *ein* Weg zur Deabsolutierung der Christologie. Knitter stellt ihm zwei andere Wege zur Seite, die auch von anderen ‚Pluralisten' (so von Hick und Swidler) angedeutet werden: (1) Die Bevorzugung der johanneischen Logoschristologie vor der paulinischen Kreuzeschristologie und (2) die sprachanalytische Besinnung auf den Charakter der ‚one-and-only-language' als ‚language of lovers'. Auf diesen drei Wegen vollzieht sich die pluralistische Deabsolutierung der Christologie: Auf dem Weg der Entmythologisierung, der Entpartikularisierung und der Entliteralisierung. Alle diese Wege haben ein gemeinsames Ziel: Die Konstruktion einer Christologie ohne die Ansprüche auf Einzigkeit, Exklusivität und Finalität von Person und Werk Jesu Christi. Dieses Ziel will ich zunächst etwas genauer in den Blick fassen, bevor ich dann den zweiten und dritten dieser Wege darstelle und diskutiere.

Die historisch-pluralistisch verfaßte Geisteshaltung der Gegenwart sieht Wahrheit nicht mehr als uniforme, unwandelbare, aseistische und kontextlose Gegebenheit an, sondern als plurale, prozessuale, relationale und kontextuelle Ereignung, die auf Bewährung aus ist. Sie durchschaut religiöse Alleingeltungsansprüche ideologiekritisch als Immunisierungsstrategien, die eine dialogische Begegnung mit konkurrierenden religiösen und weltanschaulichen Wahrheitsansprüchen unmöglich machen. Christlicherseits gilt das zuerst für die Behauptung der Einzigkeit Jesu, für den Exklusivanspruch, er *allein* sei der universale Heilsmittler, der das Geheimnis Gottes *endgültig und erschöpfend* darstelle.

Dem stellt Knitter seine ‚nonnormative theocentric christology' gegenüber, die dem Selbstverständnis, der Verkündigung und dem Handeln Jesu näherliege als jede Form von Christomonismus. Jesu ganze Verkündigung sei auf das Reich Gottes ausgerichtet und in diesem Sinne theozentrisch gewesen. Jesus selbst habe sich als der eschatologische Prophet verstanden, der den Anbruch des Gottesreiches ankündigt und damit bewirkt. Darin bestand seine Einzigartigkeit, die verankert war in seiner einzigartig vertraulichen Gottesbeziehung (seiner Abba-Erfahrung) und in seinem Sendungsbewußtsein.[38] Jesus wußte sich von Gott in besonderer Weise beauftragt. Inhalt und Ziel seines Auftrages war es allerdings nicht, sich selbst, d. h. die Besonderheit des Beauftragten darzustellen, sondern den Einbruch der Gottesherrschaft anzusagen.

Knitter leugnet also keineswegs die Einzigartigkeit Jesu Christi, doch rückt er sie aus dem Zentrum des Christusbekenntnisses heraus. Das *Werk* Jesu Christi steht im Zentrum, nicht die *Person*, die *Offenbarung*, nicht der *Offenbarer*, das *Heil*, nicht der *Heilsmittler*. Diese Verschiebung von einer um Christi Person zentrierten (christozentrischen) zu einer funktionalen (theo- und soteriozentrischen) Christologie macht es Knitter möglich, Einzigartigkeit auch all jenen religiösen Offenbarern zuzugestehen, die ein vergleichbares Werk der Heilsvermittlung getan haben – und sei es vom Wirken Christi noch so verschieden. Buddha, Mohammed oder die Seher der Upanishaden brachten eine Botschaft, die Millionen von Menschen für den Grund allen Seins öffnete und ihr Leben darauf ausrichtete. Sie sind ebenso einzigartig wie Jesus. Knitter möchte diese Einzigartigkeiten nicht als exklusive, sondern als *komplementäre* verstanden wissen.[39] So plädiert er für eine *relationale Einzigartigkeit*: „It affirms that Jesus *is* unique, but with a uniqueness defined by its ability to relate to – that is, to include and be included by – other unique religious figures".[40] Solche Relationalität stimmt zusammen mit Knitters Wahrheitsverständnis, das Wahrheit nicht länger durch den Ausschluß entgegenstehender Behauptungen definiert sehen möchte, sondern durch die Fähigkeit, sich zu anderen Wahrheitsauffassungen in eine positive Beziehung zu setzen: „Truth, without ‚other' truth, cannot be unique; it cannot exist".[41]

---

[38] No Other Name? 173f.
[39] *P. Knitter*, Wohin der Dialog führt, Grundfragen zu einer Theologie der Religionen, in: EvKomm 10/90, 609; *ders.*, Das eine und die vielen Fenster Gottes, in: Publik-Forum 16/92, 15.
[40] No Other Name? 171f. Ähnlich S. Samartha, der von einer „relational distinctiveness" Jesu spricht (One Christ, 77).
[41] No Other Name? 219.

Anders ausgedrückt: Knitter leugnet nicht die Einzigartigkeit der Person und Mission Jesu[42], sondern die Einzigartigkeit, besser: die Einzigkeit seiner revelatorischen und soteriologischen Funktion. So wie Knitter nach der einen Seite hin die Inanspruchnahme *exklusiver* und *inklusiver* Einzigartigkeit für Jesus ablehnt, so nach der anderen Seite hin die *relativistische* Bestreitung jeglicher Einzigartigkeit: „Jesus remains central, universal, decisive".[43] Auch den Anspruch auf *Universalität* der Botschaft Jesu will er nicht aufgeben. Diese Botschaft gilt *allen* Menschen, nicht nur den Christen, so daß die Devise nicht heißen darf: Christus den Christen, Mohammed den Muslimen, Buddha den Buddhisten usw. Doch ebenso universal bedeutsam wie die Christusbotschaft sind auch die Offenbarungen der anderen Weltreligionen: die Botschaft des Koran, der Upanishaden usw.[44] Knitter unterscheidet also strikt zwischen dem Anspruch auf Universalgeltung, der unangetastet bleiben soll, und dem Anspruch auf Alleingeltung, dem die Berechtigung aberkannt wird. Nicht die *Einzigartigkeit* der Person und die *Universalität* des Werkes Jesu stellt er in Frage, sondern nur die Behauptung der *Exklusivität* des gottesoffenbarenden und heilschaffenden Wirkens. „Die Einzigartigkeit Jesu – so universal und unverzichtbar sie ist – kann ergänzt, gesteigert, ja ‚erfüllt' werden in anderen einzigartigen Offenbarern".[45]

Damit gerät er in Spannung zum biblischen Zeugnis, das Jesus als den *einen* Mittler zwischen Gott und den Menschen bekennt (1.Tim.2,5; Joh.10,9), der uns *ein-für allemal* (ephapax) Erlösung erlangt hat (Hebr. 9,12). Knitter löst diese Spannung, indem er den o.g. Weg der Entliteralisierung einschlägt: Er unterscheidet zwischen *medium* und *message*, zwischen dem sprachlichen Medium und dem Inhalt der Botschaft („the core message").[46] Aller

[42] Nicht das Daß der Einzigartigkeit steht in Frage, sondern das Wie. Siehe die Überschrift des 9.Kapitels von No Other Name? 171: „How Is Jesus Unique?".

[43] Dialogue and Liberation. Foundation for a Pluralist Theology of Religions, in: The Drew Gateway 58/1, 1988, 39.

[44] Wohin der Dialog führt, 609.

[45] *P. Knitter,* Kein Absolutheitsanspruch und doch missionarisch, in: Loccumer Protokolle 7/91, 57.

[46] No Other Name? 182; *ders.,* Nochmals die Absolutheitsfrage. Gründe für eine pluralistische Theologie der Religionen, in: EvTh 49(1989), 515; dieser Beitrag geht zurück auf: Dialogue and Liberation (siehe Anm. 43), 9f. – S. Samartha unterscheidet zwischen „substance of the Christian faith" und „its formulations" (One Christ, xi).

christologischen Reflexion liegt die „profound personal-communitarian experience of how the man Jesus and his message turned lives around and set them in new directions“[47] zugrunde. Diese überwältigende Grunderfahrung konnte sich im damaligen religiös-kulturellen Umfeld nur in der ‚one-and-only-language‘ ausdrücken. Denn zum einen (1) führte das unhistorische und antipluralistische Wahrheitsverständnis dazu, die Jesus-Botschaft als die *eine* Wahrheit zu behaupten, neben der es kein anderes Evangelium geben kann. Weiter (2) mußte die apokalyptische Erwartung des bevorstehenden Weltendes die Gotteserfahrung in Jesus als endgültige und unüberbietbare erscheinen lassen. Hinzu kam (3) die sozialpsychologische Notwendigkeit, die Identität der kleinen Christengruppen gegen die Bedrohung durch jüdische und römische Autoritäten, wie auch gegen den alles absorbierenden Sog des hellenistischen Synkretismus durch klare Abgrenzungen und unbedingte Verpflichtungsansprüche zu sichern. In einer Zeit, in der die kulturellen und sozialen Rahmenbedingungen vollkommen verändert sind, kann und muß die ‚core message‘ von Jesu Heilshandeln aus dem Medium der ‚one-and-only-language‘ befreit und in das Medium einer historischen, pluralistischen, interreligiös-dialogischen Denk- und Sprechweise übersetzt werden. D.h. zunächst: Sie muß zurückübersetzt werden in die Sprache persönlicher Hingabe und Verpflichtung.

Aus einer sprachanalytischen Besinnung auf den ursprünglichen Charakter der Exklusivsprache ergibt sich für Knitter, daß diese Sprache nicht als konstatierende oder deskriptive, nicht als philosophische oder dogmatische, sondern als konfessorische oder askriptive, als bezeugende und bekennende zu verstehen ist. Es ist die ‚language of lovers‘ (Krister Stendahl), die nicht Tatsachen beschreibt, sondern persönliche Hingabe ausdrückt. Die exklusiven Aussagen über Jesus sind nicht ‚objektive‘ Feststellungsurteile über sein Wesen, sondern bekenntnishafter Ausdruck einer intensiven Beziehung zu ihm. Diese ursprünglich konfessorische Sprache der Hingabe (‚love language‘), die dann zu einer apologetischen Sprache der Orthodoxie rationalisiert wurde, gilt es wiederzugewinnen, so daß sie in unserer Gegen-

[47] No Other Name? 182.

wart die Christen zur Hingabe an Christus anleiten und die dabei gemachten Erfahrungen artikulieren kann.[48] Unter den kulturellen Bedingungen der Gegenwart braucht sie sich nicht mit Exklusivansprüchen zu wappnen.

In diesem Versuch der Entliteralisierung begegnet wieder die Unterscheidung von zeitbedingter Darstellungsform und zeitlosem Inhalt. Der Darstellungsform wird zugerechnet, was aus der Christologie ausgeschieden werden soll, dem zeitlosen Inhalt, was für die Gegenwart bewahrt werden soll. Diese Unterscheidung ist gewiß notwendig, auch wenn sie immer in der Gefahr der Ideologisierung steht, die das Evangelium für theologische und politische Programme instrumentalisieren will und zu diesem Zweck das ihr Wichtige als bleibend Gültiges vom bloß temporär Gültigen abhebt. Es bedarf eines Kriteriums, das nicht dem in Arbeit befindlichen theologischen Entwurf selbst entstammen und seinem Interesse dienen darf, das ihm vielmehr kritisch gegenübersteht und ihn zur Rechtfertigung nötigt. Für Knitter ist das die Mission Jesu, so wie er sie selbst verstand und praktizierte. Das Sendungsbewußtsein des ‚historischen' Jesus erschließt sich jedoch erst einer theologischen Rekonstruktion, so daß ein Zirkelschluß zwischen exegetischer Analyse und systematischer Konzeptualisierung entsteht.

Die Behauptung, die ‚one-and-only-language' sei nur ein zeitbedingtes Vehikel, ist ein exegetisch nicht begründbares Postulat. Diese Sprache gehört nicht nur zum einkleidenden Sprachgewand der Botschaft oder zu einem kontextbedingten Vorstellungsrahmen, sondern zur ‚core message' selbst. „Wenn also die frühen Christen erklärten, daß es ‚keinen anderen Namen' gibt, so taten sie das ganz bewußt und im Widerspruch gegen die allgemeine Kultur; sie kleideten nicht lediglich ihre ‚tiefere Botschaft' in ein kulturbedingtes und beliebig verfügbares Medium".[49] Gleichzeitig ist aber daran festzuhalten, daß die Botschaft (oder die Botschaft*en*) von Christus, einschließlich der mit ihnen untrennbar verbundenen ‚one-and-only' Aussagen,

---

[48] No Other Name? 183–185.

[49] Zitiert aus *P. Knitters* Darstellung kritischer Einwände gegen seinen Entwurf: Religion und Befreiung. Soteriozentrismus als Antwort an die Kritiker, in: R. Bernhardt (Hg), Horizontüberschreitung (siehe Anm. 1), 204f.

aus ihrem jeweiligen Kontext heraus zu verstehen sind. Und hier ist Knitters Hinweis auf die identitätssichernde Schutzfunktion des Bekenntnisses zu Christus als dem *einen* Herrn und Heiland wichtig: Um die kleinen Christengruppen gegen politisch-religiöse Verfolgung und gegen die synkretistische Versuchung zu schützen, war eine massive Abgrenzung nach außen und eine starke (Selbst-)Verpflichtung der Mitglieder nach innen geboten. Löst man die ‚absoluten' Bekenntnisse aus diesem Entstehungskontext und wendet sie im Kontext der gegenwärtigen Religionsbegegnung unmittelbar auf andere Religionen an, müssen sie triumphalistisch und exklusivistisch erscheinen. Das gleiche gilt übrigens für das Verständnis von Barmen I.

Die ‚one-and-only'-Aussagen sind nicht von Jesus über sich, sondern von seinen Anhängern über ihn gesagt worden. Sie haben Bekenntnischarakter. Die Analogie zur Sprache der Liebenden ist für diese kontextuelle Hermeneutik wichtig und hilfreich, aber in ihrer Tendenz zur Subjektivierung und Emotionalisierung nicht unproblematisch. Wo sie die Sachhaltigkeit der biblischen Aussagen in Bekundungen subjektiver Erfahrung und Bedeutsamkeit auflöst, wird sie der Intention der ersten Christen nicht mehr gerecht. Sie wollten nicht *ihre Erfahrung* mit Jesus zum Thema machen, sondern *Jesus selbst.* Von *ihm* wollten sie reden, nicht von *ihrer Beziehung* zu ihm; von seiner *‚faktischen'* Bedeutung, nicht davon, was er *ihnen* bedeutete. Für sie ist Jesu Bedeutsamkeit keine subjektiv kreierte oder ihm beigelegte, sondern eine der Wirklichkeit Jesu Christi selbst anhaftende. Gerade als solche kann und darf sie aber andererseits auch nicht objektiviert und rationalisiert werden. Wo die Analogie zur ‚Sprache der Liebenden' hilft, solche Verfestigungsformen der lebendigen Wahrheit zu dogmatischen Wahrheitsansprüchen abzuwehren, ist sie berechtigt. Dabei darf nicht vergessen werden, daß es sich hier nur um eine Analogie handelt. Die ‚Sprache der Liebenden' ist frei von Universalansprüchen und damit von missionarischen Antrieben. Sie will den Geliebten nicht aller Welt als die für alle Menschen bedeutsame Inkarnation der Liebe vor Augen stellen. Genau diese Universalansprüche will Knitter aber für Jesus aufrechterhalten. Hier sind die Grenzen der Analogie erreicht.

Den Weg der Entpartikularisierung will ich hier nur anzeigen.[50] Im Anschluß an E. Schillebeeckx[51] unterscheidet Knitter vier christologische ‚trajectories' im NT: (1) die Maranatha oder Parousie Christologien, (2) die Mann-Gottes- (*theios-aner*) Christologie, (3) die Weisheits- oder Logoschristologien und (4) die Passions- und Osterchristologie. Keines dieser Konzepte kann Alleingeltung beanspruchen. Es sind alles Interpretationen, die sich an dem zu interpretierenden ‚Gegenstand', an Person und Werk Jesu Christi, messen zu lassen haben. Und selbst der *Summe* der biblischen Jesus-Interpretationen kann kein Interpretationsmonopol zukommen. Jede Zeit und jede Kultur muß die ihr entsprechenden Ausdrucksformen finden, so auch unsere Gegenwart. Dazu kann sie aus der Vielfalt des biblischen Angebots schöpfen, wird sich aber letztlich immer am ‚historischen' Jesus zu orientieren haben.

Trotz dieser Forderung bleibt Knitter nicht (wie etwa Swidler) stehen bei der Bevorzugung desjenigen ‚trajectory', das dem Selbstverständnis Jesu vermeintlich am nächsten kommt – der Maranatha- oder Parousie-Christologien, die – aus ältesten Bekenntnissen zu Jesus als dem endzeitlichen Propheten hervorgegangen und in Q tradiert – Jesus als den zum Gericht kommenden Menschensohn erwarten und dieser Hoffnung mit dem Ruf „maranatha („Unser Herr, komme!") Ausdruck geben. Gerade jene christologische Tradition, die für die weitere Entwicklung bis nach Nizäa maßgebend wurde, die Logostheologie, scheint Knitter geeignet, die Verabsolutierung der Christusbotschaft aufzubrechen. Denn während in der paulinischen Kreuzes- und Ostertheologie Christi Tod und Auferstehung als Gottes universale Heilstat notwendigerweise in den Mittelpunkt rückt, besteht das Heilsereignis für die johanneische Logostheologie in der Inkarnation des ewigen Logos, der dabei aber nicht in seiner partikularen Inkarnation aufgeht.[52] Er wirkt immer und überall. So, wie er sich in Jesus manifestiert hat, so kann er sich auch in

---

[50] Ausführlicher in: *R. Bernhardt,* Ein neuer Lessing? Paul Knitters Theologie der Religionen, in: EvTh 6/89, 523–525.

[51] No Other Name? 176f; E. Schillebeeckx, Jesus. Die Geschichte von einem Lebenden, 358–388.

[52] Nach Knitter siedelt Johannes „die Partikularität Jesu innerhalb der Universalität der Selbstoffenbarung Gottes" an, während Paulus der „Universalität Gottes innerhalb der Partikularität des historischen Jesus" ihren Ort anweist (Nochmals die Absolutheitsfrage, 514; engl: Dialogue and Liberation, 9).

anderen Inkarnationen manifestieren. Jesus ist *ein* Weg zu Gott, *ein* Fenster auf das Universum des göttlichen Mysteriums, *ein* Erlöser und Offenbarer; er ist – wie bei Hick – wohl *totus Deus*, aber nicht *totum Dei*.[53]

Diese Trennungschristologie, die nicht nur den Logos von seiner Fleischwerdung in Jesus unterscheidet, sondern ihm auch noch andere gleichrangige Fleischwerdungen zudenkt, kann sich nicht auf die johanneische Überlieferung stützen. In Joh 1,14, wo die Fleischwerdung des Logos bezeugt ist, ist ausdrücklich vom *einzigen* (monogenäs) Sohn die Rede. Und im Gesamtzusammenhang des Evangeliums zeigt sich immer wieder das Interesse des Evangelisten, Jesus mit dem Logos zu identifizieren und seine Einheit mit dem Vater zu betonen (am deutlichsten in Joh.10,30). Nach Johannes ist der Logos Mensch *geworden*, er hat nicht nur in ihm *gewirkt*[54]; von Ewigkeit her hat Gott sich auf diese eine Offenbarung festgelegt. – Der Versuch, eine pluralistische Inkarnationslehre auf Johannes zu gründen, kann nicht gelingen. Man muß schon über ihn hinausgehen und die Logos-spermatikos-Lehre der altkirchlichen Apologeten heranziehen, um einen frühchristlichen Begründungsansatz für diese Auffassung zu finden. Doch auch die Apologeten lassen keinen Zweifel daran, daß Christus die *Fülle* dessen sei, was der Logos an Samenkörnern auch in griechischen Philosophen und alttestamentlichen Propheten ausgestreut habe. Um die Logoslehre zu universalisieren und zu pluralisieren, wie Knitter es tut, muß man sie interpolieren, d. h. sie über die biblische und die altkirchliche Überlieferung hinausführen. Sollte man sie dann redlicherweise nicht gleich ganz aufgeben und die Inkarnations- durch eine Inspirationslehre ersetzen, wie Hick es vorschlägt?

Die deutliche Unterscheidung zwischen Jesus, dem Zimmermannssohn aus Nazareth, und Christus, dem ewigen Logos, der zweiten Person der Trinität, ist auch für die in den letzten Jahren ausgearbeitete *Kosmische Christologie*[55] grundlegend. Auch ihre

---

[53] Nochmals die Absolutheitsfrage, 510; engl: Dialogue and Liberation, 42.

[54] Daß es in Joh. allerdings auch Stellen gibt, die auf eine Unterscheidung zwischen Vater und Sohn hinweisen (wie 12,49 oder 14,28) hat u. a. *S. Yagi* herausgearbeitet: „I" in the Words of Jesus, in: J. Hick, P. Knitter (Hg), The Myth of Christian Uniqueness. Toward a Pluralistic Theology of Religions, 1987, 121 f.

[55] *A. Rössler*, Steht Gottes Himmel allen offen? Zum Symbol des kosmischen Christus, 1990; *ders.*, Der kosmische Christus, Die Offenbarung geht weiter, in: DtPfrbl 91

Vertreter gehen davon aus, daß Jesus ganz und gar Mensch war, dabei aber doch so vollkommen offen für Gottes Geist, daß dieser Geist – der kosmische Christus – in ihm sich in einem Maß verdichten konnte, das es erlaubt, von einer Fleischwerdung zu sprechen. Der kosmische Christus ist „in Jesus eingegangen, ohne in ihm aufzugehen“.[56] Der Einfluß des östlichen Einheitsdenkens, das den Menschen Jesus in seiner geschichtlichen Konkretheit ebenso transzendieren will wie die Menschenwelt insgesamt, ist im Hintergrund spürbar. Kritisch ist hier – wie bei Knitter – anzufragen, ob die für die gesamte Christologie konstitutive Geschichtlichkeit des Christusgeschehens nicht zu sehr zurücktritt: Läßt sich Christus, der universale Logos von Ewigkeit her, wirklich so von Jesus unterscheiden, daß dessen Person und Werk zu einer bloßen Konkretion wird?

Knitter stellt die wichtige Frage, ob die Einzigartigkeit Jesu im Sinne von Ausschließlichkeit und Endgültigkeit zu verstehen sei oder im Sinne von universaler Bedeutsamkeit, der andere universale Bedeutsamkeiten an die Seite treten können. *K.-J. Kuschel* nimmt diese Fragestellung auf und kommt bei seinem interessanten Versuch, klassische christologische Texte aus ihrem Entstehungszusammenhang heraus zu interpretieren, zu dem Ergebnis: „Normativität Christi ohne Absolutheitsanspruch, Finalität ohne Exklusivismus, Definitivität ohne Superiorität ist auf der Basis des Neuen Testaments und der altkirchlichen Konzilien – verstanden im Rahmen einer kontextuellen Exegese und Dogmenhermeneutik – theologisch begründbar“.[57] Damit ist gesagt: Wir müssen unterscheiden zwischen (a) dem Bekenntnis zu Jesus und (b) den Geltungs- und Herrschaftsansprüchen, die Christen für ihren Glauben und ihre Kirche erheben. Die Haltung eines intoleranten Exklusivismus, der sich im Besitz der alleinigen Wahrheit dünkt, die Haltung der arroganten Superiorität, die alle anderen Glaubensauffassungen zu menschlichen Halbwahrheiten herabwürdigt, die Haltung eines triumphalen Absolutis-

---

(1991); *G. Schiwy,* Der kosmische Christus, Spuren Gottes ins neue Zeitalter, 1990; *M. Fox,* Vision vom kosmischen Christus, 1991. Kritisch zu diesen Entwürfen: *W. Thiede,* Der kosmische Christus und sein Jesus. Ein christologischer Paradigmenwechsel? in: DtPfrbl 92 (1992), 191-194. Siehe dazu auch: *J. Moltmann,* Der Weg Jesu Christi. Christologie in messianischen Dimensionen, 1989, 297–336.

[56] *A. Rössler,* Der kosmische Christus, 268. Vgl. *L. Swidler,* Der umstrittene Jesus, 125.

[57] Christologie und interreligiöser Dialog (siehe Anm. 6), 401.

mus, der zu Kreuzzügen gegen alles Nicht- oder Anders-Christliche aufruft – diese Haltung hat nichts zu tun mit dem unaufgebbaren Bekenntnis zu Jesu Normativität, Finalität und Definitivität. Im Gegenteil: Sie läuft ihm zuwider, weil sie für sich selbst in Anspruch nimmt, was Christus gebührt. Das Christusbekenntnis verlangt nach demütigem Zeugnis, nicht nach überheblicher Selbstverabsolutierung. Diese Haltung muß man scharf kritisieren, und man kann es, ohne dabei das Christusbekenntnis zu reduzieren.

Ein wichtiges methodisches Werkzeug, das die unmittelbare Ableitung christlicher und kirchlicher Absolutheitsansprüche aus den biblischen Christusbekenntnissen verhindert, ist die kontextuelle Exegese. Sie erhebt die Aussageintention der Texte mit Rücksicht auf ihren ‚Sitz im Leben'. Dabei zeigt sich, daß die Texte, die Christus als den einen, von Ewigkeit her bestimmten Gottessohn preisen, als doxologische und nicht etwa als dogmatische zu verstehen sind. Sie können nicht ohne weiteres auf die Beurteilung nichtchristlicher Religionen angewandt werden. Ebenso wie umgekehrt ein in der Traditionslinie der Hegelschen Philosophie geprägter Begriff wie ‚Absolutheitsanspruch' nicht ohne weiteres in biblische Credotexte eingetragen werden kann.

Knitter versucht, christliche Absolutheitsansprüche abzuwehren und eine dialogische Haltung der Christen gegenüber Anhängern anderer Religionen christologisch zu begründen, indem er eine „pluralistische Christologie" [58] konzipiert, in der andere „Messiasse" [59] neben Jesus Platz haben. Kuschel zeigt, daß man soweit nicht gehen muß, um Dialogoffenheit zu erreichen. Das Bekenntnis zur Einzigartigkeit und Einmaligkeit der Gottesereignung in Jesus führt nicht *notwendigerweise* zu dialogfeindlichen Absolutheitsansprüchen, die die Existenzberechtigung oder den Wahrheitsanspruch anderer Religionen bestreiten. Dieses Bekenntnis ist im Kern unbedingt, aber nicht absolutistisch. Daß es in der Theologiegeschichte nur allzuoft zur Verdammung fremder Religionen und zur feindlichen Ausgrenzung und Verfolgung Andersgläubiger geführt *hat*, heißt nicht, daß es dazu führen *muß*.

---

[58] Nochmals die Absolutheitsfrage, 510.
[59] Nochmals die Absolutheitsfrage, 514.

5. Schubert Ogden

Schubert Ogden, einer der prominentesten Vertreter der Prozeßtheologie in den U.S.A., gehört im Gegensatz zu den bisher Vorgestellten nicht zum Kreis der Pluralistischen Religionstheologen. Doch hat er eine Interpretation des Christusereignisses vorgeschlagen, die deren Anliegen sehr entgegenkommt – wenn sie auch an entscheidenden Stellen (etwa in der Sicht des ‚historischen' Jesus) einen anderen Weg einschlägt. Sein Vorschlag besagt im Kern, dieses Ereignis (gemeint ist die Geschichtswirklichkeit Jesu Christi, nicht etwa die innertrinitarische Beziehung zwischen Vater und Sohn) sei nicht *konstitutiv* für die Möglichkeit des Heils, sondern lediglich *repräsentativ.*[60] Konstituiert werde diese Heilsmöglichkeit „einzig und vollständig durch die uranfängliche und endlose Liebe Gottes, welche die einzige ursprüngliche Quelle und das einzige letzte Ziel aller Dinge ist".[61]

Damit ist der Schwerpunkt der Soteriologie – gegenüber christozentrischen Konzepten – vom zweiten in den ersten Glaubensartikel vorverlegt: Das heil*schaffende* Geschehen fällt zusammen mit dem Willen und Wirken Gottes (1.Tim 2,4). Lediglich die Heils*zueignung*, die Vergegenwärtigung der von Ewigkeit her bestehenden Möglichkeit *pro me* verbleibt im christologischen Ressort. In Christus *vollzieht* Gott nicht das Heil, sondern *appliziert* es. Christus ist der *Mittler*, d. h. hier: der *Offenbarer* des Heils. Seine Bedeutsamkeit liegt also in seinem offenbarenden *Wirken*, weniger in seinem gott-menschlichen *Wesen.* Nicht das, was er ist, tut und erleidet *an sich* ist heilsrelevant, sondern das, was sich darin über Gottes Willen und seine Heilsabsicht zeigt.

Die Unterscheidung zwischen heils*konstitutivem* und heils*repräsentativem* Ereignis klingt unmittelbar an Tillichs Manifesta-

---

[60] *S. Ogden,* Gibt es nur eine wahre Religion oder mehrere? in: ZThK 88 (1991), 97. Vgl. auch Christ without Myth, 1961, 156f, 160f; The Reality of God, 1963, 164ff. – In On Theology, 1986, heißt es: Although Christian revelation „cannot be necessary to the *constitution* of human existence, it can very well be necessary of the *objectification* of existence in the sense of its full and adequate understanding at the level of explicit thought and speech" (41). Christian revelation „is necessary in the first instance not to the *constitution* of our possibility, but to its full and adequate *explication*" (ebd; Hervorheb. R. B.).

[61] *S. Ogden,* Gibt es nur eine wahre Religion oder mehrere? a. a. O. 97.

tionschristologie an.[62] Doch versteht sie sich in erster Linie vor dem Hintergrund der Offenbarungsauffassung Bultmanns, dessen existentialer Theologie sich Ogden verpflichtet weiß. Bultmann wehrt die lutherische Vorstellung ab, das Christusereignis erweitere die allgemeine Schöpfungsoffenbarung inhaltlich, indem nach der aus dem Gesetz erkannten *Existenz Gottes* nun auch die aus dem Evangelium aufleuchtende *Gnade Gottes* bekannt werde. Demgegenüber hebt Bultmann hervor, daß die spezielle Offenbarung substantiell keineswegs von der allgemeinen unterschieden sei, ihre Besonderheit bestehe vielmehr in der entscheidenden, entscheidungsfordernden Vergegenwärtigung dieser Gotteswahrheit im Hier und Jetzt der menschlichen Existenz.[63] Ogden schließt sich diesem existentialistischen Offenbarungsverständnis an[64]: Die christologische Zentralaussage „Jesus is the Christ" sage über Jesus „that what is re-presented to us in him is the answer to our question about God as the question of our own existence".[65]

Und so besteht das heils*konstitutive* Grundgeschehen für Ogden in der ursprünglichen Selbst-Präsentation Gottes und das heils*repräsentative* Christus-Ereignis in der Re-Präsentation, d. h. Vergegenwärtigung, dieser originalen göttlichen Selbsterschließung. Repräsentation hat also hier den Sinn einer ‚Wieder-präsent-Machung' der mit der Schöpfung ergangenen und immer neu ergehenden Präsentierung der kreativen und heilenden Liebe Gottes. Damit wird eine Möglichkeit vergegenwärtigt, die menschlicher Existenz immer schon inhärent ist[66], so daß die Christusoffenbarung von Ogden als „the full and adequate ob-

---

[62] "... der Mittler *repräsentiert* das wesenhafte Menschsein; und damit *repräsentiert* er Gott. Anders ausgedrückt: Er *repräsentiert* das Bild Gottes, das ursprünglich im Menschen verkörpert ist, aber er tut es unter den Bedingungen der Entfremdung zwischen Gott und Mensch" (Systematische Theologie II, 103; Hervorheb. R. B.).

[63] *R. Bultmann,* Art. Offenbarung, IV. Im NT, in: ²RGG, 661–664; ders., Glaube und Verstehen, Ges. Aufsätze II, Tübingen 1958⁵, 252 ff.

[64] „The point of christology is a strictly *existential* point" (The Point of Christology, in: JoR 55 (1975), 375; Hervorheb. S. Ogden).

[65] A.a.O.378. – ... „it re-presents the word that is addressed to us and to all men in Jesus as the decisive word about our own human existence, as the word that answers all our deepest questions about God because it tells us explicitly and finally who we ourselves are given and demanded to be" (A.a.O.379).

[66] In: Christ without Myth sprach Ogden von einer „original possibility of existence coram Deo", die dem Menschen als solchem eigen sei (156 f, 160 f).

jectification of human existence in its authentic possibility"[67] angesehen werden kann.

Im Hintergrund dieses Ansatzes steht das charakteristische Denkmuster der *Prozeßtheologie*, die Vorstellung einer (panentheistisch gedachten) fortwährenden Inkarnation Gottes: Gott und die Geschichte sind in einer Bewegung zu immer größerer Komplexität, Harmonie und Schönheit begriffen. Die Menschwerdung Gottes und die Vergöttlichung des Menschen, wie sie sich zunehmend im Verlauf der Geschichte Gottes mit der Welt vollzieht, erreicht in Jesus ihre volle Realisation. In ihm ereignet sich also keine supranaturale Durchbrechung des geschichtlichen Geschehenszusammenhanges, sondern die Verwirklichung der menschheitlichen Zielbestimmung, wodurch dieser Geschehenszusammenhang auf eine neue ontologische Ebene gehoben wird. Mit diesem Denkmuster läßt sich der Anspruch auf universale Bedeutsamkeit, Einzigartigkeit und damit Normativität des Christusereignisses aufrechterhalten, ohne Jesus christozentrisch zu verabsolutieren. Nicht auf *ihn* zielt das göttliche Handeln, sondern auf die Menschheit; nicht *er* ist Inhalt der Offenbarung, sondern Gottes Heilswille, der sich an ihm erweist. Von seiner Einzigkeit läßt sich in bezug auf die Heilsvermittlung nicht mehr reden, wohl aber von seiner heilsgeschichtlichen Relevanz, seiner universalen Bedeutsamkeit, seiner „Zentralität".[68]

Wie Bultmann, so grenzt auch Ogden diese Christusauffassung von derjenigen der Liberalen Theologie ab. Inspiriert von Hegels idealistischer Philosophie hatte man dort in Jesus das Ideal gott-menschlicher Vermittlung vollkommen verwirklicht gesehen, in der Weise, daß der Nazarener die allen Menschen eigene Potenz dazu in seinem Leben und Sterben perfekt verwirklicht habe. Dem setzt Ogden entgegen: „Jesus is the Christ not because he *actualized* the possibility of faith and, unlike us, actualized it perfectly, but because he *re-presents* the possibility of faith and, for us, re-presents it decisively".[69] Nicht Jesu *eigener*

[67] On Theology, 41.
[68] „the re-presentation of God that has taken place and continues to take place through the particular strand of human history of which Jesus is the center" (On Theology, 29).
[69] The Point of Christology, 1975, 391 (Hervorheb. R. B.). – „the ground of faith and its object is not the Jesus who perfectly actualized the possibility of authentic faith and love but the Jesus who decisively re-presents that possibility to us because, through the

Glaube und nicht Jesu *eigene* Liebe sind für Ogden das Entscheidende, sondern einzig und allein die in Jesus durchscheinende und nach allen Menschen verpflichtend ausgreifende Liebe *Gottes*. Nicht die paradigmatische Aktualisierung einer allgemeinmenschlichen Disposition hat sich in Jesus vollzogen, sondern die Ereignung dessen, was diese Disposition sowohl inauguriert als auch erfüllt: die Re-präsentierung der kreativen und heilsschaffenden Macht Gottes. Es geht Ogden um die allein von Gott her konstituierte Möglichkeit des Heils, die von Christus in einzigartiger Weise *wieder*, *re*-präsentiert und darin definitiv vergegenwärtigt ist. Kurz gesagt: Christus ist hier nicht bloß *exemplum*, sondern *sacramentum* des Heils.

In dieser Abgrenzung gegen die Liberale Christologie mit ihrer Vorstellung einer perfekten Verwirklichung der höchsten Möglichkeiten des Humanums stimmt Ogden im wesentlichen mit Bultmann überein. Jede Jesulogie lehnt er ab. Die wahre Menschlichkeit und das Werk des ‚historischen' Jesus ist lediglich als Träger des Kerygmas von Bedeutung. Während Swidler einseitig an den Menschen Jesus von Nazareth als Subjekt der Gottesnähe verweist, zeigt Ogden kein Interesse am ‚historischen' Jesus und betont demgegenüber die Rolle Gottes als Subjekt des Heilsgeschehens.

An einer für unsere Erörterung bedeutsamen Stelle weicht Ogden dann allerdings von seinem geistigen Vater ab und schlägt einen eigenen Weg ein. Bultmann hatte stets betont, die Christusoffenbarung sei das absolute, d. h. das eschatologische, das letztgültige und daher unüberbietbare Wort Gottes an die gesamte Menschheit, dessen fortdauernde Gegenwärtigkeit alle Zeiten übergreift und damit auch die Zukunft bestimmt. Den darin implizierten Exklusivanspruch weist Ogden zurück[70], um sich vorsichtig in Richtung einer pluralistischen Soteriologie zu öffnen. Zwar sei Christus *für die Christen* die einzig definitive Repräsentation der göttlichen Liebe, doch könne die Möglichkeit nicht ausgeschlossen werden, daß es neben ihm für die Anhänger anderer religiöser Traditionen andere ebenso definitive Repräsen-

Christian witness of faith, he represents the primal word of Gods grace, to which our own faith and love are always only the response" (ebd. 392).

[70] Christ without Myth, 111 ff.

tationen gebe.[71] In diesem vorsichtig formulierten Vorbehalt einer offenzuhaltenden Möglichkeit drückt sich seine Kritik an den Vertretern der Pluralistischen Religionstheologie aus, die auch die anderen Religionen als vollwertige Heilswege anerkennen möchten. Zwar führt auch Ogden die anderen religiösen Traditionen auf die Anfangsgründe der universalen und allgegenwärtigen Gottesliebe zurück, doch will er im Wissen um die möglichen und wirklichen Verwirrungen in jeglicher Religionspraxis nicht sagen, daß sie Heilswege *seien*, sondern lediglich, daß sie es prinzipiell sein *könnten* (was dann konsequenterweise auch für das Chriustentum gelten müßte!). Es *kann* ihm zufolge mehrere wahre Religionen geben. Kriterien dafür benennt Ogden nicht, doch ergibt sich aus seiner Argumentation der Schluß, daß Wahrheit hier als Genuinität aufgefaßt ist: Nur solche Religion können als wahre angesprochen werden, die der universalen Liebe Gottes entsprechen, über die jedoch am authentischsten die entscheidende Offenbarung in Christus Auskunft gibt.

In Ogdens Ansatz überlagern sich zwei Interessen: Einerseits will er mit Bultmann und den Prozeßtheologen an der Einzigartigkeit Christi festhalten, andererseits mit den Pluralistischen Religionstheologen christliche Exklusivismen abwehren und die Wahrheitsansprüche anderer religiöser Offenbarungsmittler nicht von vorneherein bestreiten. Gegenüber einem christlichen Alleingeltungsanspruch hebt er die Universalität der Liebe Gottes hervor, deren Wirksamkeit in anderen Religionen niemals grundsätzlich ausgeschlossen werden kann. Und gegenüber jeglichem soteriologischen Beliebigkeitspluralismus, gegenüber einem Relativismus der Heilswege, der andere ‚Christusse' gleichberechtigt neben Jesus Christus anerkennen will, betont er mit Nachdruck, das Christusereignis sei nicht *eine* unter mehreren, sondern die *entscheidende* Repräsentation der Liebe Gottes. Nicht bloß *ein* Sakrament des Heils, sondern (mit deutlichem Anklang an Rahner:) einzigartiges Ursakrament, „das die Mög-

[71] Christus „is the Way that excludes no Ways", wie Norman Pittenger, ein anderer Prozeßtheologe, sagt. Pittenger, wie Cobb, arbeiten deutlicher als Ogden mit dem konzeptuellen Instrumentarium einer kosmischen Christologie: Für Cobb ist Gottes Wirken in der Welt mit dem universalen Logos, „the principle of creative transformation", identisch, der sich in Jesus vollkommen inkarniert hat (Christ in a Pluralistic Age, 1975, Kap. 3 und 4).

lichkeit des Heils, die immer schon für jeden Menschen ... implizit gegenwärtig ist, wieder präsent und explizit macht".[72]

Die Betonung der christentumsübergreifenden Bedeutung der Christusoffenbarung *für jeden Menschen*[73] steht dabei nicht in Spannung zur o.g. Aussage, Christus sei *für die Christen* die einzig definitive Repräsentation der göttlichen Liebe. Die Bedeutung der Christusoffenbarung als Repräsentation der göttlichen Liebe ist universal, doch nur für die Christen ist es die *entscheidende* Repräsentation. Jenseits der eigenen religiösen Tradition ist die Möglichkeit anderer *decisive representations* einzuräumen. Die Frage, wie sich denn die *entscheidende* Repräsentation Gottes zu den anderen Repräsentationen verhält, auf die sich andere religiöse Traditionen gründen, läßt Ogden allerdings in merkwürdiger Schwebe. Wohl eliminiert er die Exklusivbehauptung aus der Christologie, doch würde er andere Offenbarungsmittler keinesfalls in den Rang Christi erheben. Ob sie im Sinne einer kosmischen Christologie als (niedere?) Verkörperungen des Logos angesehen werden können, was sich vermuten ließe, bleibt offen.

Ohne jetzt auf Ogdens Argumentation im einzelnen einzugehen, will ich mich der entscheidenden Frage zuwenden, ob die von ihm vorgeschlagene christologische Weichenstellung dazu beiträgt, eine dialogoffene, dabei aber theologisch verantwortbare Theologie der Religionen voranzubringen. Der Vorteil dieser aus existential- und prozeßtheologischen Quellen gespeisten Christologie liegt darin, daß ein wesentliches Grundproblem aller Soteriologie vermieden ist: Die Universalisierung des geschichtlich-partikularen Heilsgeschehens. Solange man behauptet, die entscheidende heilsgeschichtliche Wende liege in der Menschwerdung Gottes in Jesus von Nazareth, in seiner Verkün-

---

72 *S. Ogden,* Gibt es nur eine wahre Religion oder mehrere? 99. – Im Begriffspaar implizit-explizit klingt Karl Rahners Lehre vom universalen Heilswillen Gottes und vom impliziten Glauben des anonymen Christen an. In der Tat gibt es Parallelen zu Rahners Theologie, wenn Ogden von einer quasi-transzendentalen Ausrichtung der anthropologischen Konstitution durch die allgemeine Offenbarung Gottes spricht. In: The Point of Christology, 1975, 392, schreibt er: „the task of christology today is to elaborate the claim that *Jesus is the truth of human existence made fully explicit...*" (Hervorheb. S. Ogden).

73 Zur Universalität der Bedeutung Christi siehe auch: On Theology, 41; The Point of Christology, 1975, 379 (zitiert in Anm. 65).

digung, seinem Kreuzestod und seiner Auferstehung, muß man die Frage beantworten, wie denn all jene Menschen, die zeitlich *vor* Jesus gelebt haben, und all die, die zwar *nach* seinem Kommen gelebt, aber von seinem Wirken unberührt geblieben sind, in den Stand gesetzt werden konnten, an der göttlichen Gnade Anteil zu erlangen. Das Axiom universaler Gerechtigkeit Gottes fordert eine solche soteriologische Chancengleichheit für alle Menschen. Die theologischen Versuche, die Spannung zwischen der Universalität des Heilswillens und der Spezialität der Heilswirklichkeit auszugleichen, sind bekannt: Sie reichen von der Lehre von Christi Höllenfahrt bis hin zur Rede vom anonymen Christentum. Alle unter der grob-verallgemeinernden Bezeichnung des ‚Inklusivismus' zusammengefaßten religionstheologischen Ansätze fallen darunter, ist es doch gerade ihre Zielbestimmung, Nichtchristen in die christlich definierte Heilstat Gottes miteinzubeziehen.

Schubert Ogden kann auf alle diese problematischen Erklärungsmuster verzichten. Die Heils*wirklichkeit* ist grundsätzlich ebenso universal wie Gottes Heils*wille*. Sie bedarf keiner ständigen Ausdehnung ihrer Reichweite, sondern nur der Offenlegung ihrer wesensmäßigen Universalität, der im Christusgeschehen nichts hinzugefügt zu werden brauchte. Daß in Christus diese Vergegenwärtigung in *entscheidender* Weise stattgefunden hat, ist lediglich existential-ontologisch, nicht aber heilsgeschichtlich von Belang.

Diese Reduktion theologischer Komplexität fordert auf der anderen Seite ihren Preis in der Abblendung christologischer Aussagemöglichkeiten. Indem Ogden das eigentliche Geschehen der Heilskonstitution von Christus ablöst, büßt er mit der Partikularität letztlich auch die konkrete Geschichtsschwere des Heils ein, das erst durch Leiden und Tod gehen muß. Bei Ogden ist es ein Geschehen von Ewigkeit her, das wohl auf die geschichtliche Vergegenwärtigung abzielt, letztlich aber in keiner Weise von ihr abhängt. Nicht in der Geschichte, auch nicht in Gott ist durch Jesu Kommen etwas anders geworden, sondern lediglich im Leben der Menschen, die sich zur Entscheidung haben rufen lassen. Daß Gott – anthropomorph ausgedrückt – in Jesus Menschenerfahrungen gemacht hat bis hin zum Leiden und Sterben und daß er dadurch zu einem anderen, zu einem nahen, menschlichen Gott wurde, für den Heil nicht eine überzeitliche platonische Idee ist, die er ein-für-allemal allgemein dekretiert hat, sondern eine an einem bestimmten Ort in der Geschichte aufgebrochene und darin notwendigerweise partikular bleibende Geschichtswirklichkeit – dieses Bekenntnis zur tiefsten Kenose Gottes bis in den letzten Winkel des menschlichen Leidens, dieses Bekenntnis zur Nähe und Mitleidensfähigkeit Gottes, hat in Ogdens ‚sakramentaler' Offenbarungschristologie keine Heimat.

Ogdens Entwurf gegenüber möchte ich daran festhalten, daß das Heilsgeschehen, das natürlich in einem überzeitlichen, weil göttlichen Willen seinen Anfangs- und Zielgrund hat, an einem bestimmten, höchst partikularen Ort der Geschichte sich ereignete und gerade so nicht nur die kosmische Universalität, sondern auch die geschichtliche Kondeszendenz Gottes erweist. Christus *erwirkt* nicht erst das Heil – so als ob Gottes Wille durch Christi Opfertod umgestimmt worden wäre; er *offenbart* es andererseits auch nicht nur – so als ob das Heil schon längst verwirklicht, nur noch nicht existentiell zu- und angeeignet wäre; er *ereignet* es, d. h. er verwirklicht den Willen Gottes in einer konkreten historischen Situation, wodurch Heil erst Wirklichkeit wird. Mit F.-W. Marquardt können wir den Kern der christlichen Heilsbotschaft darin sehen, daß Gott selbst sich uns in Jesus geschenkt und damit eine „Person-Gemeinschaft von Mensch und Gott und der Heiden mit einem Juden, Jesus" gestiftet hat.[74] Es ist *Gottes* Selbstereignung in Jesus. In dieser historisch-'partikularen' Konkretion ist Gottes Heilsweg eröffnet, der dann existentiell beschritten werden kann. In performativer Sprache sagt Jesus das Heil an und ereignet es in dieser freisprechenden, vergebenden Verkündigung wie in seinem ganzheitlich ‚therapeutischen' Handeln zeichenhaft vorweg. Doch geht diese Ereignung nicht mit triumphaler Überwindung des Unheils einher. Sie vollzieht sich unter den Unheilsbedingungen der Existenz, führt in Leiden und Tod. Mit seinen Worten und Taten hat Jesus dieses Unheil und seine Ursachen bekämpft, doch es hat über ihn gesiegt. Erst in der mit dem Symbol der Auferstehung bezeichneten geistigen Wirklichkeit eröffnet sich der Ausblick auf die endgültige eschatologische Überwindung des Unheils.

---

[74] Das christliche Bekenntnis zu Jesus, dem Juden, II/40.

Die andere Seite der Heilsereignung in Jesus ist die Unheilsereignung in Gott – wieder anthropomorph formuliert: Gott lernte ‚am eigenen Leibe' kennen, was Unheil ist. ‚Aus eigener Erfahrung' weiß er, was Menschen Menschen anzutun imstande sind. Die mit ‚Sünde' bezeichnete Wirklichkeit bekam er in all ihren Dimensionen zu ‚spüren'. Das macht die Lebensnähe seines Heilswirkens aus, das sich nur im Kampf gegen die Unheilssituation verwirklichen kann. Hierin liegt im Kern die Einzigartigkeit der Christusbotschaft begründet.

6. Leitlinien für eine Deabsolutierung der Christologie

Nach diesem Durchgang durch einige der neueren, im Zusammenhang der Pluralistischen Theologie der Religionen vorgeschlagenen Ansätze zur Deabsolutierung der Christologie möchte ich – in thetischer Form – Leitlinien für eine solche Revision markieren. Sie sollen zeigen, daß es notwendig und wie es möglich ist, exklusivistische Alleingeltungsansprüche und inklusivistische Superioritätsansprüche aus der Christologie auszuscheiden, ohne deren Substanz zu reduzieren, d. h. ohne die Fülle ihrer Aussagemöglichkeiten zu beschneiden.[75] Sogar neue Aussagemöglichkeiten werden freigesetzt, wo alte Gerinnungsformen aufweichen. Die vorgestellten Entwürfe zu einer pluralistischen Christologie enthalten – bei aller Kritik, die an ihnen anzubringen war – wertvolle Hinweise, die aufgenommen werden sollen.

a) Gott deabsolutiert sich selbst

In seiner Selbstentäußerung, seiner Kondeszendenz, seinem Eingang in die Geschichte durchbricht Gott die ihm zugeschriebene Absolutheit, die selbstgenügsame Aseität des apathisch in sich Ruhenden. Er bleibt nicht bei sich, sondern geht aus sich heraus. Kommunikation im tiefsten Sinn des Wortes erweist sich dabei

[75] Wie es programmatisch *P. L.Culbertson* mit seiner von ihm selbst sog. „minimalist Christology" tut: What is left to believe in Jesus after the Scholars have done with him, in: JES 28/1 (1991) 1–17, bes. 16f.

als Grundstruktur seines Weltbezugs. Keine bloß einseitige Mitteilung absoluter Wahrheiten, sondern ein wechselseitiges Geben und Nehmen. In-sich-Aufnehmen tiefster menschlicher Lebenserfahrung in der Person des Juden Jesus von Nazareth einerseits, wirkmächtige Einflußnahme auf die Welt- und Lebensverhältnisse in kreativem und heilschaffendem Interesse andererseits. Nicht absolutistische Herrschaft mit all den Attributen eines unberührbaren Sonnenkönigs, sondern werbende, drohende, tätig-leidende Verwicklung in die Gemächte der Geschöpfe. Dialogizität, nicht Monologizität kennzeichnet Gottes Umgang mit der Welt. Sein Wort dekretiert nicht, es setzt sich anderen Worten aus, Antwort suchend. Und es nimmt umgekehrt menschliches Reden, Leben und Leiden in sich auf und reagiert darauf. Es ist nicht so, daß Gott allein der aktiv Agierende wäre und dem Menschen nur die Rolle des passiv Vernehmenden, Reagierenden und Respondierenden bliebe.[76] Gott agiert und reagiert, spricht und hört, handelt und leidet. Und ebenso der Mensch. Diese Struktur hat die christologische Reflexion grundlegend nachzuvollziehen.

b) Das Christusereignis deabsolutiert die Christologie

Wir haben grundlegend zwischen dem Christusgeschehen selbst und den Perspektiven seiner Erfassung zu unterscheiden, genauer zwischen[77] (1) dem ursprünglichen Christusgeschehen, (2) den christologischen Bekenntnissen als Darstellungsformen des Christusgeschehens, (3) den christologisch-doxologischen Lehren der Kirche, die das Bekenntnis verbindlich interpretieren und damit vor Fehldeutungen schützen wollen, und schließlich (4) den Theorie-Versuchen, diese Lehren im Denkhorizont der je

---

[76] *M. Welker* hebt in seiner Untersuchung von Gen. 1 f die aktiv-respondierende Rolle des Menschen als Partner Gottes hervor (Was ist Schöpfung? Genesis 1 und 2 neu gelesen, in: EvTh 51 (1991), 208–224).

[77] Ich übernehme die folgende Unterscheidung von I. U. Dalferth. Er hat sie im Blick auf die Inkarnationslehre entwickelt, sie ist aber von ihr ablösbar und auf die gesamte christologische Lehrbildung beziehbar (Der Mythos vom inkarnierten Gott und das Thema der Christologie, siehe Anm. 5, 327 f). In einer kritischen Bemerkung gegen H. Iwand äußert sich K. Barth ganz ähnlich: „Es geht nicht um Christologie, auch nicht um Christozentrik und christologische Orientierung, sondern es geht um Ihn selbst" (zitiert in: *E. Busch,* Karl Barths Lebenslauf, 1975, 426).

aktuellen Gegenwart plausibel zu machen. Ihrer aller Norm ist und bleibt das Christusgeschehen. Kein Bekenntnis und keine Lehre kann von daher für sich in Anspruch nehmen, allein und ausschließlich die endgültige Wahrheit über Christus zu sagen. Die Vielfalt unterschiedlicher Bekenntnisse kommt dieser Wahrheit näher als die Dogmatisierung eines einzigen. Das jeder Christusdarstellung angemessene Selbstverständnis kann daher nur das einer demütigen Suchbewegung sein, die Gottes geschichtlichen Dialog mit seiner Kreatur bewußt zu machen und nachzuzeichnen versucht. Keine Christologie ‚hat' die Wahrheit, bestenfalls ist sie *in* ihr unterwegs zu ihr. Die jeder Christologie uneinholbar vorausliegende, immer größere Wahrheit des Christusgeschehens selbst ist es, die alle christologischen Denkbewegung deabsolutiert. Verfestigt sich in einem spezifischen kulturellen Kontext ein bestimmtes Christusbild, kann und muß es durch Christusbilder aus anderen Kontexten angereichert werden, wie dies gegenwärtig durch Christusbilder aus Lateinamerika, Afrika und Asien geschieht.[78] „Die Christologie bedarf der Deutungshilfen aus dem Verstehensreservoir anderer Religionen. Die Christuswirklichkeit selber aber widersteht jedem Integrationsversuch".[79]

Eine zweite wichtige Unterscheidung ist die zwischen *faith in Jesus* und *belief about Jesus*[80], zwischen der existentiellen Hingabe an Jesus Christus in glaubendem Vertrauen und der intellektuellen Versprachlichung seiner Bedeutung zu Glaubenssätzen (was der klassisch dogmatischen Unterscheidung von *fides qua* und *fides quae* nahekommt). *Faith* meint die unbedingte Ver-

---

[78] Eine eindrucksvolle Dokumentation solcher Christus-Inkulturationen liegt vor in: *H. Dembowski, W. Greive* (Hg), Der andere Christus. Christologie in Zeugnissen aus aller Welt, 1991. Siehe auch: *H. Kessler,* Jesus Christus – Weg des Lebens, in: Th.Schneider, Handbuch der Dogmatik I, 1992, 376–384; *Y. Aklé* u. a., Der schwarze Christus. Wege afrikanischer Christologie, 1989; *G. Collet* (Hg), Der Christus der Armen. Das Christuszeugnis der lateinamerikanischen Befreiungstheologen, 1988; *M. Vekathanam,* Christology in the Indian Anthropological Context, 1986. *K.-H. Ohlig* (Bearb), Christologie II (Texte zur Christologie, Dogmatik 4/2), 1989, 196–219.

[79] *H. Bürkle,* Die Theologie der Religionen und die Christologie, in: MThZ. 41 (1990), 7. Bürkle führt hier Beispiele für die „Wiederentdeckung rezessiver Dimensionen des Christusgeheimnisses" im interreligiösen Dialog an (7–12).

[80] Besonders *W. C.Smith* hat sie herausgearbeitet in: Faith and Belief, 1979. Allerdings will Smith *faith* als universal-religiöses Gott-Vertrauen von *beliefs* als den unterschiedlichen Glaubensvorstellung der verschiedenen Religionen abheben. *Faith in Jesus* ist für ihn nur eine Form von *faith*.

pflichtung auf den Weg der Christusnachfolge, was keineswegs notwendig die Bestreitung der Gültigkeit anderer religiöser Wege einschließt. Erst, wo das Credo kodifiziert, d. h. auf Satzwahrheiten (*beliefs*) reduziert wird, verschiebt sich die Unbedingtheit des göttlichen Anspruches und des von ihm ausgelösten existentiellen Entschlusses zu einem Wissen vom Richtigen. Dabei entstehen Absolutheitsansprüche. Die von ihnen erzeugte Abwehrhaltung gegenüber Andersgläubigen widerspricht Jesu bedingungsloser Annahme der ihm begegenden Menschen unabhängig von religiösen Vorleistungen. *Faith in Jesus* ist die unbedingte Hingabe, die keinswegs nach ‚außen' – gegenüber der Wahrheit anderer Glaubenswege – abgeschlossen ist. Niemals kann sich aus ihr die Verurteilung anderer Menschen (sehr wohl aber die Verurteilung menschenfeindlicher Glaubensweisen) ergeben. Nicht *faith in Jesus* sabotiert den interreligiösen Dialog – geht es darin doch gerade um diesen Glauben-, sondern die mit dem *belief about Jesus* verbundenen aufgeblähten Exklusivansprüche.

c) Die Geschichtlichkeit deabsolutiert die Christologie

In seiner Selbstereignung ist Gott in den Raum des Menschlichen eingegangen, hat sich konkretisiert, inkulturiert, kontextualisiert. Sein Wort ist zu einer konkreten Geschichtswahrheit, zu einem „Schatz in irdenen Gefäßen" (1.Kor.4,7) geworden. Was für die Gottesereignung selbst gilt, gilt umso mehr für ihre konfessorische und theologische Erfassung. Keine Christologie hat daher das Recht, sich als Kodex ewiger Offenbarungswahrheiten zu verabsolutieren. Alle dahingehenden Immunisierungsstrategien sind ideologiekritisch zu hinterfragen. Solche Kritik ist angebracht, wo sich eine christologische Lehre ihrer eigenen zeitgeschichtlichen Standortgebundenheit, d. h. ihrer Kontextualität nicht bewußt ist und einen orts- und zeitunabhängige Wahrheitsanspruch erhebt – wie es die altkirchlichen Dogmen tun, die sich als kontextfreie Universalchristologie verstehen. Solche Kritik ist ebenso dort angebracht, wo sich die Christologie der Kontextualität der überlieferten Zeugnisse von Jesus Christus und der späteren dogmengeschichtlichen Bekenntnistexte nicht bewußt ist. Wo sie dagegen um die kulturelle Eingebundenheit der ihr überlieferten Botschaft und ihrer eigenen Interpretation dieser Botschaft weiß, wird sie sich anderen kulturellen und religiösen Logoi offen aussetzen und so ein dialektisch-dialogisches Selbstverständnis entwickeln, ohne dabei die Wahrheit ihres Zeugnisses preiszugeben. Als *christologia viae*[81] wird sie die Beziehungsoffenheit der ihr anvertrauten, ihr aber gleichzeitig auch vorausliegenen Wahrheit nicht nur lehrhaft darstellen, sondern methodisch praktizieren: Im Dialog mit anderen Christusbildern und nichtchristlichen Heilserfahrungen und Offenbarungen.

Die chalcedonische Zwei-Naturen-Lehre ist ein *instrumentaler* und kein *fundamentaler* Ausdruck der Christusbotschaft, d. h. eine Explikation und Applikation der Christusbotschaft für die Plausibilitätsstrukturen einer bestimmten Epoche. Christologien und Soteriologien, die diese Lehre nicht als instrumentalen, sondern als fundamentalen Ausdruck der Christusbotschaft verstehen und sich ihrerseits von ihr ableiten (indem sie ihre Aussagen mit der ‚Tatsache‘ der beiden Naturen in Christus begründen), übernehmen damit auch ihre zeitbedingten Voraussetzungen, die unserem gegenwärtigen Verstehenshintergrund problematisch sind und als intellektuelle Zumutung empfunden werden.

d) Die Pluralität der biblischen Christusdeutungen deabsolutiert jeden christologischen Monopolanspruch

Die neutestamentliche Überlieferung bietet verschiedene Ausgangspunkte für christologische Konzepte: Das Leben Jesu, sein Selbstbewußtsein, seine Gottesreichsverkündigung, sein charismatisches Wirken, seinen Tod und die Auferstehung, Präexistenz, Schöpfungsmittlerschaft und Inkarnation, seine kosmische Herrschaft, sein eschatologisches Richteramt. Die aus diesen Wurzeln erwachsenen Christologien konnten sich mit zeitgenössischen Titeln, Symbolen und Vorstellungskomplexen verbinden. In der nachfolgenden Theologiegeschichte ereignete sich dann allerdings eine Verarmung dieser Fülle durch den Versuch, sie zu einer einheitlichen, normativen Lehre zu verfestigen.

---

[81] „Jede menschliche Christologie ist ‚Christologie des Weges‘ und noch nicht ‚Christologie der Heimat‘“ (*J. Moltmann,* Der Weg Jesu Christi, siehe Anm. 55, 12).

Doch hat die ursprüngliche Fülle nicht nur historischen, sondern auch sachlichen Vorrang vor der dogmatischen Festschreibung. Das gibt jeder Zeit und Kultur die Möglichkeit, Christus wieder neu für sich selbst zu entdecken, ihn mit ihren Hoffnungen und Vorstellungen in Verbindung zu bringen und damit vordem abgedrängte Aussagemöglichkeiten zu aktualisieren oder neue zu kreieren: Jesus als Proto-Ahn, als Advaitin, als Boddhisattva, als Shakti und Om.[82] Die Norm aller Christologie ist nicht die Konformität mit einer klassischen Lehrauffassung, sondern – um es mit den Begriffen H. Dembowskis zu sagen[83] – die Treue der christologischen ‚Texte' zu ihrem ‚Grundtext' und ihre Bewährung in der transformierenden Durchdringung ihres jeweiligen ‚Kontextes', in den sie sich inkulturieren.

Der ‚Grundtext' ist dabei nicht einfach der ‚historische' Jesus oder sein Selbstbewußtsein, sondern die pluriforme Überlieferung von der *Gottesereignung* in Jesus Christus – nicht nur in seiner Verkündigung und seinem Leben, sondern auch in seinem Leiden und Sterben, und auch über sein Leben hinaus: im Glauben an seine Auferweckung und Erhöhung, an die Sendung des Gottessohnes (Paulus) oder die Fleischwerdung des Gotteswortes (Johannes). Entscheidend sind allerdings nicht diese ‚Heilstatsachen' an sich, sondern die in ihnen bezeugte Gottesereignung in Jesus. Daher ist es unangemessen, die Faktizität der Auferstehung oder die Faktizität die Inkarnation zum Glaubensgegenstand zu erheben; solcher Glaube bliebe an der Darstellungsoberfläche des Symbols und würde nicht zu der in ihm sich ausdrückenden Wirklichkeit vordringen. Es gilt, Gottes Selbstoffenbarung aus diesen Symbolen sprechen zu lassen: Die in der Menschwerdung in Jesus sich ausdrückende tiefe Menschenliebe Gottes und die in der Auferweckung Jesu dargestellte Verheißung des eschatologischen Sieges über den Tod, den Gott selber mit erlitten hat. Daß Jesu Person und Werk sich Gottes Willen und Wirken verdankt, sagen alle diese Symbole.

Die Deutung der ‚Heilstatsachen' Inkarnation und Auferstehung als symbolisch-expressive Ausdrücke (statt als historisch-konstative) deabsolutiert die Christologien, die diese Symbole in

---

[82] Siehe dazu die Beiträge in: *H. Dembowski, W. Greive* (Hg), Der andere Christus.
[83] Christologie weltweit, in: *H. Dembowski, W. Greive* (Hg), Der andere Christus, 13 ff.

den Mittelpunkt stellen. Symbole mit unterschiedlicher Aussageoberfläche schließen sich nicht gegenseitig aus, sie wissen um ihren verweisenden Charakter. Die Fülle der Wahrheit kann am ehesten durch eine Fülle von Symbolen erreicht werden.

Wo eine Entmythologisierung dazu verhilft, den überzeitlichen Gehalt der Glaubenssymbole neu (und d. h. in der Regel: durch eine Remythologisierung, oder besser: Resymbolisierung) zum Sprechen zu bringen, ist sie im Recht. Nicht berechtigt ist sie dagegen, wo sie den Reichtum christologischer Aussagemöglichkeiten beschneidet. Die im Bezugsrahmen der hellenistischen Metaphysik entwickelten Lehrbildungen (Präexistenz des Logos, Inkarnation, Zwei-Naturen-Lehre) müssen in ihrer Aussageabsicht rekonstruiert, nicht in ihrem Wortsinn übernommen werden.

Hier entsteht ein Dilemma: Einerseits bedarf es der Entscheidung für ein christologisches Konzept. Andererseits schließt jedes Konzept Aussagemöglichkeiten aus, die in anderen Konzepten beheimatet sind. Die meisten der oben dargestellten Entwürfe zu einer pluralistischen Christologie führen zur Ausblendung der *kreuzestheologischen* Motive, die Gottes Heilshandeln vor dem Horizont tödlichen Unheils darstellen, und der *inkarnationschristologischen* Rede von der Menschwerdung des Gotteswortes, die Gottes liebende Selbstentäußerung zum Ausdruck bringt. Christologische Entwürfe werden nicht immer alle Aussagemöglichkeiten zugleich aktualisieren können. Doch darf die Entscheidung für *eine* Interpretation niemals die Anliegen der anderen Interpretationen aus dem Blick verlieren, will sie nicht Gefahr laufen, einen wesentlichen Teil des Christusgeschehens, das der Referenzpunkt aller dieser Perspektiven bleibt, auszublenden.

e) ‚Anabatische' und ‚katabatische' Christologien fordern und deabsolutieren sich gegenseitig

Christologie beschreibt die dialogisch-kommunikative Beziehung zwischen Gott und den Menschen in ihrer einzigartigen Verdichtung im Leben eines konkreten Menschen. Dem wird sie am besten gerecht, wenn sie sich – selbst dialogisch verfaßt – in mindestens zwei Denkrichtungen entfaltet: Katabatisch – in einer Linie, die von Gott zum Menschen verläuft, und in einer zweiten – anabatischen – Linie, die von den Menschen zu Gott hin führt. Die beiden Strömungen, die in der Theologiegeschichte immer wieder gegeneinander ausgespielt wurden, gehören als Ausdruck des dialogischen Weltverhältnisses Gottes in einer komplementären ‚Kontrastharmonie' (R. Otto) zusammen. Die katabatische Inkarnationschristologie bedarf des Gegengewichts einer anabatischen Niedrigkeits-Christologie, die Lehre, Leben und Leiden des Juden Jesus von Nazareth ins Zentrum stellt. Die katabatische Inkarnationsvorstellung führt zu einer Immanuel-Christologie, die Gottes Nähe, Gottes Menschlichkeit zum Ausdruck bringt und darin das wahre Gottsein (*vere Deus*) offenbart. Ihr steht die anabatische Gottesknechts-Christologie als Niedrigkeits- bzw. Erhöhungschristologie gegenüber, die in Jesus das Paradigma des Gott radikal wohlgefälligen Menschen vor Augen stellt, in dessen vollkommener Menschlichkeit sich das wahre Menschsein (*vere homo*) mit seiner göttlichen Quelle und Zielbestimmung offenbart. Da in Jesu Person und Wirken diese Transparenz in Fülle verwirklicht war, kann und muß er als „Sohn Gottes" im jüdischen Sinn gelten.

Dieser christologische Zugang verweist auf die aktive Rolle des Menschen in der Gottesbeziehung und ermutigt dazu, in tätiger Nachfolge sich auf den Weg in Gottes Zukunft zu machen. Damit ist das Anliegen der judenchristlichen und antiochenischen Theologie aufgenommen. Mit ihrem Interesse am Geschichtlich-Konkreten und damit am Menschen Jesus und seinem jüdischen Kontext kommt sie den soteriologischen Interessen und den Plausibilitätsstrukturen des gegenwärtigen Geistesklimas in Europa und Nordamerika mit seinem vom historischen Denken zutiefst geprägten Bewußtseinsparadigma eher entgegen als die im 5.Jh. durchgesetzte platonisierende alexandrinische Linie mit ihrer Konzentration auf die Menschen*natur*. Doch darf auch die antiochenische Linie sich nicht monopolisieren und erst recht darf sie die Verkürzungen des Adoptianismus nicht wiederholen.

Im Zusammenspiel einer Christologie, die von Jesus, dem Juden, ausgeht, und einer Christologie, die Gottes Selbstentäußerung zum Ausgangspunkt nimmt, spiegelt sich die kommunikative Interdependenz von Gott und Mensch. Im dritten Typ der

Christologie, in dessen Zentrum Kreuz und Auferstehung Jesu Christi stehen, kommen sich beide Intentionen nahe. Das radikale Bekenntnis Jesu zu Gott hat ihn an die Todesgrenze geführt, in deren Durchbrechung Gott sein unbedingtes Bekenntnis zu Jesus ablegt.

f) Die Erfüllungsoffenheit des Christusereignisses deabsolutiert das Christusereignis selbst

Der tiefste Grund für die Möglichkeit und Notwendigkeit einer Deabsolutierung der Christologie liegt in der Offenheit Jesu Christi für Gottes Zukunft. Am Ende, wenn Gottes Wahrheit in Fülle erscheint, wird auch Christi Mission darin aufgenommen werden (1.Kor.15,28). Die Geschichte der Kommunikation zwischen Gott und den Menschen ist mit ihm nicht zu Ende, sondern eschatologisch offen. Der ‚Gesprächsgang' Gottes mit den Menschen hat seinen Abschluß noch keineswegs gefunden. In Christus ist uns das Ziel vor Augen geführt – erreicht haben wir es noch nicht. Das kommt in der Spannung von ‚schon' und ‚noch-nicht' zum Ausdruck.

Eine solcherart erfüllungsoffen gedachte Einzigartigkeit Jesu stellt die *Universalität* des göttlichen Schöpfungs- und Erhaltungswerkes, des göttlichen Heilswillens, des göttlichen Geistwirkens, das sich in Jesus ereignet hat, in Rechnung. Diese theologischen Universalitätsmotive sind dem ersten und dem dritten Artikel des Credos zuzurechnen, so daß sich auch sagen läßt: Die Deabsolutierung der Christologie könnte sich im Rahmen einer Öffnung des Christozentrismus hin zu einer stärker trinitarischen Theologie des göttlichen Welthandelns im Geist vollziehen. In der Trinitätsvorstellung ist die historische Konkretheit des Christusgeschehens zusammengedacht mit der Universalität des göttlichen Schöpfungs-, Welt- und Heilshandelns im Geist.

Die erfüllungsoffene Einzigartigkeit Jesu besteht nicht bloß in seiner historisch-individuellen Singularität, wie sie von jedem Menschen auszusagen ist. Jesus ist von anderen Menschen qualitativ unterschieden durch die Fülle und Unmittelbarkeit der Gottesereignung in ihm, „denn nicht nach (begrenztem) Maß gibt er den Geist" (Joh.3,34b). Jesus ist auch von anderen Religionsstiftern qualitativ unterschieden durch die Art der Gottesereignung in ihm (besonders in seinem Kreuzweg). Diese Besonderheit darf aber nicht im Sinne ausschließlicher Einzigkeit aufgefaßt werden, so als ob es in der kommunikativen Geschichte Gottes mit den Menschen nicht auch andere Verdichtungen der Gottespräsenz gegeben haben könnte – ebenso qualitativ einzigartig, doch grundlegend verschieden von Jesus Christus, weshalb man sie nicht als ‚Christusse' bezeichnen darf. So wie der jüdisch-christliche ‚Gesprächsgang' mit Gott seinen Abschluß noch nicht erreicht hat und auf eschatologische Erfüllung hin angelegt ist, so kann man nicht ausschließen, daß es noch andere, nicht in Jesus Christus konzentrierte ‚Gesprächsgänge' in der Geschichte Gottes mit den Menschen gibt.

Unter Berufung auf die *Universalität* des göttlichen Welt- und Heilshandelns kann die Unterstellung gewagt werden, daß neben dem Jesus-Weg andere, von ihm unabhängige und doch vollwertige Wege zu Gott führen. Jesus ist der Weg, die Wahrheit und das Leben – legt man die Betonung nicht auf „der", sondern auf „Weg", so ist für diesen Weg keineswegs konstitutiv, daß andere wahre Lebenswege zum Grund allen Seins ausgeschlossen sind. Im Gegenteil: Wenn gesagt wird, Jesus sei der *Weg*, so kann man darin das Moment der Erfüllungsoffenheit angedeutet finden: Er ist der *Weg* zum Ziel, noch nicht das *Ziel*. In ihm erscheint und ereignet sich das Ziel.

Bei der Annahme von Heilswegen neben dem Jesus-Weg kann es sich nur um eine gewagte Unterstellung handeln. Allein im Rückgriff auf die biblische Überlieferung von Jesus Christus läßt sie sich nicht begründen (was gerade bei der eben vorgeschlagenen Auslegung von Joh.14,6 auf der Hand liegt, wenn man v.6b hinzunimmt). Doch ist unser Erkenntnisstandpunkt nicht der des 1.Jhs, sondern der des 20.Jhs, der nicht nur mit zweitausendjährigem Abstand auf die Texte der Bibel blickt (was nur in hermeneutischer Naivität nicht als Problem empfunden werden könnte)[84], sondern auch eine ungeheure Horizonterweiterung erfahren hat.

---

[84] Ich kann an dieser Stelle auf die hier angeschnittenen Grundfragen zur biblischen Hermeneutik nicht näher eingehen. D. Ritschl, dem ich mich hier anschließe, plädiert für einen induktiven Zugang zur biblischen Überlieferung: Gegen den Versuch, Antworten auf Gegenwartsfragen aus biblischen Texten einfach abzuleiten (zu deduzie-

g) Die inter- und überreligiöse Globalperspektive deabsolutiert die christliche Binnenperspektive

Zu keiner Zeit in der Geistesgeschichte war die Wirklichkeitswahrnehmung geographisch und historisch so universal, so weltumspannend, so polykontextuell und multiperspektivisch wie heute. Nichtchristliche Kulturen und Religionen gehören mit Selbstverständlichkeit in den Bewußtseinshorizont des europäischen und amerikanischen Weltbürgers im ausgehenden 20.Jh. Er überblickt die Flußlandschaft der Religionsgeschichte mit ihren Quellen, Verzweigungen, Zusammenflüssen. Dabei zeigt sich ihm, daß es *faktisch* eine Vielzahl von Heilswegen, heiligen Schriften, Offenbarungen, Erlöserpersönlichkeiten gibt, die sich selbst nicht auf Christus zurückführen und die nicht auf Christus zurückgeführt werden wollen, die vielmehr eigenständige Heils-Wege eröffnen, auf denen Millionen von Menschen zu erfülltem Leben gelangen. Dem unbedingten Verpflichtungsanspruch des Christusbekenntnisses steht das Wissen um seine *faktische* Kontingenz (um nicht zu sagen: ‚Relativität‘) gegenüber.

Es ist diese phänomenologische, global geweitete Perspektive, von der die Forderung nach Deabsolutierung der Christologie massiv ausgeht. Die oben dargestellten ‚Leitlinien‘ reagieren darauf, indem sie die Pluralität unterschiedlicher Christusbilder gegen die ‚normative‘ abendländische Theologie stellen und letztlich sogar das Christusgeschehen selbst für die Anerkennung nichtchristlicher Wahrheitsansprüche und Heilserfahrungen öffnen. Anerkennung heißt dabei nicht: Übernahme. Diese würde nicht nur die Christusbotschaft relativieren, sondern auch die nichtchristliche Überlieferung vereinnahmen und darin entstellen. Ernstnehmendes Anerkennen der nichtchristlichen Glaubensbotschaft kann nur heißen, sie in ihrer Andersartigkeit und Fremdheit ihrem eigenen Selbstverständnis entsprechend erfassen zu wollen, ohne die Spannung zum eigenen Glaubensbe-

---

ren), stellt Ritschl ein immer wieder neues Durchschreiten des hermeneutischen Zirkels, der von einer Bestimmung des gegenwärtigen Problemfeldes ausgeht, sich in der Rückerinnerung an biblisch tradierte Erfahrungen („Wiedererkennen“) um eine Urteilsbildung bemüht, die dann wieder im Problemfeld einer Praxis-Bewährung auszusetzen ist. Dabei kommt es darauf an, die Antwort auf gegenwärtige Herausforderungen in Korrespondenz mit dem Geist des biblischen Zeugnisses eigenständig zu formulieren (*D. Ritschl,* Zur Logik der Theologie, 1984, 106–108).

kenntnis metaperspektivisch auszugleichen. Nicht auf die Konstruktion einer harmonistischen Metaperspektive kommt es an[85], sondern auf einen aufgeschlossenen Dialog letztlich unvereinbarer religiöser Perspektiven in gegenseitigem Bemühen darum, die Glaubensgrundlagen des anderen wenigstens annähernd so zu verstehen, wie er sie selbst versteht. Dazu bedarf es der Bereitschaft und der Fähigkeit zur Perspektivenübernahme, d. h. zum Versuch, mit den Augen des anderen zu sehen. Das ist die Voraussetzung eines jeden gelingenden Verstehens. Solches gegenseitige Verstehen eröffnet erst echten Dialog, in dem sich dann sowohl Übereinstimmungen als auch bleibende Differenzen zeigen können. Nicht die Beseitigung dieser Differenzen, sondern ‚Gemeinschaft in Verschiedenheit' ist das Ziel des Dialogs.[86]

Vor dem Hintergrund des inter- und überreligiösen ‚global view' kann sich Christologie nur in universalen Dimensionen entfalten. Dabei darf sie aber nicht geschichtlich unkonkret werden, d. h. den Bezug zum jeweiligen kulturellen Kontext verlieren, wie es vielfach in den Entwürfen der sog. kosmischen Christologie geschieht. Sie wird die universale Bedeutung der Gottesereignung in Christus für alle Menschen bezeugen (und in diesem Sinne missionarisch tätig sein), ohne zu vergessen, daß dieses Zeugnis an eine globale Welt-Sicht gebunden ist, neben der es andere globale Welt-Sichten gibt.

Im Dialog verschiedener religiöser Perspektiven wird jede Christologie daran erinnert, daß alle christologischen Geltungsansprüche in eine Konkurrenzsituation hinein gesprochen sind, wo sie sich – ob sie wollen oder nicht – mit widerstreitenden Ansprüchen auseinandersetzen müssen. Je mehr von dieser Auseinandersetzung in die Substanz der Christologie selbst einfließt, je dialogischer sie also entwickelt ist, umso reichhaltiger wird ihre Aussagekraft sein. „'Truth in a larger frame', der Horizont einer zukünftigen Christologie des interreligiösen Gesprächs sollte die

---

[85] Die Problematik eines solchen Unternehmens bringt H. Bürkle auf den Punkt: „Der Versuch, einen gemeinsamen Nenner für die Religionen zu finden, entbirgt sich ... als eine Universalisierung des je eigenen Verständnisses von Religion" (Die Theologie der Religionen und die Christologie, 16).

[86] Ich deute diesen hermeneutischen Prozeß hier nur an und verweise auf: *R. Bernhardt,* Zur Hermeneutik des interreligiösen Dialogs, in: Bibel und Liturgie 65 (1992), 131–143.

religionswissenschaftlich erforschte religiöse Erfahrung der Menschen anderer Religionen sein".[87]

Im Vertrauen auf die eigene Transformationskraft braucht das Christuszeugnis den Wettbewerb der Heilsangebote mit seinem Kriterium der soteriologischen Effektivität nicht zu scheuen. Die vordialogische Bestreitung, daß es sich bei den anderen Religionen um Heilswege handelt, würde den Dialog untergraben, was der auf Dialog ausgerichteten Wahrheit der Christusbotschaft zuwiderliefe. Der Anspruch auf absolute Einzigartigkeit (Einzigkeit) und auf abgeschlossene Endgültigkeit kann aus der Christologie ausgeschieden werden, ohne der Gottesereignung in Jesus etwas von ihrer universalen Bedeutung zu nehmen.

7. Plädoyer für eine inklusive Geistchristologie

Eine Geistchristologie, die sich ihren Wurzeln im jüdischen Messianismus bewußt ist, scheint mir am ehesten in der Lage zu sein, möglichst viele (wenn auch niemals alle) Aussageintentionen der bekannten christologischen Konzepte zu integrieren, dabei dem Kontext der Gegenwart vermittelbar zu sein und gleichzeitig offen für andere Kontextualisierungen zu bleiben. In der Erinnerung an den jüdischen Bezugsrahmen der urchristlichen Christusinterpretation, vermeidet sie die Gefahren der antiochenischen Vorbild-Christologie ebenso wie die Gefahren der alexandrinischen Substanzchristologie. Mit ihrem weiten Horizont vermag sie die Anliegen anderer christologischer Modelle, wie der Inkarnations- oder der Kreuzestheologie in sich aufzunehmen. Und im Bewußtsein der Universalität des Geistes ist sie zudem für neue Inkulturationsformen der Christusbotschaft offen. Darin liegt ihre inklusive Einbewältigungskraft. In den folgenden Andeutungen – mehr als Andeutungen können es nicht mehr sein – will ich Grundzüge einer solchen Geistchristologie entwerfen (wobei ich mich in erster Linie an der bisher kaum rezipierten Geistchristologie von G. W.H. Lampe[88] und an H.-J. Kraus' Ent-

---

[87] *J. Zehner,* Der notwendige Dialog. Die Weltreligionen in katholischer und evangelischer Sicht, 1992, 297 f.

[88] The Holy Spirit and the Person of Christ (siehe Anm. 35); ausführlich dann in: God as Spirit, 1977.

wurf einer im Alten Testament wurzelnden messianischen Christologie[89] orientiere):

Gott ist Geist – transzendent in seinem Selbstsein und immanent in seinem schöpferischen und heilshaften Welthandeln. Der Geist ist nicht die dritte Person der Trinität, sondern Gott in seinem Selbstsein und in seiner Äußerung. Der Gottgeist nimmt den Geist-Gesalbten, den Christus, in Besitz. Der Geist-Gesalbte ist die ‚Inkarnation' des Gott-Geistes, ‚besessen' von ihm. Im Geistträger macht sich Gott unmittelbar gegenwärtig, so daß – wer dem Geistträger begegnet – Gott begegnet. Gott offenbart sich – sein Selbstsein – in ihm. Der Christus ist eins mit Gott, wobei diese Einheit nicht als physische, sondern als personale zu denken ist: Nicht als hypostatische Union, nicht als Vereinigung unvereinbarer Naturen, sondern als Einwohnung, als vollkommene Einwohnung des Gottgeistes in den erwählten Menschen, als Mensch-in-Gott und Gott-im-Menschen. In diesem Sinne kann man von einer ‚Inkarnation' sprechen. Was Christus in Worten und Taten wirkt, wirkt Gott in ihm. Doch Jesus *ist* nicht Gott und nicht das inkarnierte Gotteswort, er ist kein Gottwesen, sondern ein Mensch, der sich voll und ganz im Einklang mit Gott befindet. Nicht mehr von der Fleischwerdung des ewigen Gotteswortes zur Annahme der Menschennatur ist die Rede, sondern von der Annahme eines konkreten Menschen, des Juden Jesus von Nazareth, durch den Geist Gottes.

Jesu Menschsein ist nicht nur das äußerliche Kleid des fleischgewordenen Gotteswortes. Jesus ist im vollen Sinn ohne Abstriche Mensch. Zwischen diesem Menschen und Gott besteht nicht das einseitige Verhältnis wie es zwischen der anhypostatischen menschlichen und der hypostatischen göttlichen Natur besteht, sondern eine echte Wechselseitigkeit zwischen dem inspirierenden und führenden Einfluß Gottes und der vertrauenden Hingabe des Menschen Jesus. Nicht eine hierarchische oder gar sklavische Beziehung zwischen einem Herrschenden und einem

---

Auf andere Entwürfe zu einer Geistchristologie (wie etwa: *H. Berkhof,* Theologie des Heiligen Geistes, ²1989, *P. Schoonenberg,* Der Geist, das Wort und der Sohn. Eine Geistchristologie, 1992) kann ich hier nicht eingehen.

[89] Eine Christologie des Heiligen Geistes, in: *B. Klappert* u. a., Jesusbekenntnis und Christusnachfolge, 1992, 37–46; *ders.*, Systematische Theologie im Kontext biblischer Geschichte und Eschatologie, 1983; *ders.*, Rückkehr zu Israel. Beiträge zum christlich-jüdischen Dialog, 1991. – Vgl auch *J. Moltmann,* Der Weg Jesu Christi.

Gehorchenden, sondern vollkommene Übereinstimmung in Freiheit. Indem Gottes Geist den Menschen Jesus ganz und gar bestimmt, nimmt er ihm nicht seine Freiheit, er *erfüllt* sie.

Die Inspiration Jesu erfolgt nicht zu einem bestimmten Zeitpunkt in seinem Leben, sondern von Beginn seines Lebens an. Damit sind die beiden problematischen Voraussetzungen des Adoptianismus vermieden: (1) Das Zwei-Phasen-Modell, wonach Jesus in der ersten Periode seines Lebens bloßer Mensch war, um dann mit seiner Taufe in den Stand der Sohnschaft versetzt zu werden; und (2) die Annahme, seine Adoption sei in seiner menschlichen Vollkommenheit begründet. Sowohl Mt als auch Lk berichten von der Geburt Jesu im Geist. „Dieser Jesus von Nazareth ist von Anfang an mit seiner ganzen Existenz nicht nur adoptierter, sondern wirklicher Sohn Gottes – in der Kraft des Heiligen Geistes.“ [90]

Eine solche Geistchristologie klingt an den dynamistischen Monarchianismus des 2. und 3.Jhs an. Doch ist sie durchaus mit einem trinitarischen Denkmodell vereinbar, das die Trinität allerdings nicht ‚sozial‘ als die Beziehung dreier metaphysischer Personen zueinander auffaßt, sondern gewissermaßen modalistisch von Gott in drei Dimensionen spricht: Gott in seinem Selbstsein – Gott in seiner Selbstmitteilung – Gott in seinem immanenten Geist-Handeln. Diese, nicht von der griechisch verstandenen Logoslehre, sondern von der alttestamentlichen Geist- und Weisheitsvorstellung aus entworfene Christologie kann auf die Annahme einer Präexistenz des Sohnes, des personalen Logos, verzichten und statt dessen von einer Präexistenz des Gottgeistes sprechen (womit im Grunde die Präexistenz Gottes selbst gemeint ist). Sie muß nicht lehren, das personale Gotteswort steige vom Himmel herab, werde als Mensch geboren, lebe in diesem Zwei-Naturen-Wesen ein menschliches Leben, um in seinem Tod dann ‚den‘ Tod zu überwinden und schließlich wieder zur Rechten Gottes erhöht zu werden. Sie kann auf diesen metaphysischen Überbau verzichten, ohne die darin ausgedrückte Botschaft von der Präsenz Gottes in Jesus, von seiner Nähe und tiefen Menschenliebe zurücktreten zu lassen.

Erlösung muß nicht mehr nach der alexandrinischen Auffas-

---

[90] *H.-J. Kraus,* Eine Christologie des Heiligen Geistes, 41.

sung gedacht werden, daß der Logos durch die Annahme der Menschennatur uns alle angenommen hat. Dieser Konzeption liegt die platonische Idee von der konkreten Realität der Universalien (hier: der menschlichen Natur) zugrunde, die heutigem Denken nur noch schwer zugänglich ist. Die hier skizzierte Geistchristologie geht demgegenüber von einer Inspirationssoteriologie aus: Der Gottgeist, der Jesus so vollkommen in Besitz genommen hatte, wirkt universal in der gesamten Schöpfung. Er wirkt Versöhnung des Menschen mit Gott, mit der Natur, mit den Dingen dieser Welt, mit den Mitmenschen, mit sich selbst. In Jesus hat sich diese Versöhnung paradigmatisch ereignet. Jesus hat den Geist nicht für sich selbst empfangen, sondern um andere damit zu inspirieren: „Von seiner Fülle haben wir alle empfangen Gnade um Gnade" (Joh 1,16, vgl. Joh 20,22). Das Heilsgeschehen in ihm besteht in der Aufnahme der Menschen in die Einheit mit Gott, die am Ende der Zeit für alle Menschen verwirklicht sein wird. Für den so Inspirierten gilt: „Nicht ich, sondern die Gnade Gottes wirkt in mir" (1. Kor 15,10). ‚Eingießung der Gnade' ist eine andere Beschreibung für die Begabung eines Menschen mit dem Geist Gottes.

Christi Einzigartigkeit kann (gegen Lampe) durchaus als qualitative, nicht bloß als quantitative verstanden werden. Jesus ist von den Propheten nicht nur graduell unterschieden. Zwischen deren Geistbegabung und seiner Empfängnis und Geburt aus dem Geist kann ein ‚Qualitätssprung' angenommen werden. Doch ist seine Einzigartigkeit deshalb noch keine exklusive; Paulus bezeugt ihn als Erstgeborenen unter vielen Brüdern (Röm.8,29; vgl Hebr.2,17). Vollkommene Unterschiedenheit vom Rest der Menschheit wäre nicht zusammenzudenken mit seinem vollen Menschsein. Für seine Anhänger erwächst das Bekenntnis zu seiner Einzigartigkeit aus ihrer Erfahrung, durch ihn vom Geist Gottes begeistert worden zu sein. Das Einzigartigkeitsbekenntnis hat den Status einer Christentums-immanenten existentiell-unbedingten Wahrheit mit universalem Geltungsanspruch. Es kann und darf sich nicht zu einem erfahrungsunabhängigen, allgemeingültigen, ungeschichtlichen Dogma objektivieren und rationalisieren. Verstanden als eine in der christlichen Welt-Sicht geprägte existentiell-unbedingte Wahrheit mit universalem Geltungsanspruch wird sich das Christusbekenntnis nicht mehr exklusiv gebärden können. In einer solchen Besinnung auf die Eigenart konfessorischer Rede löst sich die oben beschriebene Spannung zwischen dem unbedingten Verpflichtungsanspruch des Christusbekenntnisses und dem Wissen um seine *faktische* Kontingenz auf.

Das *solus Christus* ist keine Aussage über die Offenbarung Gottes ‚an sich', sondern eine Aussage über die Glaubens-Sicht der Christen. Es ist kein christologisches, sondern ein pisteologisches, und d. h. ein Christentums-immanentes Prädikat. So wahr es ist, daß Gottes Selbstereignung in Jesus Christus nicht nur den Christen, sondern *allen* Menschen gilt, so wahr ist es andererseits auch, daß nur die Christen die Fülle des Gottgeistes *allein in Christus* suchen und finden.

Die skizzierte Geistchristologie re-duziert (im positiven Sinne von ‚zurückführen', nicht im negativen von ‚minimieren') die Christologie, indem sie unzeit- und unsachgemäße Ansprüche aus ihr entfernt, und so die in ihr liegende Kraft des Geistes und der Wahrheit neu freisetzt. In ihrer Weite und Offenheit vermag sie dazu anzuleiten, in geschwisterlicher Offenheit Menschen anderen Glaubens zu begegnen, ohne das Zeugnis der eigenen Begeisterung dabei zurückzustellen.

Auswahlbibliographie

zusammengestellt von Reinhold Bernhardt

Bei der folgenden Zusammenstellung handelt es sich um eine eng begrenzte (und daher unvermeidlich lückenhafte) Auswahl aktueller und aktuell gebliebener Literatur zu dem in diesem Band abgesteckten Themenfeld. Der Spannungsbogen reicht von der Darstellung einzelner bilateraler Dialogbemühungen bis hin zur Erörterung von Grundfragen einer christlichen Theologie der Religion(en). Daß auch einzelne Beiträge zum jüdisch-christlichen Dialog aufgenommen sind, soll nicht die Besonderheit dieses Dialogs gegenüber anderen interreligiösen Beziehungen verwischen.

Arnoldshainer Konferenz/VELKD (Hg), Religionen, Religiosität und christlicher Glaube, Gütersloh [2]1992.

P. Antes u. a., Der Islam in Bewegung. Begegnung oder Konfrontation, Zürich 1991.

T. Arai, S. W. Ariarajah (Hgg), Spirituality in Interfaith Dialogue, Genf 1988.

S. W. Ariarajah, The Bible and People of Other Faiths, Genf 1985.

M. Barnes, Christian Identity and Religious Pluralism. Religions in Conversation, Nashville 1989.

W. Beinert, Die katholische Kirche und der Dialog mit den Religionen, in: Catholica 46 (1992), 140–166.

A. J. van der Bent, The Dialogue with People of Living Faiths. An Analytical and Bibliographical Survey, in: Current Dialogue, Genf 1985, 35–44.

U. Berger, M. Mildenberger (Hgg), Keiner glaubt für sich allein, Theologische Entdeckungen im interreligiösen Dialog. Ein Studienbuch (Beiträge zur Ausländerarbeit 10), Frankfurt 1987. Dort sind auch die *Leitlinien zum Dialog mit Menschen verschiedener Religionen und Ideologien* des ÖRK abgedruckt.

S. E. Brown (Hg), Meeting in Faith. Twenty Years of Christian Muslim Conversation, Genf 1989.

R. Bernhardt, Der Absolutheitsanspruch des Christentums. Von der Aufklärung bis zur Pluralistischen Religionstheologie, Gütersloh 1990.

R. Bernhardt (Hg), Horizontüberschreitung. Die Pluralistische Theologie der Religionen, Gütersloh 1991.

P. Beyerhaus, Theologisches Verstehen nichtchristlicher Religionen, in: KuD 35 (1989), 106–127.
M. v. Brück, Einheit der Wirklichkeit. Gott, Gotteserfahrung und Meditation im hinduistisch-christlichen Dialog, München ²1987.
M. v. Brück, Dialog der Religionen. Bewußtseinswandel der Menschheit, München 1987.
M. v. Brück, Denn wir sind Menschen voller Hoffnung. Gespräche mit dem XIV. Dalai Lama, hg. von Jürgen Haase, München 1988.
M. v. Brück, Weisheit der Leere. Sutra-Texte des indischen Mahayana-Buddhismus, Zürich 1989.
A. Bsteh (Hg), Beiträge zur Religionstheologie, Bd. 1–5, Mödling 1976–1987.
P. van Buren, Eine Theologie des christlich-jüdischen Diskurses, München 1988.
H. Bürkle, Einführung in die Theologie der Religionen, Darmstadt 1977.
H. Bürkle, Offenbarung als Heilserfahrung im Christentum, Hinduismus und Buddhismus, Freiburg u. a. 1982.
H. Busse, Die theologischen Beziehungen des Islam zu Judentum und Christentum. Grundlagen des Dialogs im Koran und die gegenwärtige Situation, Darmstadt ²1991.
G. H. Carruthers, The Uniqueness of Jesus Christ in the Theothentric Model of Christian Theology of World Religions. An Elaboration and Evaluation of the Position of John Hick, Rom 1988.
J. Ching, Konfuzianismus und Christentum, Mainz 1989.
J. B. Cobb, Beyond Dialogue. Toward a Mutual Transformation of Christianity and Buddhism, Philadelphia 1982.
G. D'Costa (Hg), Christian Uniqueness Reaffirmed. The Myth of Pluralism, Maryknoll 1991.
R. O. Costa (Hg), One Faith, Many Cultures. Inculturation, Indigenisation and Contextualisation, Maryknoll 1988.
H. Coward, Pluralism: A Challenge to World Religions, Maryknoll 1985.
H. Coward (Hg), Hindu-Christian Dialogue, Maryknoll 1990.
H. Cox, Many Mansions: A Christian's Encounter with Other Faiths, Boston 1988.
K. Cracknell, Mission und Dialog. Für eine neue Beziehung zu Menschen anderen Glaubens, Frankfurt 1990.
K. Cragg, The Call of the Minaret, Maryknoll ²1985.
K. Cragg, The Christ and the Faiths. Theology in Cross-Reference, London 1986.
S. T. Davis, Encountering Jesus. A Debate on Christology, Atlanta 1988.
D. Dawe, J. B. Carman (Hgg), Christian Faith in a Religiously Plural World, Maryknoll 1987.
H. Döring, P. Schmidt-Leukel, Interreligiöser Dialog als ökumenisches Problem, in: Catholica 44 (1990), 221–241.

R. H. Drummond, Towards a new Age in Christian Theology, Maryknoll 1985.
J. Dupuis, S. J., Jesus Christ and the Encounter of World Religions, Maryknoll 1991.
K. Eberhardt (Hg), Was glauben die anderen? 27 Selbstdarstellungen, Gütersloh 1993.
EKD (Hg), Christen und Juden II. Zur theologischen Neuorientierung im Verhältnis zum Judentum, Gütersloh 1992.
H. M. Enomiya-Lassalle, Am Morgen einer besseren Welt, Freiburg u. a. 1984.
G. Evers, Mission und interreligiöser Dialog. Erfahrungen mit theologischen Partnern in Asien und Afrika, in: ZMR 73 (1989), 161–181.
A. Falaturi, Universale Vaterschaft Gottes. Begegnung der Religionen, Freiburg u. a. 1987.
R. Ficker, Der universale Christus in allen Religionen. Echter Dialog wäre gemeinschaftliche Suche nach Wahrheit, in: LM 27 (1988), 551–554.
H. Fries, u. a. (Hgg), Heil in den Religionen und im Christentum (Kirche und Religionen, Begegnung und Dialog, Bd. 2), St.Ottilien 1982.
H.-W.Gensichen, Das Christentum im Dialog der Kulturen. Kontextualität und Universalität, in: Z Miss 11 (1985), S. 5–17.
H.-W.Gensichen, Weltreligionen und Weltfriede, Göttingen 1985.
C. Gestrich, Der ‚Absolutheitsanspruch' des Christentums im Zeitalter des Dialogs. Erwägungen zur theologischen Begründung der Mission in der Gegenwart, in: ZThK 77 (1980), 106–128.
W. Greive (Hg), Der Absolutheitsanspruch des Christentums (Loccumer Protokolle 7/91).
L. Hagemann, Zur Auseinandersetzung des Christentums mit dem Islam im Mittelalter und in der Neuzeit, in: VuF 32 (1987), S. 43ff.
L. Hagemann, Christentum und Islam zwischen Konfrontation und Begegnung, Würzburg [2]1990.
L. Hagemann, E. Pulsfort (Hgg), „Ihr alle aber seid Brüder", FS für A. Th. Khoury, Würzburg, Altenberge 1990.
F. Heiler, Die Religionen der Menschheit in Vergangenheit und Gegenwart, Stuttgart [5]1991.
J. Hick, God Has Many Names, Philadelphia, 1982; dt: Gott und seine vielen Namen, hg. von R. Kirste, Altenberge 1985.
J. Hick, P. Knitter (Hgg), The Myth of Christian Uniqueness. Toward a Pluralistic Theology of Religions, New York 1987.
J. Hick, An Interpretation of Religion. Human Responses to the Transcendent, London 1989.
B. J. Hilberath (Hg), Erfahrung des Absoluten – absolute Erfahrung? Düsseldorf 1990 (besonders die Beiträge von H. Waldenfels, B. J. Hilberath und W. Kern).
E. Hillmann, Many Paths. A Catholic Approach to Religious Pluralism, Maryknoll 1989.

O. V. Jathanna, The Decisiveness of the Christ-Event and the Universality of Christianity in a World of Religious Plurality (Studien zur interkulturellen Geschichte des Christentums 29), Bern u. a. 1981.
M. Kämpchen (Hg), Liebe auch den Gott deines Nächsten, Freiburg u. a. 1989.
W. Kasper (Hg), Absolutheit des Christentums (QD 79), Freiburg u. a. 1977.
W. Kern, Außerhalb der Kirche kein Heil? Freiburg u. a. 1979.
A. Th. Khoury, P. Hünermann, Friede, was ist das? Die Antwort der Weltreligionen, Freiburg u. a. 1991.
J. Kirchberg, Theologie in der Anrede als Weg zur Verständigung zwischen Juden und Christen, Innsbruck 1991.
R. Kirste, P. Schwarzenau, U. Tworuschka (Hgg), Gemeinsam vor Gott. Religionen im Gespräch (Jahrbuch für Interreligiöse Begegnung 1), Hamburg 1991.
P. Knitter, No Other Name? A Critical Survey of Christian Attitudes Toward the World Religions, London 1985; dt: Ein Gott – Viele Religionen. Gegen den Absolutheitsanspruch des Christentums, München 1988.
W. Kohler, Umkehr und Umdenken. Grundzüge einer Theologie der Mission, hg. von J. Salaquarda, Frankfurt u. a. 1988.
L. Kolakowski, Toleranz und Absolutheitsansprüche, in: Christlicher Glaube in moderner Gesellschaft, Bd. 26, 5–38, Freiburg u. a. 1980.
D. J. Krieger, Das interreligiöse Gespräch, Methodologische Grundlagen der Theologie der Religionen, Zürich 1986.
D. J. Krieger, The New Universalism, Maryknoll 1991.
H. Küng u. a., Christentum und Weltreligionen. Hinführung zum Dialog mit Islam, Hinduismus, Buddhismus, München, Zürich 1984.
H. Küng, Gibt es die eine wahre Religion? Versuch einer ökumenischen Kriteriologie, in: ders., Theologie im Aufbruch. Eine ökumenische Grundlegung, München, Zürich 1987, 274–306.
H. Küng, J. Ching, Christentum und chinesische Religion, München 1988.
H. Küng, Projekt Weltethos, München 1990.
H. Küng, Das Judentum, München 1991.
K.-J. Kuschel, Die Kirchen und das Judentum, in: StZ 117 (1992) 147–162.
P. Lapide, K. Rahner, Heil von den Juden? Ein Gespräch, [3]1989.
L. Lefebure, Jesus and the Buddha, Maryknoll 1993.
K. Lehmann, Evangelium und Dialog, in: HerKorr 45 (1991), 84–90.
D. Lochhead, The Dialogical Imperative. A Christian Reflection on Interfaith Encounter, London 1988.
H.-J. Loth, M. Mildenberger, U. Tworuschka (Hgg), Christentum im Spiegel der Weltreligionen. Kritische Texte und Kommentare, Stuttgart [3]1990.
U. Mann, Das Christentum als absolute Religion, Darmstadt [6]1989.

H. J. Margull, S. J. Samartha (Hgg), Dialog mit anderen Religionen. Material aus der Ökumenischen Bewegung, Frankfurt 1972.
G. Mensching, Der offene Tempel. Die Weltreligionen im Gespräch miteinander, Stuttgart 1974.
J. Micksch, M. Mildenberger, Christen und Muslime im Gespräch. Eine Handreichung (Beiträge zur Ausländerarbeit, Bd. 2), Frankfurt ²1988.
M. Mildenberger (Hg), Denkpause im Dialog. Perspektiven der Begegnung mit anderen Religionen und Ideologien, Frankfurt 1978.
T. Mooren, Auf der Grenze. Die Andersheit Gottes und die Vielfalt der Religionen, Frankfurt, u. a. 1991.
D. C. Mulder, Die theologische Diskussion mit den Andersgläubigen, in: ÖR.38 (1989), 269–280.
K. Müller, W. Prawdzik (Hg), Ist Christus der einzige Weg zum Heil? Nettetal 1990.
R. Neudecker, Die vielen Gesichter des einen Gottes. Christen und Juden im Gespräch (ÖEh 6), München 1989.
L. Newbigin, The Gospel in a Pluralist Society, Grand Rapids 1989, Genf 1991.
W. Oelmüller (Hg), Wahrheitsansprüche der Religionen heute (Kolloquien zur Gegenwartsphilosophie, Bd. 8), Paderborn u. a. 1986.
W. G. Oxtoby, Offenes Christentum, München 1986.
R. Panikkar, Der unbekannte Christus im Hinduismus, Mainz ²1990.
R. Panikkar, Der neue religiöse Weg. Im Dialog der Religionen leben, München 1990.
R. Panikkar, Gottes Schweigen. Die Antwort des Buddha für unsere Zeit, München 1992.
R. Panikkar, The Cosmotheandric Principle, Maryknoll 1993.
W. Pannenberg, Die Religionen als Thema der Theologie, in: ThQ 169 (1989), 99–110.
G. Parrinder, Encountering World Religions, Questions of Religious Truth, New York 1987.
A. Paus, Jesus Christus und die Religionen, Graz u. a. 1980.
W. Pfüller, Der Streit der Religionen – rational entscheidbar? Zum Problem objektiver Beurteilungskriterien für religiöse Aussagenzusammenhänge, Frankfurt 1986.
W. Placher, Unapologetic Theology, A Christian Voice in a Pluralistic Conversation, 1988.
A. Pieris, Liebe und Weisheit. Begegnung von Christentum und Buddhismus, München 1989.
A. Race, Christians and Religious Pluralism. Patterns in the Christian Theology of Religions, London 1983.
K. Rahner, Das Christentum und die nichtchristlichen Religionen, in: Schriften zur Theologie, Bd. 5, Einsiedeln 1962, 136–158.
P. J. Rajashekar, Religious Pluralism and Lutheran Theology. Papers and Reports from a LWF-sponsored working group, LWF-Report 23/24, Genf 1988.

K.-H.Ratschow, Die Religionen und das Christentum, in: NZsTh 9 (1967), 88–128.
K.-H.Ratschow, Die Religionen (HST.16), Gütersloh 1979.
G. Richards, Towards a Theology of Religions, Routledge 1989.
K. Rommel (Hg), Was andere glauben. Weltreligionen aus christlicher Sicht, Stuttgart 1992.
G. Rosenkranz, Der christliche Glaube angesichts der Weltreligionen, Bern, München 1967.
G. Rosenstein, Die Stunde des Dialogs. Zur Geschichte der Religionsbegegnungen in unserem Jahrhundert, Hamburg 1992.
S. J. Samartha, Courage for Dialogue, Ecumenical Issues in Interreligious Relationships, Genf, New York 1981.
S. J. Samartha, One Christ – Many Religions. Toward a Revised Christology, New York 1991.
P. Schmidt-Leukel, Die Suche nach einer Hermeneutik interreligiösen Dialogs: Phasen ökumenischer Diskussion, in: US 43 (1988), 178–188.
P. Schmidt-Leukel, Der schwierige Weg vom Gegeneinander zum Miteinander der Religionen. Neue Dokumente zur theologischen Grundlegung des interreligiösen Dialogs, in: US 47 (1992), 54–77.
P. Schmidt-Leukel, Den Löwen brüllen hören. Zur Hermeneutik eines christlichen Verständnisses der buddhistischen Heilsbotschaft (Beiträge zur ökumenischen Theologie 23), Paderborn 1992.
U. Schoen, Das Ereignis und die Antworten. Auf der Suche nach einer Theologie der Religionen heute, Göttingen 1984.
U. Schoen, Denkwege auf dem Gebiet der Theologie der Religionen, in: VuF 34 (1989), 61–87.
O. Schumann, Zum theologischen Umgang mit anderen Religionen, in: Z Miss 15 (1989), 83–91.
P. Schwarzenau, Der größere Gott, Christentum und Weltreligionen, Stuttgart 1979.
P. Schwarzenau, Aufsätze zu einer Ökumene der Religionen, Stuttgart 1985.
G. Schweizer, Ungläubig sind immer die anderen. Weltreligionen zwischen Toleranz und Fanatismus, Stuttgart 1990.
M. Seckler, Theologie der Religionen mit Fragezeichen, in: ThQ 166 (1986), 164–184.
R. B. Sheard (Hg), Interreligious Dialogue in the Catholic Church since Vatican II. An Historical and Theological Study, Lewiston 1988.
W. C. Smith, Towards a World Theology. Faith and the Comparative History of Religion, Philadelphia 1981.
W. Strolz, Heilswege der Weltreligionen, Bd. 1: Christliche Begegnung mit Judentum und Islam, [2]1989, Bd. 2: Christliche Begegnung mit Hinduismus, Buddhismus und Taoismus, 1986, Bd. 3: Quellentexte zu Judentum, Christentum, Islam, Hinduismus, Buddhismus, Taoismus, 1987.

W. Strolz, H. Waldenfels, Christliche Grundlagen des Dialogs mit den Weltreligionen, Freiburg u. a. 1983.
T. Sundermeier (Hg), Die Begegnung mit dem Anderen. Plädoyers für eine interkulturelle Hermeneutik (Studien zum Verstehen fremder Religionen, Bd. 2), Gütersloh 1991.
T. Sundermeier, Aus einer Quelle schöpfen wir. Von Afrikanern lernen, Gütersloh 1992.
T. Sundermeier (Hg), Den Fremden wahrnehmen. Bausteine für eine Xenologie (Studien zum Verstehen fremder Religionen, Bd. 5), Gütersloh 1992.
L. Swidler (Hg), Towards a Universal Theology of Religion, New York 1987.
L. Swidler (Hg), After the Absolute. The Dialogical Future of Religious Reflection, Philadelphia 1990.
L. Swidler u. a., Death or Dialogue? From the Age of Monologue to the Age of Dialogue, Philadelphia 1990.
L. Swidler, Der umstrittene Jesus, Stuttgart 1991.
L. Swidler, Die Zukunft der Theologie. Im Dialog der Religionen und Weltanschauungen, Regensburg, München 1992.
C. Thoma, Theologische Beziehungen zwischen Christentum und Judentum, Darmstadt ²1989.
P. Tillich, Das Christentum und die Begegnung der Weltreligionen, in: Ges.Werke, Bd. 5, 51–98, Stuttgart 1964.
E. Troeltsch, Die Absolutheit des Christentums und die Religionsgeschichte, 1900, Nachdruck München, Hamburg 1969.
H.-J. Türk, Was sagt das Konzil über nichtchristliche Religionen, Mission und Toleranz?, Mainz 1967.
U. Tworuschka, Die vielen Namen Gottes. Weltreligionen heute, Gütersloh 1985.
U. Tworuschka (Hg), Gottes ist der Orient, Gottes ist der Okzident, FS für A. Falaturi, Köln, Wien 1991.
R. Viladesau, Answering for Faith. Christ and the Human Search for Salvation, New York 1987.
H. Vroom, Religions and the Truth. Philosophical Reflections and Perspectives, Grand Rapids 1989.
H. Waldenfels, Faszination des Buddhismus. Zum christlich-buddhistischen Dialog, Mainz 1982
H. Waldenfels, Th. Immoos, Fernöstliche Weisheit und christlicher Glaube, Mainz 1985.
H. Waldenfels, Kontextuelle Fundamentaltheologie, Stuttgart, Paderborn u. a. ²1988.
H. Waldenfels, Begegnung der Religionen. Theologische Versuche I, Bonn 1990.
B. Welte, Christentum und die Religionen der Welt, in: Christlicher Glaube in moderner Gesellschaft, Bd. 26, 39–126, Freiburg u. a. 1980.

J. Werbick (Hg), Offenbarungsanspruch und fundamentalistische Versuchung (QD 129), Freiburg 1991.
J. Werbick, Vom entscheidend und unterscheidend Christlichen, Düsseldorf 1992, 77–113.
F. Wilfred, Der Dialog ringt nach Luft. Auf dem Weg zu neuen Ufern des interreligiösen Dialogs, in: ZMR 72 (1988), 97–117.
J. Zehner, Der notwendige Dialog (Studien zum Verstehen fremder Religionen, Bd. 3), Gütersloh 1992.
H. Zirker, Christentum und Islam, Düsseldorf 1989.
H. Zirker, Geschichtliche Offenbarung und Endgültigkeitsansprüche. Voraussetzungen des Fundamentalismus in Christentum und Islam, in: J. Werbick (Hg), Offenbarungsanspruch und fundamentalistische Versuchung (QD 129), Freiburg 1991, 161–186.

Zeitschriften zum Thema:

Current Dialogue (hg. von Subunit: Dialogue with People of Living Faiths, Genf, halbjährlich)
Dialog der Religionen (hg.von M.v.Brück, halbjährlich)
Studies in Interreligious Dialogue (hg. von H.Vroom, halbjährlich)

Ausgewählte Themenhefte theologischer Zeitschriften:

Concilium (D) 1/1986: Christentum zwischen den Weltreligionen.
Una Sancta 3/1988: Christliche Ökumene und interreligiöser Dialog.
Internat. kath. Zeitschrift 4/1988: Buddhismus und Christentum.
Theologische Quartalschrift 1/1989: Begegnung der Religionen.
Evangelische Theologie 6/1989: Dialog der Religionen?
Una Sancta 1/1990: Toleranz und Wahrheit.
Concilium (D) 2/1990: Ethos der Weltreligionen und Menschenrechte.
Modern Theology 1/1990: Aspects of „Christian Uniqueness".
Münchner Theologische Zeitschrift 1/90.
Wort und Antwort 3/91: Dialog der Religionen.
Bibel und Liturgie 3/92: Juden – Christen – Muslime.